一片童心

校长妈妈的107篇教育手记

邹硕 著

湖南教育出版社
HUNAN EDUCATION PUBLISHING HOUSE

我要去玩！

"我要去玩！"

"去哪里玩？"

"去长沙市枫树山大桥小学玩！"

"慢着，慢着。去学校怎么能玩呢？学校跟'玩'可是'天敌'！学校是学习的地方，是需要艰苦学习的处所，怎么能跟'玩'扯上关系呢？"

"你说的有一定的道理，但是你说的是'一般'意义上的学校，这所学校可不'一般'。"

"哪里不'一般'呢？"

"因为这所学校有自己'玩'的理念，'玩'的……"

"什么？学校还能有玩的理念啊？那还是学校吗？"

"这所学校'玩'的理念就是'童心育人'的理念，她从儿童的视角去发现，用儿童的思维去交流，以儿童的发展为追求。学校的育人愿景是让儿童回归生命的自然状态。因为他们认为，童心表征着生命的纯净与圣洁，它能使我们更多地眷注生命，享受生命。"

"'玩'还能玩出这么高深的教育理论？"

"这不是玩出来的教育理论，而是因为'玩'本身就是儿童教育的本质所在，就像杜威的'儿童中心说'，儿童才是教育的中心，而'玩'是儿童的中心，于是'玩'的教育就应该成为儿童教育的中心。"

"也就是说，学校，特别是小学，就应该成为学生'玩'的乐园，是不是？"

"是的，小学就应该是'玩'的乐园，是滋养童心的家园，是努力让师生永葆童心，让生命焕发出光彩的校园。"

"我明白了，'玩'的目的就是为了滋养童心，激扬生命！"

"你理解得很好！"

"这让我非常向往！不过我还有一个疑惑：我们在这所学校里怎么'玩'呢？难道是随心所欲的玩，像在家时，像学前时一样？"

"当然不是，你那种'玩'是没有目的的玩，虽然那种'玩'对于儿童来说也很重要，但学校的'玩'毕竟是有着教育性的。这所学校有着完整的'童心课程体系'，它主要由基础性学科课程、活动性校本课程、玩味性拓展课程组成，围绕着'夯实基础、创新体验、玩味提升'所建立的综合性课程体系。"

"你的意思是上课也能玩？"

"是的，这所学校努力探索着各种'玩'的课堂。如'我发现'，就是让同学们讲述在玩的过程中发现的科学现象；'我回答'就是对同学们收集的'科学问题箱'里的问题各抒己见，互相启发。还根据小学生好玩的特性，设计了'数学周''科技节'等好玩的主题学习，特别是'穿越中国'的主题运动会，在'玩'中就把中国历史'穿越'遍了，既好玩，又学习了知识，还培养了创新能力！"

"这真是玩出了快乐童年，玩出了学习情趣，也玩出了学校特色。我想，这样'好玩'的学校在全国也算是独树一帜的吧！不过，我还有一个问题，他们是怎么考试的？他们的考试也是在'玩'中体现的吗？我上学的时候可是最怕考试了！"

"哈哈，那你就更应该去枫树山大桥小学见识见识了！这所学校从校长到教师都认为小学有责任让考试变成一件有趣味的事，因此，他们的考试就是'好玩的考试'。考试采取游戏闯关的形式，骰子定题的方式，充满了趣味性。你如果连过'千锤百炼''倒背如流''妙语连珠''生活大破解''时间迷宫''速算小能手'等七个关卡，并最先获得35枚代表学校形象的'枫叶蝶'印章，你就能到玩具室去挑选奖品了。在这种考试中，你根本不会感到紧张沉闷和害怕，而是感觉到无尽的刺激、有趣和兴奋，你甚至考了一次，还想再考一次！"

"真的吗？真的吗？！我已经激动不已了，我迫不及待地想去枫树山大桥小学去'玩'了：玩上课，玩活动，玩穿越，玩科技，玩社团，玩考试，玩……"

"那就让我们一起跟随着邹硕校长的'一片童心'，到枫树山大桥小学去'玩'吧！玩出我们的童心，更玩出我们生命的光彩！"

是为序！

肖　川

做个好玩的人

> 雨点踩着绿叶的节拍来种植园，在这里我体验劳动、收获快乐。
>
> 书架上停的蝴蝶在我手中开合，我是太阳下的花，蝴蝶喜欢的花。
>
> 在我们的乐园里，我们喜欢的一个不少。
>
> 爱玩的我才能描绘，最酷——我的模样！
>
> 小伙伴们啊，让我们一起学习一起唱！
>
> 大伙伴们啊，与我们分享童年的美好！
>
> 赤橙黄绿青蓝紫，是太阳的礼物，感到温暖的人都收到！
>
> ——邹硕《太阳的礼物》

中午跟几个孩子共进午餐，我问："你们平时想些什么？"孩子的回答："我想打球""我想快点做完作业去玩""我想爸爸妈妈和我玩……"几乎所有的回答都指向——玩！

爱玩是孩子的天性，他们需要快乐的童年。其实何止孩子，大人心里也想玩呢，只是，现实的无奈让很多人越来越玩不了了，越来越无趣了。据说，现代人开怀大笑的时间是30年前的1/3，人们在对名利的追逐中失去许多天真和快乐。这些年来，我一直努力做一个好玩的校长，做孩子们的朋友。遵循学生身心健康发展的规律，尊重学生个性化、多样化的需求，促进学生全面而多样的自然发展，追寻教育对"人"本身的价值。

我在升旗台上带领孩子们跳操，把运动会开成"奥运会"、"穿越会"，不同班级的学生分别代表不同的国家或者朝代，让运动会不仅是体育比赛，更是孩子们展示各班综合实践研究成果大舞台，"折腾"我们的学生，让普通的活动更有意义。开设全员社团活动，把选择权交给学生，不错过任何一个学生成长的好机会。开展生活自理比赛，每学期"叠被子"、"穿衣服"、"系鞋带"……这一幅幅难忘的画面，构成了一个温情脉脉的家园。

让我所教的每一个学生都因为遇上我而有一种幸运感，并产生温馨美好的回忆，我发现更多的乐趣，拥有更多的幸福。不知什么时候开始，孩子们习惯叫我"校长妈妈"。我可以自豪，甚至有点得意地说，在学校里，我一呼百应，我和我的每一个孩子都是用拥抱和击掌打招呼，任何一个孩子跟我说话，我都蹲下来看着他的眼睛回应。我梦想着有一天，蓝天下是快乐的孩子们，当我微笑注视他们时，肩上栖息着小鸟和责任。

把每天的经历记录下来，不知不觉就成了这本小册子。册子里第一辑记录的是学校在生命教育实践中，张扬儿童天性的点滴故事；第二辑描绘了我和同事们简单而幸福的教育生活；第三辑中家长和教师一起以童年卫士的角色出现，滋养孩子静静地、快乐地、符合规律地成长。孩子每一天的成长不可逆转，花时间读懂孩子，和孩子一起愉悦而用心地编织故事，这正是教育的意义所在。或许多年以后，这些手记能帮助我激活生命热情、追问关于这个世界的道理。

目 录
C O N T E N T S

第二辑　面向未来的同行

第三辑 滋养童心的家园

第一辑

回归生命的教育

向理想的学校奔跑

"童心育人"理念是逐步积淀起来的全体师生的文化价值，从儿童的视角去发现，用儿童的思维去交流，以儿童的发展为追求，育人愿景是回归生命的自然状态，学校愿景是成为滋养童心、激扬生命的学校。

一、童心课程体系

总目标是以生为本，以国家课程总目标为基础，突出对"生命成长"与"创新学力"的培养。主要是由基础性学科课程、活动性校本课程、玩味性拓展课程组成，围绕着"夯实基础、创新体验、玩味提升"建立综合性课程体系。

基础性课程是必修课程，是由国家课程所规定的学习领域中体现共同基础的各学科组成，培养小学生基本素养和成为合格公民的基本要求，实现学生基本知识的获得、能力与技能的形成、态度与价值观的建构。活动性课程是以让学生体验到有趣的、自由的、充满爱心的和友善的活动为载体。玩味性课程是为了满足学生潜能发展而设计的，以鼓励探索和愉悦感为前提，使学生在校园学习中更加广泛地掌握知识，实现一种学习上的解放。玩味性课程并不离开基础性课程、活动性课程，而是根据原有知识，在一定程度上有所拔高，更能够提高研究层次，实现对原有课程的一种深度补充。

童心课程设置"基础性、活动性、玩味性"不是对国家课程的叠加，而是以国家课程为本进行横向拓展和纵向深入，在如何上好国家课程和利用好现有教材上下功夫，为解除学生目前沉重的学习负担寻找到一个相对可行的解决方式。

先来说说"活动性课程"。对于小孩子而言，活动就像游戏一样。学生的社

3

会化是在游戏中得以完成的。怎样建立活动体系，我们进行了一系列的思考和实践。在基础性课程之外，我们尝试构建了一个将生活、情感与健康三方面融合在一起的活动体系。

一是体质类活动。为减轻学生负担，学校对作业的要求是纸质作业"三个不布置"，即低年级不布置、周末不布置、考前不布置。同时，要求教师每天必须布置体育作业和家务作业，提高学生在家运动时间的比例。在学校，阳光大课间是全校学生每天最开心的活动，只要在学校，我就在升旗台上带操，我尽量让自己的动作更标准一点、让自己的活力更绽放一点，因为我想用行动的语言告诉大家：锻炼的时候要拼命锻炼，学习的时候要拼命学习！带操的除了我还有谁呢？还有想和校长妈妈一起带操的学生！人人都有机会站到台前来！每年学校运动会尽可能多地设置运动项目，让每个学生都有机会当运动员。除此之外，巧妙利用这一全员参与的盛会，开展综合性的研究活动。去年，我们把学生运动会开成小小奥运会，来自38个班级的学生分别代表不同的国家；今年，运动会搭上了中国历史的精彩，一个班代表一个朝代，让普通的活动更有意义。

二是情感类活动。每年5月25日是学校的拥抱日，525代表着我爱我，我们只有先爱自己，才有能力爱别人。先拥抱自己，再拥抱朋友、拥抱家人，甚至拥抱大自然、拥抱大树、拥抱花香、拥抱每一缕清风……我们平时总是羞于表达自己的情感，不屑体会生活的细腻美好，让我们的生命索然而贫瘠，难以获得内心的幸福。而一个拥抱的动作却如此神奇，它能建立情感，抵达心灵。每年的睡衣派给孩子奇特、温暖的体验。今年的十岁生日帐篷露营夜，我搞了个行为艺术，我领着十个孩子走到台上，每个人代表十年，他们手牵着手象征人生百年。然后，我将最前头的一个从中分开。孩子们默默地看着这一幕，他们明白，过去——人生最开始的十年，已经过去。虽然，曾经有骄傲、有失败、有收获、有彷徨。过去的十年和未来的九十年对比，过去的时光很短，未来的时间还很长。今天，你十岁了，已长成少年。人生能有几个十年？每个十年都要好好珍爱，用力拥抱属于自己最闪亮的未来！

校园慢慢充溢着一种温情脉脉的味道，我喜欢大敞着办公室的门，方便经过的学生向里张望、跟我招呼。孩子们随时随地可以走进校长办公室亲亲学校里的妈妈，也能在校园任何一个角落碰上校长妈妈甜甜的拥抱，遇上特别的日子也可以穿上睡衣到学校来撒欢，叠被子、穿衣服比赛上演疯狂一幕……

三是生活类活动。教育即生活，学校即社会。教人求真，更要教人生活。经常见到一个学生到了学校后，发现笔、书本没带，一个老人送到学校来，说："是我忘记放进他的书包了，不是我孙子不好，是我不好。"我想告诉老人，不要送，这是孩子自己的事情，让孩子吃个教训，培养他的责任感，对他将来有好处。农家养小鸡，有经验的农妇叫小孩不要老是折腾，一会儿抓手里，一会儿放窝里，一会儿喂虫，一会儿喂米，你会活活把它"盘"死。做父母的如果把孩子的每一分钟都安排好，帮孩子把每一件事都准备好，孩子的未来还能不能被你"盘"活？我们用全方位的设计、保护和溺爱养大的孩子，到头来却不懂得做人基本的道理，不管年龄多大，办事和处理问题会显得非常幼稚，依赖性特别强，给人感觉是"不成熟"和"长不大"。

在学校里，我提倡让孩子做一些家务事，并经常举行穿衣服、系鞋带、叠被子的比赛，这是为了培养孩子的独立意识、动手能力和良好的心理状态。孩子进一步，大人退一步，这就是成长。"与校长妈妈共进午餐"的时间为每周四中午，我记得有一次中午吃饭时，围在一桌有点挤，有人说，把凳子移开点，圈子就大了。马上有人引申说，把视野放远点，圈子就大了。孩子们笑了，我问"你们懂吗？"他们说："懂，我懂"。经常有人问我："你这么忙，怎么可能每周四都在学校和小孩子吃饭呢？"事实上，我真的能做到。因为中午总要吃饭的，有孩子们在期待着我，我便习惯不在周四中午安排活动，遇上身不由己的时候，和孩子共进午餐的理由总是能获得谅解，从而减去很多不必要的应酬。从这个角度看来，我还要窃喜呢！

再来说说"玩味性课程"。玩味性课程是基于基础性、体验性课程的深入探索，是在已有的课程上做提高性拓展，以社团分类课程为主，它为学生提供了更多的课程选择的机会。社团，就是学校在国家课程之外，每周三下午为全体学生加设1至2节的选修活动。老师们利用自己的所长，推出了你想得到和想不到的七十多种活动，有街舞、折纸、体能拓展、游墨堂（国画）、名著与电影、不一样的世界（心育）、玩转数学新思维、天使爱美丽形象设计、巧手屋、甜甜糕点屋、飞机模型、电脑小医生、红领巾种植园……一个个社团里开怀尽兴的孩子，张扬着他们天赋的异禀，展现着各自成长的美好。孩子的兴趣，如同肥皂泡一样脆弱，在自由选择的微妙行为中表现出来，请让我们一起呵护它！

二、童心评价体系

一是多元评价。"枫叶蝶"是我们学校的吉祥物，她是有一对枫叶翅膀、能产生蝴蝶效应的宝贝，在我们学生的心中拥有无穷的魔力。以"枫叶蝶"为使者，我们设计制作了一系列"枫叶蝶"形象和产品，涉及校园生活的方方面面，产生了一套寻蝶过关的评价体系。

每个学生都能通过自己的努力获得他钟爱的那种枫叶蝶，进而不断进阶，最终有机会赢取蝶娃大奖！同时，将获得的枫叶蝶卡片作为校内流通的介质，以"蝶币"串起不同学生之间书籍、作品、旧物交换，活化学生交流意识，变通校园生活，充分让孩子们乐在其中、小有收获。

二是学业评价。探索让考试变成一件有趣味的事！

考试是教学过程的一个重要环节，从终极意义上讲，学校教育质量主要表现为学生学习质量。评价学生学习质量，既有鉴定的意义，即学生学业是否达到或在多大程度上达到预期教学目标；也有促进作用，即帮助学生发现学习上存在的问题，以便努力改进学习。可见，考试不仅具有评价学生学习质量的重要意义，而且影响这学校的整体办学思路。因此在某种程度上，考试具有"指挥棒"的作用。但是，我们熟悉的传统的考试大多采用笔试、闭卷的形式，重视知识的记忆，忽视知识的应用和能力的培养。考试的内容基本上是教科书和笔记上的简单重复，学生靠死记硬背的方式能较容易地通过考试。而一些在未来社会很重要的能力，如口头表达能力、动手操作能力、组织能力、与他人合作的能力等在教学过程中就必然被忽视了。我们培养的学生应该是"活生生的人"，不是考试的机器。对于小学而言，教学的对象是儿童，儿童的天性是好玩、好奇、好动，传统的考试方法只会压抑和束缚他们。因此，小学有责任让考试变成一件有趣味的事！

　　"闯关考试和拼音检测"是在学校有限的办学自主范围内做的一些尝试。让考试突出基础性、趣味性、体验性，不仅要检测知识点，更要检测能力。考试题目要能激发学生的兴趣，启发思维，动手动脑，举一反三。所以，这次考试在形式上采用闯关游戏，老师们根据需考查的知识点设置几关，学生随机选关来玩，每关设置几套有趣的考题，用摇骰子的办法来确定其中一套，师生一对一的形式更利于教师直接了解学生的掌握程度，考试结果用老师的枫叶蝶印章表示，学生最终凭印章到玩具屋选礼物。

　　"童心育人"办学理念来自哪里？来自对人的思考，对儿童的思考。教育是培育人的，教育必须体现对儿童的尊重与促进。当我们带着一片童心来和孩子们相遇，孩子从小能够充分地活在美好事物的体验中，这种体验就会成为其行走一生的精神基础。对人的思考，对儿童生命独特性的思考，是"童心育人"理念的起始点。

孩子心里想什么

我没有见过愚蠢的孩子，我见过有个孩子有时做的事，我不理解，或不按我的吩咐去做，但他不是愚蠢的孩子。请在你说他愚蠢之前，想一想，他是个愚蠢的孩子，还是，他懂的和你不一样？

今天大课间时，见到一位低年级的班主任极其气恼地将一个不按规定做操的小孩拖到一边，心里很不舒服。老师的心意我明白，她多么希望看到整齐划一的队伍和动作，可小孩不明白。小孩在做他认为对的事情，只有懂他的老师能让他慢慢明白，心甘情愿地做"应该做的事"。乔布斯说："听从内心的声音。"我们是否听过孩子心里的声音？孩子心里想什么呢？

孩子有孩子的身心发展阶段，孩子有各自的先天差异，孩子有各不一样的内心世界，因此，孩子的节奏跟大人是很不一样的，不仅如此，孩子之间的节奏都很难一样。

中国有句古话说："强扭的瓜不甜。"我们不要一厢情愿地做太多，学校教育没有办法解决孩子一生需要的一切知识和能力，学校教育更多的应该是尊重差异、因材施教，选择有效的方法激发孩子的学习兴趣， 让孩子学会知识、掌握能力。

教育应该让人的生命充分展开。事实上，如果没有让孩子提起学习兴趣，才是学校的失职。如何顺应孩子的天性，帮助他们成长呢？ 我认为，要做60分老师，做只给孩子系一根鞋带的家长。把空间留给孩子，让孩子慢慢来。

你好，校园的香樟树

学校门口沿街两侧，有几棵香樟树，刚种下时还是小树苗，短短几年时间，已经出落得郁郁葱葱了。人们总是奇怪，这石坝路上沿街种的香樟树苗不下几十棵，可只有学校门口的几棵长势喜人，其他的已经换了几茬树苗，就算马路对面的那几株，到现在看也还是小树苗，可怜巴巴地青涩着。

我天天在它们身边，在朝辉夕阴里进进出出，从懵懂单薄到安静坚定，我一抬头，六年一晃而过。香樟树的皮肤雕刻着时间，枝干投影着亲切，舞姿诉说着深情。我和它们的故事就在那相视无言的默契中发酵，见证彼此的成长。所以，不用奇怪，校门口的香樟树长得特别好，因为它们有独特的养料——爱与善意。

暑假里，学校建设新教学楼、组织学生综合实践活动、群众路线学习、文明创建工作让很多行政人员和老师都没有好好休息，一如香樟树在烈日下无怨地矗立。当忙碌的节奏进入高潮，我开始思念我的孩子们，新学期就开学了。

老师们提前一周到校，进行开学准备、高强度的培训和教材分析。食堂工作人员极尽热情地招呼老师们用餐，校工园丁们顶着高温给花木修剪好看的造型。新老师唱着《长沙市人民教师之歌》、跳着《小苹果》，欢快地跻身"枫桥家族"。我听到一位新老师说："感觉（自己）像一艘小舟，慢慢靠岸。"

学生报到日，迎接他们的是笑容、问候、新鲜、鼓励。《经视新闻》《教视新闻》都在第一时间报道我校开学、抗战胜利花制作活动。下午，召开一年级新生家长会，为什么在学生正式上学之前先给家长开会？我想通过这样的安排让家长体会到，家庭是孩子成长的起点，要孩子做个好学生，先自己学习怎样当个好家长。我知道，当家长牵着孩子的小手进入校园，想到自己的孩子长大了，成了小学生了，渐渐要脱离自己的庇护练习飞翔了，他们多多少少会有些感动的。这是生命节奏的新开始，这可能是美好的开始，也可能是痛苦的开始。我不担心家长会尽心尽力地教育孩子，可我担心他们不懂教育规律、教育方法，急功近利。所以，尽早给他们说说话，让他们初步了解学校，接触我们的办学理念，引导家长理性地与学校合作，对孩子的成长应该会有好处。

孩子的成长，就像学校门口的香樟树，是一个自然生长的过程。他需要肥沃的土壤、和煦的阳光和充足的雨露。家长的包办，就是遮挡孩子的阳光雨露；家长的逼迫，就是揠苗助长。当我们用爱和善意的眼光看待孩子，他们就会茁壮成长。这是大自然给我的启示。

开 学 了

　　开学了，孩子们背着书包，充满朝气地进校，门外家长们久久不愿离去，目送着、叮嘱着。每每清晨看到这些"不断对着背影既欣喜又悲伤、想追回拥抱又不敢声张的人"一遍遍整理孩子们的衣角，抚摸孩子们的脸蛋，我的心总是很柔软。

　　六年级周乐周的妈妈跟我说起一件有趣的事情。她去儿子同学家串门，同学妈妈告诉她，今年班上小组制有改变，不再是老师调配，是自由组合，组员靠组长自己去争取。她有点小担心，儿子向来谦让，不知能不能应付？于是，她回家问儿子："听说你们小组变化了，自由组合，你怎么不去抢人？你的组员现在是哪些人？"儿子说："妈妈，不是这样的，按班上男女比例四男二女搭配比较好，我们组有四位原来的组员没变，一直跟着我两年了，就换掉了曾同学（有点小调皮），进来了徐同学。小郑同学（院子里铁哥们）硬要进我的组，但其他三位组员不同意……"我说："你一个组长干吗听组员的，这点魄力都没得？"儿子淡淡地说："我要尊重其他组员的意见，如果你是一个统治者，不尊重大家的意见就很难管理。"这位当妈的听了，觉得这小子长大了，懂得尊重人，品行不错，能明事理而且有主见。看来，家长不要做糊涂司令，以后得少参政，少瞎忙活了。

　　"小草从地下探出头来，那是春天的眉毛吧。"教室里传来稚嫩的读书声，校园里的树枝已经抽出了嫩绿的细芽……行政推门听课无意中走进宋美冰老师的课堂，她执教的是图形拼组。课前她用心做了准备，看得出，"生命化童心课堂"已经对她有了很深的影响，一堂课，以孩子们的操作体验为主线，拼啊、摆啊，不断变化，孩子们在思维不断跳跃、碰撞过程中早已掌握了各种图形的特点。姚嫔认为这就是"活"的教育，正像鱼到水里、鸟到树林里一样。

三年级六班正在上心理教育课，老师笑盈盈地问大家："开学了，你的心情怎么样呢？"有的说："开心！因为回到学校、见到老师，和同学一起玩。"也有的说："不开心。因为放假时喉咙不舒服，开学后读书喉咙更不舒服了。"老师同情地问："有没有什么办法缓解呢？"孩子回答："可以轻声读书，然后吃点药。"我很欣喜孩子敢于表达自己内心的真实感受，老师能够正确对待并用同理心疏导，而不是掩耳盗铃，回避问题。刚开学，每个学生都有不同的心理变化，只要好好体会，表达出来，就能一步步调整到最佳状态。老师让大家把自己的心情用一张白纸画下来，在舒畅的音乐氛围中，孩子们用纸笔表达内心的感受，对于心情好的学生，老师建议他写上快乐的理由，对于心情不好的学生，老师建议他在画上加点什么，想办法让心情变好一点。

四年级组在和罗瑞校长研究用单元资源整合的方式整体教学，打破教学一篇定教的常规教学模式，建立单元整体概念，将生字教学、阅读教学分开，对于学生学习难度大些，但兴趣会更浓，自主学习的积极性更高，学习能力更强。但是若老师备课准备不足，学情研究不够，设计欠到位，就会出现基础教学欠扎实，学习过程会浮光掠影，学习效果欠佳的情况，具体实施起来还需且行且思考且改进。

二年级何金宸的爸爸很有心，他将儿子的作文保留在QQ空间，期待孩子长大后看到，让他感到满满的父爱。其中一篇写学校的作文很有意思："我的学校坐落在古曲路，因为有了它，古典路才变得热闹起来。星期一，上课了，校园里传出琅琅的读书声和沙沙的写字声。突然，几十个系着红领巾的哥哥、姐姐各自拿着萨克斯管、旗子等在准备着……等他们准备好了后，下课铃就响了，下课了，我们就自动排好队，下楼做课间操了。平时的下课，一年级的小朋友首先像发疯的豹子一样冲出教室，之后，学校里面就像炸开了锅。学校后面有一大块菜园，门口写着'红领巾种植园'。欢迎你来我的学校——枫桥小学！"

开 门 红

　　开门红源于香港广东一带，多叫做"开门利是"，因为"利是"又称"利事"。"开门利是"属行业迎春吉庆之法，图个吉利健康，和衷共济，万事如意，也可以说是一种用钱币来表达问候与祝福的方式。有心理专家认为，"开门红"的最大意义并不在金钱本身，而在于缓解"节后综合征"。春节长假结束后，由于放松的节日气氛和紧张的工作气氛有较大反差，不少上班族一时无法适应，患上了头晕犯困、不想上班的"节后综合征"。派发"开门红"，是一种调动员工积极性的好办法，可以缓解员工对上班的抵触情绪，使其更容易进入工作状态。

　　羊年上班的第一天，是正月初七，大家还沉浸在过年的气氛中，初六全体行政人员到学校商讨新学期工作时还在发愁，这么早上班大家能接受吗？从心理学的角度看，当一个人怀着抵触或者不得已的情绪工作，对他的健康是有影响的，我们需要想个法子让老师们欣然工作。羊年春晚，全民跟随央视摇手机的经历给了我们启发。

　　上班前一天就开始热闹的枫桥教师微信群里铺天盖地的开门红包，让老师们的参与度和兴奋感立刻活跃起来。虽然每个红包金额都不大，多的十几元，少的几分钱，但大家抢的不是钱，而是好彩头，不管再小的数额，都让人给得顺心，拿得舒服。让每一次红包都有炫耀、有懊恼、有话题，激发大家进一步主动地分享和传播。现实生活中地上有两块钱钢蹦儿都没人抢着拣，微信红包中也许只会拿到一分钱的红包，大家还是会抢得不亦乐乎，为什么？因为好玩。打开红包之前不知道里面有多少钱，有些小期待和兴奋。大家的心跳动着相同的节奏，期待着上班的约会，巧用"开门红包"顺势将老师们导入工作状态，美好的新学期开始了。

教师开学第一天安排的是《中小学课题研究实施策略》的培训，没有行政说教，只有思考碰撞，这让老师们拎得清今年工作的重心所在。紧接着各教研组安排教材分析，老师们分头撰写教学计划、超周备课。午休后，大家被抢红包惊醒，看来生物钟彻底调过来了。

当一件事情变得好玩的时候，钱就变得不重要了，微信红包就是这样一个好玩的载体，其随机性能够刺激群体注意力，增强互动趣味性，只有正能量的东西和顺应对象心理的做法才能得到良好的效果，今年开年工作搭载微信红包让团队更具活力、更具凝聚力。在教学中我们也应该反思自己的课堂和教育方式，是否也可以变得更有趣好玩？如果我们教育也变得有趣好玩，学生感觉对了，事情就顺了，那么让学生自觉学习就不是难事。

其实，微信红包给我们带来的启示不仅这些，在党风廉政建设的今天，我的手记用"开门红"做标题并不太妥当，但是为了点击率，我也是拼了。祝愿大家抢到更多的红包！

把餐桌搬上开学第一课

教育部和中央电视台合办的《开学第一课》与全国中小学生如约相见，以"父母教会我"为主题，旨在引导父母当好孩子的第一任老师，做孩子的好榜样，帮助广大青少年养成诚实守信、孝敬感恩、团结友善、文明礼貌的行为习惯，传承中华传统美德。

我觉得，明确父母作为教育者的身份，是中央电视台《开学第一课》给我们的重要信息。一直以来，我总是劝说家长要陪伴孩子长大，现在看来，是契合中央倡导的这一思想的。而怎样在"父母教会我"这一主题下生发出我校的独特着力点，颇费心思。

经过老师们商量，大家认为，父母陪伴孩子的一个重要形式就是一起在家里吃饭，回忆自己儿时，天天和爸爸妈妈一起吃饭，在餐桌上学会了吃饭的礼仪，也学会了做人的道理，在体会浓浓的家庭温情同时，潜移默化地将"家风"不断传递。家在孩子们心中是温馨的港湾，和父母家人围坐在餐桌上吃饭，是最幸福的事。可如今，回家吃饭这一中国传统家庭活动已经被繁忙的都市生活冲淡，工作压力大、应酬多、节奏快，陪伴孩子的时间被严重压缩，回家吃饭变得困难。而童年时对孩子的忽视、缺乏关爱、对孩子的厌恶和过早地与孩子分离，都会造成孩子终身的伤痕。于是我确立学校主题为：餐桌教子传家风，把餐桌搬上开学第一课！父母应该回家吃饭，花时间陪伴孩子，分享孩子的成功喜悦，分担孩子的挫折困惑，全家人一起吃晚餐应该成为一种很重要的家庭仪式。

在学校开学第一课上，孝道、诚信、友善、勤俭、知礼、担当……这些父母从小教给孩子的家风、家训再次被回忆和探讨。通过学校采集制作的视频，数名学生代表和家长代表们侃侃而谈"父母教会我什么""我教会孩子什么""家风是什么"……进一步教育学生学会感恩父母、孝敬父母，并延伸至生活中常怀有一颗感恩的心。"人生的扣子从一开始就要扣好"，希望通过这堂特别的"开学第一课"，让孩子和父母们明白家庭教育的重要性，并将"父母教会我"的优良"家风"传承下去。

我希望，餐桌传家风成为我校学生家庭的传统，成为我们孩子最幸福的记忆。我倡议，全校家长回家与家人吃饭，尊重和孩子在一起的晚餐时间，即使再忙，也要常回家烧饭吃饭。告诉孩子："无论多忙，我都会回家吃晚饭的！"

报名面试就像玩游戏

　　新生报名面试是学校工作的重中之重，随着学校办学质量的稳步提升，办学美誉不断增强，家长和社会对学校的信任度大幅提高，生源剧增，学校规模有限，入学压力很大。尽管如此，我仍然提出入学报名工作应当尽可能的外紧内松，既身份核查极尽严格细致、组织面试又要有序有趣。从今天报名的情况看，家长们不急不躁，孩子们又好奇又兴奋，却不吵不怕，从接待——登记——候试——面试——面试完将孩子送到家长身边，每个环节都有条不紊。

　　面试的老师都是学校具有国家二级心理咨询师资质的老师，他们首先会跟小朋友谈谈话，了解孩子的聆听能力，说话是否清晰。比如提问：小朋友，你叫什么名字？你多少岁啊？你住哪里？你家里电话号码是多少？你读哪所幼儿园？为了了解孩子的兴趣爱好，会提问：你在幼儿园最喜欢上什么课，为什么？你最喜欢的故事书是什么，可否讲那个故事给我听？玩具？卡通片？食物？颜色？为什么啊？通过提问还可以了解家长对孩子的教育方式，如：家里谁跟你一起住？你爸爸妈妈做什么工作？你爸爸妈妈叫什么名字？每天早上谁叫你起床？平时从幼儿园回家，谁接你？回家后会做什么啊？爸爸妈妈下班后会和你做什么啊？节假日，你会和爸爸妈妈去哪里？做什么？家里人你最喜欢谁？为什么？

　　小朋友对学校美丽如画的环境、和蔼可亲的老师充满好奇和敬重。当问及他们想不想来这所学校读书时，有的大声回答"想"，有的微笑点头。进这所学校读书成了他们共同的期待。

　　面试还会玩一些有趣的游戏，如：搬运玻璃弹珠。这个游戏的目的是考查学

17

生个性特点，包括气质特点、性格特点、自我倾向性；考查学生的社会性，包括合群性、交往能力、合作能力；解决问题的能力。我们事先准备：40颗左右玻璃弹珠、三个勺子、三双筷子、一个大盘子、四个小盘子。将学生三人一组，3分钟时间内玩搬弹珠的游戏，孩子用最擅长的方法、最快的速度将弹珠从这个盘子里搬到一米以外的那个盘子里，一个一个地搬，不能用手拿，可以合作完成，也可以单独完成。时间是3分钟。在过程中，教师要注意观察小朋友是否能够充分利用工具，是否在完成游戏过程中有足够的耐心，出现问题是否能寻求积极解决办法，是否出现破坏行为。很多孩子能够主动同别的小朋友打招呼、问好，在游戏开始时有问题能主动协调和想办法解决，以集体游戏目标为中心，表现出明显的集体意向和领导力，能在游戏中按照预先商定的活动程序和规则有计划和组织地开展活动，出现分歧时，情绪控制好，为保障游戏的顺利进行，愿意牺牲自己的一些利益，做事认真负责，能积极地开动脑筋，解决游戏中出现的问题，积极、阳光、富有活力。但也有一些孩子不主动，不愿意与其他小朋友交往，对别人的友好行为不作反应、表情冷漠，不参与游戏或独自占有所有的游戏器材，拒绝与他人分享和合作。甚至还有的孩子情绪易激动、易哭、易闹，不能完成游戏或出现困难时，情绪激动，有攻击和破坏行为。

通过一个个心理游戏，如合作运球、串珠子、摆火柴棒、夹弹珠等，去观察孩子的合作意识、专注程度、乐群心理，让孩子的个性倾向在一个个游戏中悄然流露，能够对孩子的心理素质进行描述性的评价，这也将成为入学后对孩子进行针对性教育和跟踪研究的第一手资料。

校园寻蝶真好玩

　　一年一度的新生"校园寻蝶"大型游戏开始了，孩子们惊喜地发现，原来上学真好玩啊！

　　这个游戏以"枫叶蝶"为中心，"枫叶蝶"是我校吉祥物，她是有一对枫叶翅膀、能产生蝴蝶效应的宝贝，在学生的心中有无穷的魔力。现在，校园各处藏着枫叶蝶，手拿藏宝图的孩子们结伴寻找，图上画着学校各个场馆、功能室、办公室和各科老师的所在地，每个目的地都有手持枫叶蝶印章的老师在等着他们，孩子们找到这些地方将获得一枚印章。在有趣的活动中，一年级的学生慢慢熟悉环境，获得支持，进入"小学生"角色。

　　学校为什么要设置这样的大型游戏呢？刚进学校的一年级新生是懵懂的，有些甚至会害怕，这是他们人生中的一个重要阶段，学生时代一个重要的开始，这可能是美好的开始，也可能是痛苦的开始。我见到过许多孩子还没上小学就已经表现出厌学情绪，这是幼儿早期教育过度开发的恶果。当孩子对学校产生畏惧感，那么上学对于他们来说就是一个痛苦的开始，这是每个人都不愿意见到的。

　　只学习，不玩耍，聪明的孩子要变傻。我有一种使命感，要让我的学生一开始就体会到快乐，让学生快乐地学习，在学校享有快乐的体验，这对他们整个学生时代都具有重要的意义，甚至影响孩子的一生。

天上充满符号　地上遍布密码

　　清明时节，万象更新，学校安排了一次春游活动，孩子们撒着欢儿回到大自然的怀抱。在这里，我看到每个人都那么放松、那么惬意、那么愉悦，那生命舒展的美好状态，就连老师也不例外！

　　每次走到绿草如茵、繁花满树的地方，我都会在心底涌起一种感恩的心情，感恩大自然赐予我生命、智慧和求知欲。大自然是一本奇妙的书，孩子们如饥似渴地从大自然汲取智慧的养料，蓝天、阳光、青草、嫩芽、鲜花、微风、小湖……就是智慧的宝藏和源泉，其实，何止美好的事物，我认为即使是暴风雨、雾霾，乃至城市的喧闹和机器的噪音，也能让人获得知识呢！

　　凡是孩子亲眼看到的事物、亲耳听到的声音、鼻子闻到的气味，比别人向他描述上百遍都容易记住！只要孩子热爱生活、经常亲近自然，他将不断有新的发现。孩子发现越多，他们的思维获得的快感就越大，他们也就会感到越多的未知，因而能提出更多的问题：这是为什么？这是怎么回事？这是什么现象？于是，他们就越加好奇和专注。

　　对于一个小孩子来说，如果他不能体会脚踩泥土的松软、呼吸花朵的芬芳、追逐落叶的去向，他的童年该是多么苍白！所以，我尽量在地狭人稠的学校里留下能让学生挥洒乐趣、激发创造和亲身实践的所在：蔬菜种植园、生态鱼池、沙趣池、草地、果树、樱花……

　　树林才是鸟的世界，而鸟笼不是。除了学校和家庭，请让孩子多一点时间和机会回归自然吧！

我替校长来当家

　　4个"校长小助理"在我办公室开会，他们有我办公室的钥匙，在我办公室里摆上四张桌子，贴上"校长小助理办公区"的牌子，就开始正儿八经、叽里咕噜办公了。前几天，他们每人找到200个学生去做调查："你最喜爱什么样的老师？"现在，他们正在统计调查的结果，分析数据将直接交给我作为评价和选用教师的标准！

　　"我替校长来当家"是我对"弱化校长岗位管理职能、强化校长岗位教育功能"的探索。它包括一系列的活动，每两周换届的"校长小助理"利用课间、午间、放学后闲暇时间，来到校长办公室跟我反映各种问题和情况，有时还跟着我神气地巡视校园。他们利用和校长共事时间平等地跟我对话，了解校长职业、日常事务并写好每天的工作日记、每周的校长小助理心得感悟，看起来他们比我还忙呢！别看他们只是小学生，当主观能动性被激发出来，积极思考、主动发现，他们提出的治学建议，传达的同学心声，对于我而言都是很有意义的信息。当有客人来到学校时，校长小助理来接待，带领客人们参观校园，介绍他们的学校生活，相当有范儿。

　　"我替校长来当家"之"与校长妈妈共进午餐"的时间为每周四中午。八个孩子和我一起吃饭，边吃边聊，孩子们在餐桌上无忧无虑地表达着童言童趣，孩子们相信：凡是与校长妈妈共进午餐的学生，他（她）的梦想一定会实现！这样一份信任在孩子们心中植根，也使我树立了作为校长应该永葆童心爱孩子，了解孩子的使命感。经常有人问我："你这么忙，怎么可能每周四都在学校和小孩子吃饭呢？"事实上，我真的能做到。因为中午总要吃饭的，有孩子们在期待着我，我便习惯不在周四中午安排活动，遇上身不由己的时候，和孩子共进午餐的理由总是能获得谅解，从而减去很多不必要的应酬。从这个角度看来，我还要窃喜呢！

"我替校长来当家"之"我是文明小校长"将机会轮流给了每个班级的孩子们，他们用班级值周的形式参与到学校管理中，校园的每个角落都有他们文明言行示范、提醒、劝说的身影，一周"文明小校长"工作结束后，这批"小校长"就要培训另外一个班的"文明小校长"，文明的种子就这样静静地播撒着，在孩子稚嫩的心灵生根发芽。

每天放学后，我都会在门厅遇见训练升旗手的学生。大队部每周轮流到各班安排旗手、礼仪队员，为的是让更多的孩子有机会参与，可是，每周都是不同的人，老师训练忙不过来，于是，出现了这常见的一幕：学生训练学生。大队部的老师总是给我惊喜，他们组织了很多饶有趣味性和教育性的德育活动，让小鬼当家、学生自主，实现润物无声的养成教育。每月的第一个周五，是大队部读书分享会。活动由两位同学组织，他们把分享会分成了4个版块：1.主持人介绍读书分享会目标；2.各委员自由阅读；3.各委员就所读内容发表感言；4.大队长进行活动总结。我看到大家发表感言时，有了不同的意见，竟然开始了争辩。主持人当机立断，增加了辩论环节。最后，大家都很愉快，并有收获。

当我们把舞台完全交给孩子们，充分地相信他们时，他们总会有令人意外的表现。回想起"我们的节日——清明诗歌朗诵活动"从主持到舞蹈、朗诵、DI表演，台上的小演员们表现很认真，台下的小观众们也很给力，大家一起享受节日活动带来的心灵成长。校园慢慢充溢着一种温情脉脉的味道，孩子们随时随地可以走进校长办公室亲亲学校里的妈妈，也能在校园任何一个角落碰上校长妈妈甜甜的拥抱，遇上特别的日子也可以穿上睡衣到学校来撒欢，叠被子、穿衣服比赛上演疯狂一幕……为什么校长妈妈魔力无穷？请你慢慢认识我。

与校长妈妈共进午餐

"嘭、嘭、嘭！"连续很多天来，我可怜的午睡都被这重重的敲门声惊醒，我极其无奈地打开门，又是她——蝶蝶，四年级那个上课扔老师书本，下课吐老师口水，有时还打同学的特别的女孩子。我知道，少数能力较低的学生，是万紫千红花围中最娇嫩的花朵，我们教育工作者负有使命，领着他们以幸福的人的步伐步入美的世界。

当第一次她来找我时，我很惊讶："蝶蝶，什么事？"她黑黑胖胖的脸上，木然地没有表情："我要跟你共进午餐！"我乐了，有门！认真地对她说："我也希望能跟你共进午餐，可是需要班主任的推荐啊，表现优秀的小朋友都有机会，加油吧！"

我悄悄写了一张请柬，找到肖畅老师（蝶蝶的班主任），合计了一番。肖畅是个很有爱心的班主任，早就把蝶蝶当成了"秘密朋友"，时刻关心着她。她把"懂事大哥哥大姐姐"这顶帽子给班上同学一戴，同学们立刻被神奇的力量所影响，渐渐做到不计较蝶蝶的做法，学生之间形成互相帮助的氛围。放学时，肖畅老师牵着蝶蝶的手，走在路队最前面，有时还会把班牌交给蝶蝶来举，同学们投来羡慕的眼光。渐渐地，蝶蝶学会了礼貌待人，学会了认真学习，学会了帮助朋友。昨天，肖畅老师告诉我，蝶蝶主动帮值日同学打扫教室，把教室扫得干干净净，就连课桌间的细小垃圾也不放过，于是，她得到了跟校长妈妈共进午餐的机会！

"嘭、嘭、嘭！"当今天办公室的门再次被敲开时，蝶蝶用力地抱住我，骄傲地高举请柬，脸上洋溢着抑制不住的欢喜："我可以跟你共进午餐啦！"

"小字辈"和"大人物"

　　弟弟拿着跟校长妈妈的合影，报喜似地告诉家人："这是今天中午我跟校长妈妈在一起。"

　　一向疼爱弟弟的姐姐这一次很不服气："不知道你们班上怎么选的人，连你也可以。"

　　妈妈安抚着孩子仔细询问。原来姐姐已经是毕业班了，不知道还有没有机会跟校长妈妈共进午餐……

　　看到这篇文章时，我一下子惊呆了，直到毕业都得不到与我亲近的机会，你们一定失望至极，小草全耷拉下它们的叶子。你们努力地往上长，不是为了看得更远，而是期盼早点和大树靠得更近。啊，也许，只要牵牵你的小手，就能安顿整颗心。

　　"与校长共进午餐"毕业生专场话题当然离不开即将毕业的感受，孩子们流露出了深深的不舍，他们舍不得同学、舍不得老师、舍不得满校园的回忆，也舍不得我。"学校果然是一个令人向往地方"、"我们永远不会忘记学校"、"我一直会以我是枫树山大桥小学的学生为荣"、"我不会忘记这里的点点滴滴"，还有个孩子竟然说："我真的离不开这里，我还想再重来一次……"

　　我特意从中学邀请一些校长来做客，带着我的孩子们跟他们一起共进午餐。幸运的是，中学校长们也颇为乐意拨冗来跟小学毕业生互动。中学校长笑容可掬地逐一回答孩子们的提问："初中生活的节奏和小学有什么不一样？""中学压力大吗？""每门课程都要考试吗？""考试排名公布吗？""根据考试成绩排座位吗？""中学有社团吗？"……还没有踏入中学大门，中学校长就来小学跟学生共进午餐了，这对孩子们来说是更大的惊喜和感动，孩子们对于中学学习生活种种的疑虑、彷徨在与"大人物"的相遇之中渐渐化解，小学和中学像两个齿轮一样有力咬合！

和"大人物"平等交流，与出类拔萃的人面对面谈话，对小学生来讲，是难得的体验。也许，一场对话能促发小孩子无限的思考，一个机缘能促使他突然顿悟并终身投入。但因年龄、地位、环境等存在较大差距，"小字辈"和"大人物"的交集又是可遇而不可求的。在这一点上，也许我能做点什么。

在小孩子眼里，我就是"大人物"，可我从不高高在上，那一声叫不腻、喊不累的"校长妈妈"融化了多少爱与依恋。所以，我的孩子们不知道惧怕权威。记得六一节那天，省长来慰问，接待他的讲解员是六年级文雯。事后她说："我和梁瑀很早就去等着省长大叔的到来，别的同学们都玩得不亦乐乎了，好不容易把大叔等来，结果大叔只停留了五分钟！我和梁瑀的眼睛里闪过一丝淡淡的忧伤，有种想哭哭不出来的感觉。喂，大叔，你也太不够意思了吧，不过，省长一定很忙，算了！"率性天真，就是这个味儿！

一个孩子的处境能反映出一个学校的氛围，大人物也是普通人的暗示潜移默化地发挥着教育效能。除了中学校长，我计划将各路人士，甚至孩子们的偶像明星请进校园，和小学生共进午餐。也许有的"大人物"风趣幽默、有的严谨坚硬；有的"小字辈"活泼积极，有的胆怯腼腆。不论碰上什么场面，相互展开的人生总能增长学生的智慧能力，减轻畏惧心理，让翩翩少年更加健康、阳光、优雅、自信，而这场清新恣肆的相遇恰恰是回赠客人最好的礼物。

校长妈妈是一间温暖的房子

"教育的秘密，如果你想知道的话，就在于珍惜儿童渴望你成为他们的朋友的愿望。但是儿童想要的是一位不寻常的朋友。儿童十分清楚你的岁数比他大，你比他聪明。你在集体面前越是表现得聪明，有才智，感情丰富，具有高尚的道德情操和高雅的审美感，儿童也就会因你是他的朋友而感到格外高兴。既敬重你的才智，又把你当做朋友一样来爱戴。"这是《苏霍姆林斯基选集》里面的话。

跟学生共进午餐让我成为了他们的朋友，孩子们像一群"百灵鸟"边吃边唱，春天来了，就聊聊春天的发现：校园的柳树发芽了，茶花开了，小鱼儿也在水池里快活地游来游去……思绪开了就分享自己的心情、故事，开心的、难忘的、苦恼的……我总是微笑着、耐心地听，因为我觉得倾听比说教好一千倍，我喜欢用耳朵去教育。三年级的虢佳章在餐桌上朗诵了一首他自己写的诗：

梦想

枫叶，在我心中贵为百叶之首，

枫树，在我心中尊为万树之王。

而您，我们的校长妈妈，

就像它们的完美结合。

如果我是小草，您就是雨露，滋润着我们；

如果我是小花，您就是园丁，修剪着我们；

如果我是小树，您就是阳光，温暖着我们。

当我们长成参天大树，将脱离您的怀抱，

任凭社会之风的吹拂，我们将毫不动摇。

希望有一天，我们能让您感到骄傲！

受到孩子们如此爱戴，我眼眶湿润，这也是我不断探索校长岗位的教育功能的动力所在并因此可以乐此不疲。作为老师，我们能不能成为一些学生生命中的贵人，成为他们的恩师，需要我们的自觉努力，而产生出的良好教育效果，引导学生攀登更高的峰顶，才是这特殊午餐的真正意义所在！

有个女孩在留言本上写道："校长妈妈是一间温暖的房子……"我想，大概是校长妈妈这个美好的形象让她温暖、让她安全。因为孩子，我感到自己很重要。

每个与校长妈妈共进午餐的学生都得到和我单独合影的照片，我问："你们知道为什么我要跟每个人合影，还要签名留念吗？"孩子们回答："为了留作纪念，为了送我们作为礼物，为了好玩……"我说："有个很重要的原因，今天的照片将来可能价值连城，如果你们成了大人物的话！"孩子们恍然大悟道："到时候校长妈妈就发财了！"我眨着眼睛说："还有呢，将来我要是成了大教育家，你们可以把照片拿出来炫耀了，名师出高徒，你当年跟校长妈妈共进过午餐呢！"大家无比兴奋："我们都有未来！"

梦想还是要有的，万一实现了呢

上午，我花一节课的时间在三栋教学楼、十二个楼层过道、三十八个教室转了转，看到课堂或安静流淌、或活跃激情，我无声走过，心里自有微笑。可是，也看到有老师迟到、学生被罚站的现象，我很着急，想要批评，可一旦和他们对视，看到愧意的眼神，便决定忍住，无需多话，相信下不为例。

校长小助理在门口设立工作台，接受学生的意见，俨然成了全体学生艳羡的对象。我在试用了从三至五年级推选的二十几个同学之后，发现一个问题，选中的是极少数，绝大多数学生几乎不可能被选上的。机会如此难得，是不是不公平呢？

推优，人们往往只关注那些成绩优异、表现突出的孩子，可还有很多孩子虽然不太出众，却有优秀的一面。只用推优的方式产生校长小助理，显然让更多的学生无缘，而且，会导致孩子们从小就将"优秀"的定义窄化。到底用什么形式产生？怎样做能让每个孩子获得机遇？是不是可以将"幸运"的元素引入选拔，增加一次抽签的机会？这样的话，既有推优，又有抽签，就相对公平了。

做操的时候，我大胆试了试。让第一批小助理每人抽取一个数字，全校学生现场加减算出得数，这个幸运数字相对应的学号就是每班新产生的第二批校长小助理！一个数字小游戏，让学生的情绪跌宕起伏，虽然，最终产生的还是极少数，可对选中的学生有强大的激励作用，对没选中的学生而言，虽然口里说着"不好玩"，心里却在期待着"下一次"，因为他们知道每个人都有机会。梦想还是要有的，万一实现了呢？

　　在下午的班主任经验交流会上，六位上学期评选出的优秀班主任相继发言，讲述自己有爱、用心、颇具技巧的教育故事，我参与其中，很是受益。会上，我也把今天的巡视情况和抽签活动跟大家交流，我喜欢听听老师们的说法，修正一些自己的做法，也借机及时反馈我的所见所想，因为我深深知道，我不是孤军奋战，其实如果不是大家的努力，学校根本不可能有今天。

　　下班了，我坐在办公室写日记，听到话剧社的师生唱着"音乐之声"愉快地下楼，语文组赛课结束后老师们边走边谈。我喜欢大敞着办公室的门，方便经过的学生向里张望、跟我招呼。一个学生进来看摆在桌上的地球仪，我问："你叫什么名字？"他头也没抬："我不告诉你！"

道不同，正相与谋

　　俗话说："道不同，不相为谋。"我要说："道不同，正相与谋！"作为教育工作者，总是居高临下，看着对面稚嫩的面孔；总是同行探讨，说着教师语境的话题，一切以自身为中心，工作水平难以突破。我在思考：怎样换个视角，看待周遭的教育生活？不如走出常规，给自己一次走进学生内心的机会，与学生"谋"教育！于是，促成了今天的"学生访谈——你心中的学校和老师"。

　　临时从四五年级中随意挑选了20名学生，第四节课的时间，大家围坐在一起。为了营造轻松愉悦的气氛，一开始，我就跟孩子们说：今天，在这里，没有老师和学生，大家都是平等的朋友，我们聊一聊有趣的话题。孩子们慢慢地放开来，从开始不敢发言，到最后无法结束。他们聊的内容很多，从学校里最开心的地方和事情说起，到"最喜欢上什么课"、"喜欢哪个老师"、"哪个老师最凶"、"哪个老师太温柔，管不住课堂"、"哪些课要罚抄课文"、"哪个老师不公平"，到"课代表像大内密探"、"害怕进入六年级作业太多、压力太大"、"担心有好朋友下学期转走"，再到"建议老师前20分钟上课，后20分钟练习"、"建议音乐课玩些游戏"、"希望学校多举行活动"……学生的很多意见和建议是很实用的，我真是佩服他们小小年纪有如此思辨能力。最后，我和教导主任还像新闻发言人似的回答了孩子们的诸多尖锐的提问，并答应他们会将他们的意见带到教师会议上和老师们讨论。

　　一节课的时间似乎远远不够，最后还有好些孩子有话想说不愿结束，为了不耽误他们午餐，我只好对他们说：这次谈话只是个开始，以后我们还会有很多这样的机会，从今后，我们就是朋友了，还有话要说的同学可以直接找我或者其他的老师说。孩子们这才满意地陆续离开。

从与学生的这段对话中，我得到以下信息：第一，学生喜欢参与讨论式的、教师能有效组织好的、形式丰富的课堂教学；第二，"太凶"和"太温柔"的老师都得不到学生的心，学生心中最美的是知识渊博、幽默的老师；第三，体罚或变相体罚仍然存在，罚抄课文甚至乐谱，打屁股等；第四，个别老师随意调课，严重影响教学秩序。

与学生谈话，收到了意想不到的效果，得到了非常实用的信息。就像打开了一扇窗，让我发现更多的问题，找到更好的切入口。向学生学习，其乐无穷。

爱我，你就抱抱我

"大人总是对我说，他们爱我，我却总是不明白，爱是什么？"

雨后的早晨，国旗下讲话的"知心姐姐"微笑着，"昨天是5月25日，'525'代表着'我爱我'，我们只有先爱自己，才有能力爱别人，表达爱有一个很好的动作，那就是拥抱，爱自己，那就抱抱自己"。她示范着，两手交叠胸前，摸到自己的肩膀，把头轻轻靠着一边肩膀，闭着眼深呼吸。大家学着抱自己的动作，感受自己的呼吸和心跳，抱抱自己，让自己充满能量，才有能力去爱别人，这是爱的法则。因为，你不可能给出你没有的东西，爱他人之前先爱自己，爱他人的同时也爱着自己，爱的源头就在那里。继而，大家开始相互拥抱。那一瞬间，学校操场沉浸在热爱之中！

拥抱日，先拥抱自己，再拥抱朋友、拥抱家人，甚至拥抱大自然、拥抱大树、拥抱花香、拥抱每一缕清风……我们平时总是羞于表达自己的情感，不屑体会生活的细腻美好，让我们的生命索然而贫瘠，难以抵达内心的幸福。而一个拥抱的动作却如此神奇，它能建立情感，抵达心灵。

为了营造学校良好的心理气场，"知心姐姐"策划了学校心理周系列活动，以"让心灵自由呼吸"为主题。"心之翼"系列呼吁孩子们张开心的翅膀，与爱一起飞翔，包括设计发行《枫叶蝶》报纸和心理知识的宣传等；"心之贝"系列活动以观赏心理电影、主题摄影比赛引导学生捡拾心海之贝；"心之语"系列由心理活动课全市开放、心灵之声广播、家长论坛、毕业生考前心理减压、教师成长小组等活动组成；"心之舞"系列包括主题黑板报、手抄报、手语操比赛。在时间上，本周主题分解为周一拥抱日，周二赞美日，周三微笑日，周四交友日，周五希望日。

　　有趣的是，不仅学生之间、师生之间，老师之间也热烈拥抱。男老师故意在年轻貌美的女老师面前飘过，总是能得到不错的"福利"……爱像阳光，能让人感受到温暖、自在和喜悦，让学校充满爱，让师生在爱里滋养、成长。虽然学校的拥抱日只有每年中的一天，可我多么希望拥抱从今天开始永不停歇！

特别的爱给特别的你

　　我们当老师的，秉着一份对学生特有的爱心，我们把每一个孩子都当成自己的宝贝，把爱平均撒播给每一个学生。可是，面对一个班五十多个孩子，一个学校两千多个孩子，教育的针对性、个性化难以保证，总有一些孩子需要我们特别的爱，他们有的家庭困难、有的父母离异、有的智力发展较缓、有的身体残缺、有的思想叛逆、有的家庭溺爱导致心理承受能力差。学校虽有一个心理咨询中心，但每天孩子们的预约都超过心理老师的接待量。于是，我就给这些特别需要帮助的孩子建立一个特别的爱心档案，有针对性地提供更多的帮助和关爱。就像美国诗人艾米斯说的那样，哪怕仅仅把一只晕厥的知更鸟送回巢中，我们也就"不虚度此生"！于是，每位老师默默关注一个学生，让更好的童年关怀影响、默化、润泽每个学生，这样的关注对成长中的儿童而言是直接、持久、深刻的，孩子的变化因为我们的参与而变得有可能。这就是"特别的爱给特别的你"这项活动的来历。

　　没有爱的人就成不了一个好老师，但如何才能爱得无痕、爱得无声，这就需要爱的艺术。我们约定，为了保护爱心档案中的每个孩子，我们的爱要做到天知、地知、我知，但你不能知，就是不能让孩子和家长知道。默默地关心他，润物无声地帮助他。他们从来不知道我们把他们当成"秘密朋友"。让特别的孩子不特别，他们永远是健康快乐的个体存在。一声问候、一个微笑、一句体贴的话语、一个善意的举动，都能折射出爱的温暖。

　　三年级的溪溪同学两岁时就高位截肢，没有双腿，可他在我们学校却是个阳光快乐的男孩，广播操比赛他是领操员，有很多朋友，学习成绩好、爱好也广泛，是孩子们学习的榜样。今年，当他的弟弟诞生时，他出现低落失望情绪，李铁辉老师耐心疏导，赢得了他的信赖。

"催眠化解恐惧的能量"——张曦元老师用心理疗法与一个怕狼自闭症孩子进行了一学期的沟通，化解了孩子内心的恐惧。现在看到他那灿烂的笑容，清澈而真诚的眼神，没有人会想到他内心曾经是孤独、封闭的。这是沐浴阳光后一朵幸福的花。

也许，你从来就不会把160斤的体重与一个小学三年级年仅九岁的孩子联系在一起吧，我们"先锋奉献"队老师就要面对这样一个特殊学生。周爱荣老师秘密地把这个孩子定为了自己的朋友，每天早晨6:30就到校带领他跳绳、下午再进行一个小时的柔道训练。可加强的运动量更增加了他的食欲，周老师又给他定了每天的食谱。既营养，又不增加体重。但减肥最重要的是坚持，毅力的训练对于一个九岁的孩子更为困难。周老师陪同他经过了兴奋期、逆反期、坚持期。如今他的体重只有120斤了。

还有和孩子互相监督改掉坏习惯的吴海波老师，引导留守儿童乐观自信的贺未料老师，用粉笔字练习打开学生心灵的肖颖老师，给身体素质差的秘密朋友进行体能训练的旷美老师，每天和寡言少语的秘密朋友玩游戏的杜玲玲老师，心疼患有先天性癫痫病被父亲抛弃的孩子并把她当自己的女儿的刘美辰老师，被曾离家出走的孩子需要着的钟敬君老师等。大家让"特别的爱"充满在校园的每个角落，让"特别的爱"滋润校园的一草一木，让"特别的爱"在校园里演绎着一个个动人的故事。

"特别的爱给特别的你"活动在润泽孩子童年的同时，也丰富着教师的精神。听一听老师们的心声吧。戴莎老师："经过这段时间的相处，我发现他各方面的表现都有了进步。在这过程中，我自己也得到了成长。"周鑫老师："帮助华华，是我的一次实验，也是一次探索，更是一次挑战。我希望通过他，学会如何帮助那些需要关爱的孩子。"喻浩浩老师："只要我们好好引导，以诚相待，给他们足够的时间去改变，他们都会变得很优秀，甚至超出我们的预想！"潘明辉老师："作为教师，不仅要传播给学生以人的情感和生命脉动，更要把自己的生命溶于学生生活的每个阶段和每个角落，使之富于生机，充满希望。"

通过学期末对学生问卷调查"谁是你心中最美教师"结果显示，票数分布为班主任41%，数学老师30%，科任及其他老师29%。儿童对大人给予他们的关心，反应是很灵敏的，他们用爱回报老师的爱。

许孩子普通而幸福的人生

学校里有几棵高大的香樟树，粗壮的树干上顶着茂密的树冠。阳光下，清凉的树荫洒下来，在草地上铺成圆圆的剪影。一群孩子跳跃着、滚打着玩笑嬉戏，溪溪在里面特别引人注目，因为他没有双腿。

两岁时，他因为车祸高位截肢，这对一个小孩而言是多大的苦难啊！溪溪爸爸一夜急白了头发，年纪轻轻看上去已经像个老人。几年来，他怀着对溪溪的愧疚，小心地呵护着孩子，生怕他再受到一点点伤害。当溪溪到了上小学的年纪，渐渐懂事了，爸爸经常用轮椅推着他到学校门口张望，他多么希望孩子能像正常的孩子那样上学，而不是去特殊学校。于是，我们相遇了。

这是一个特殊的孩子，可他没有被我们这所普通的学校拒之门外，因此，他又是一个普通的孩子。尽管为了方便他，学校默默做了很多的工作。当他妈妈生下小弟弟时，班主任和心理老师及时疏导他的情绪。五年来，他所在班级的教室从来没有变过，一直在一楼，男厕所也加装了坐式马桶。虽然他的身体残缺，却丝毫不影响他的心灵健全，不影响他的幸福体验。溪溪性格开朗，有很多朋友，学习成绩好、爱好也广泛。校园电视台有他积极的参与，广播操比赛选他为领操员，同学们还推举他担任校长小助理。

校长小助理的例会地点是二楼会议室。他用双手和身体轮流支撑前移，往会议室这边"走"来，速度快极了。我不禁暗暗自责，应该安排在一楼开会呀，真不知溪溪是怎么跳下轮椅爬上二楼的。可看见他几乎是蹦跳着爬上了座位，立刻明白，我多虑了，既然他能爬上来，就让他和其他小孩一样，上二楼来开会，不要给他轻视自己的理由。因为将来，他要面对的是一个不尽如意的世界，他必须充满自信、紧盯梦想，坚韧地往前"走"。

　　幸福是独立于健康、财富和日常生活沉浮的，不是偶然性和插曲性的，它应该是整个人生的意义。学校里每一个学生都是我的孩子，我是他们成长的见证者和陪伴者，并终将放手，目送他的背影，无法代替，我希望他们在这个学校获得幸福、体验骄傲，成为他们人生意义的源泉。

每一个调皮蛋都有一肚子苦水

今天收到一封有趣的学生来信，说是信，其实是他写的一篇作文，题目是《作文令人讨厌》。

"作文"这两个字非常的令人讨厌，我听了就烦。因为，一听到这两个字就表示又有一个讨人厌的作业来了。而且，我知道，不仅我有这样的感觉，大家都是这样想的呢。学生讨厌作文有很多原因，我采访了几个同学，总结如下。

一、需要的时间长

作文需要大家写非常多的字，我现在就要写400字。因为要自己想，还要写，还需要找灵感。就要用很多的时间。作文啊，写完以后，还要讲工整，要语句通顺，又不能有错别字。一篇作文写下来，肯定会有语句不通顺的地方，所以就需要修改。修改以后还要加字，让文章变得更优美。汉字是世界上最难写的文字，我们大概是两秒钟写一个字，400字的作文光写就需要800秒，大约14分钟。你想怎么写这个过程至少要20分钟，可能还不够。再加上修改的10分钟，重新誊写的20分钟，加起来就超过一个小时了。你说，这作文，能不让人头疼吗？

二、老师、家长要求高

你可能会认为作文写得好的同学比较容易。是那么回事吗？这类学生写作文，老师要求更高，家长的要求更严。对他们的要求是：句子通顺，而且要优美，要有好词好句，超过班上要求的字数等等。这些要求让作文好的学生烦死了。

作文不好的同学呢，老师、父母只要求句子通顺，写的事情具体，重点还在，有没有好词好句都随他，父母有时还会来帮他修改作文。但是，父母会让他们上作文补习班，也非常的累。总之，作文好不好的学生都非常的累。

到头来，老师啊，我们为什么要写作文呢？我们讨厌作文，因为作文，我们又累又苦。写作时，要花时间，还要找灵感，又要父母教，有些时候还会挨打，或者上补习班，还得花钱，这都是什么世道啊！在小学还算可以，到了初中，高中，桌子上成堆的书，八门主课，能有多少时间来写作文呢？我们的青春大部分都浪费在学习上，埋在书堆里。老师不知道学生的压力，你们不清楚我们有多累。老师说：我们要努力学习，我们是祖国的未来……爸妈说：你不好好写作文，以后找了工作，连工作体会、工作报告都不会写……

老师、家长们，你们能让我们少写一点或者要求低一点吗？你小时候是这样吗？

作文真令人讨厌啊！

这篇文章署名为四年级黄远兮，我一边看一边笑，不愿写作文的他，却用作文的形式表达了自己的真情实感，文章条理清晰、论据充分，有自己的调查分析、数据统计，虽然主题是倒苦水，遣词造句有些问题，但对于小学四年级的学生来说可以算是一篇好作文呢！于是，我回信道：按老师要求写的作文，不见得是好作文。校长妈妈小时候写的作文也不被老师看好，经常没有中心思想和优美词藻，想写什么就写什么，字数有时不够有时太过，总之，不是老师心中标准的好作文。不过，现在看校长妈妈的日记，你觉得我写作文怎么样？……

语文，从来是一个有关素养、无关应试的学科。语文学习的最终目的是要使学生获得实际运用语言的能力。吕叔湘说："学习语文不是学一套知识，而是学一种技能。"文章体现一个人的修养和综合素质，如果只关注怎么写文章，永远达不到一个高的境界，只能写成一篇像文章的文章。每一个孩子都有自己独特而丰富的内心世界，他们沉浸在自己编织的故事世界中，喋喋不休地与想象中的人物对话，如果让他们顺畅自主地说和写，不拘泥于条条框框，他们都会有自己的精彩。可惜的是，这美好的精神世界总是囿于强势的框限，犹豫不决、前顾后盼，常常处于被控制、被纠正的境地，越来越失去打开想象的力气。在这一点上，老师和家长都有责任。我深深明白，不仅仅是学生，每个教师都有一肚子苦水呢，在整个大时代风起云涌的崛起中，只有教育显得疲软、无奈、左右摇摆，学校和教师常常处于被"验收"、被"抽血"的地步，亦步亦趋，没有办法一直保持并不断强化自己的教育梦想。

是否应该允许并宽容一小部分学生先"疯"起来？！

把健康素质放在第一位

体育组周爱荣老师的汽车上贴着一张罚款单，歪歪斜斜地用铅笔写着：校内违章停车，罚款一百元。周老师大笑，罚款该交到哪里去啊？

这些天，她脸上洋溢着明媚和喜悦，因为她作为体育组的大佬，带着十人组成的庞大体育组，训练近百名学生参加雨花区中小学运动会，每个项目都取得骄人成绩，团体总分位列所有参赛学校第一！同行们看到大桥这匹黑马，感受到强大的正能量，很多人问我是怎么提高体育成绩的，我真不知怎么回答。若说训练方法，好像大家都知道，若说参赛技巧，貌似别人比我更有经验，真要说，话就长了。

任何成绩的取得，绝不是一朝一夕。全员热爱体育，师生重视健康是基础。在素质教育概念被不断重新定义，越来越多的人再也搞不清到底什么是素质教育的时候，我想给素质教育一个最简单的定义，那就是"把健康素质放在第一位，把文化素质放在第二位，便是素质教育"。因为人生只有一个彼岸，那就是人生幸福。没有健康，没有身体和心理的健康，就谈不上人生幸福。

每年校运会尽量多地设置比赛项目，让每个学生都有机会当运动员。除此之外，巧妙利用这一全员参与的盛会，开展综合性的研究活动。去年，我们把学生运动会开成小小奥运会，来自38个班级的学生分别代表不同的国家。今年，运动会搭上了中国历史的精彩，一个班代表一个朝代，让普通的活动更有意义。为增加学生在家运动时间的比例，减轻学生负担，我对学生作业的要求是纸质作业"三个不布置"，即低年级不布置、周末不布置、考前不布置；同时，要求教师每天必须布置体育作业、阅读作业、家务作业。在学校，阳光大课间是全校学生每天最开心的活动，只要在学校，我就在升旗台上带操，除了我之外，还有想和校长妈妈一起带操的学生！只要你想在全校同学面前展示你的活力，你就有机会站到台前来！

当全体学生都以跳得高、跑得快为荣的时候，校园电视台成为运动员选拔的最佳推手，参赛运动员通过电视台海选出来，万众瞩目。这些小健儿在体育老师的巧妙安排下集中训练，被体育老师们"忽悠"："参加区运动会获得第一，将有机会与校长妈妈共进午餐。"他们为了实现这一"伟大"的梦想，不怕困难和失败，更加刻苦练习，最终取得佳绩！看来，光环效应不得了，我偷偷对自己做了个鬼脸。

其实，强手如林，摘取第一，还有一个很重要的因素，就是运气。我打趣体育组，你们一年进步一个名次就够了，这一下子窜到最前面，明年怎么办呢？会不会压力太大？周组长笑笑说："第一名揣在我的口袋里，你还担心被谁抢了去吗？"

哈哈，这就是强劲、可爱的体育人！生命就应该"浪费"在美好的事情上，和有趣的人，做快乐的事儿！

轻描历史　大写希望

　　早上八点半，久雨初晴，随着"盘古女神"开天辟地的擂鼓声，"穿越中国"主题运动会开幕了！各班代表各个朝代，从原始部落到尧舜禹、从夏商周到楚汉、从三国两晋南北朝到唐宋元明清，最后，走进新时代。"往事越千年，百代化尘埃。融融东风今又是，换了人间。看今朝，枫桥学子写春秋。"老师用即兴的诗歌描绘了全校师生穿越古今的历朝历代的盛况。

　　这已经不仅仅是运动会，更是每个学生乐在其中的个性化学习成果展！一个个历史故事、一个个人物再现，每一个出场都让人欣喜、让人叹服。四年级六班像一群载歌载舞的野人，代表原始社会的他们赤膊光脚、满脸油彩、草裙起舞、配饰独特；四年级二班炎黄时代，女生手捧桑叶和蚕，看来中国养蚕从那时就开始了；三年级四班英俊的舜和娥皇、女英上演了一出美丽的爱情故事；六年级四班学生有的扮演禹，有的扮演河水，有的扮演山石，各个全情投入；三年级一班表现了商朝的后母戊鼎、巫师、武士，每个学生手举一张正面甲骨文、反面简化汉字的卡片，至少那一个甲骨文字应该会深深印进举牌孩子的心吧！三年级二班学生用破布和废纸制作服装、配饰演绎了《封神榜》中的角色：矍铄睿智的姜子牙、稳重大气的周文王、武艺超群的杨戬、风华绝代的妲己和脚踏风火轮的哪吒！五年级四班每个学生用一张张的厚纸片设计制作秦兵的服装，每个"兵马俑"在自己的"盔甲"上精心绘制花纹，再仔细一看，他们举的战旗竟然是用上学期奖给教研组的"先锋团队"的锦旗反面贴上小篆"秦"字，再用衣叉子举起来的！五年级二班西楚霸王项羽和大将刘邦两军对垒，每个士兵的武器和服装都不一样，使用的材料也各有不同，但丝毫不影响个个奋勇杀敌、豪气冲天，不过，据说古时候打仗，士兵们使用的兵器是各不一样的吧？二年级六班重现了美丽的"昭君出塞"故事，我注意到笑得最开心的是站在昭君旁边撒花的一个小女孩；三年级三班用舞蹈重现当时高超的造纸工艺流程，两个男孩傻笑地抱着"地动仪"转啊转啊，他们怎么不晕啊？一年级三班好多诸葛亮摇着鹅毛扇；在四年级四班，我见到了南北朝的花木兰；二年级一全班化作一条巨大的隋朝大运河；一年级五班、三年级七班梦回唐朝，雍容华贵的皇帝武则天、令无数男子折腰的杨贵妃、"诗圣"杜甫、"诗仙"李白给大家带来唐诗音乐盛宴；一年级七班竟背出《满江红》！一年级六班走来了《西游记》里的唐僧师徒，孩子们稚嫩的脸上荡漾着灿烂的笑容，明亮的眼睛里透出自信的光芒；一年级一班的曹雪芹与红楼中人一同来领略学校美景；五年级三班一群中华热血少年走出书院，投身革命，救亡图存；三年级六班走进新时代，据说扮演毛泽东的那个孩子的头发用了一整瓶摩丝；五年级一班航天员乘着枫桥一号火箭抵达现场，引起轰动！

我的搭档罗瑞校长感叹说："原来我有一颗保守的心，低估了这份真纯的快乐，这份创意的收获。原来我们大人认为的微不足道的小事情或者不可思议的'歪'事情，对于儿童来说，可是新鲜的富有挑战性的大事，是他们最乐于体验的趣事。"有个孩子说："为了做这套齐胸襦裙，我看了好多课外书呢，历史好好玩！"看到每个人脸上兴奋的笑容，我甚至有些自得其乐地思忖：如果，普通活动的创意能引发孩子对某方面强烈的好奇、成就一番无穷无尽的探索，那我就是用极低的教育成本创造了无限的教育收益！

阳光召唤我出去，给自己的生命升旗

　　校园电视台和体育组老师一起策划了一个电视小广告，专门为了吸引学生参加每周三下午举办的跳绳擂台赛，进而选拔苗子。他们策划聘请了三位主演：哲哲、蝶蝶和我。哲哲和蝶蝶，一男一女，调皮和体重都在学校堪称掌门人，虽然在很多方面没有优势，可他们有个共同的特长，跳短绳又快又好，这是大家想象不到的。体育老师独具慧眼，发现人才，让他们有机会在擅长的领域体验成功的感觉。广告剧本的创意是：两胖墩跳绳打擂台，肉嘟嘟的、高频率的地跳动，绳子甩得眼花缭乱，这时候，我的表情尤为重要，要求无比惊奇地张大嘴巴，并夸张地给他们发个大奖杯，再通过蒙太奇的效果剪辑，一定给电视机前的全校学生留下深刻印象——参加跳绳比赛有趣极了，还可以得到校长妈妈亲手发的奖品！由于我们仨在镜头前的出色表现，被现场经过的老师和学生口头授予年度最出色表演奖！

　　学校每年举办全校学生运动会，我的目标是：让每个学生都有机会当运动员，让家长有机会和孩子同乐。为了让全校1967名学生尽可能都参与，学校精心设置了50米、400米、800米、障碍过关、滚铁环、军体乐园、仰卧起坐、轻物掷准、踢毽子、跳短绳等几十个项目，全校教师充当裁判员，校园就是赛场。障碍过关和滚轮胎让孩子们体验团结协作的重要性，短距离赛跑最为竞争激烈，长跑比赛中运动员在挑战自己体能极限的同时，得到班主任和同学一路相随加油鼓劲，场面温馨。军体乐园充分体现六年级男生的阳刚之气，一路吊云梯、爬高杆、撑双杆，在震耳欲聋的呐喊声中捍卫了班级的荣誉。孩子们像兄弟姐妹一样互相帮助、嗨翻校园！

　　运动会设亲子专场，校园内外熙熙攘攘来了好几百家长。亲子项目有传统的双人跳绳，更有学校自创的蒙眼背娃投球、双棍夹球等，大小朋友的笑声回荡在整个操场。体育组长周爱荣说："一位爸爸背着自己的女儿蒙着眼睛，完全靠女儿提示方向，我突然记起自己最后一次让爸爸背在背上的时候……"赛场上有运动员、裁判员、啦啦队，还有"帮忙的"。何为"帮忙的"？就是伺机上场搭把手的，他们滑稽的行为总是惹来一阵阵哄笑，没有人责怪、没有人仲裁。其乐融融的亲子画面，流淌着温馨，大家都在这场有趣的运动会忘乎所以、意犹未尽。四年级黄远曦的妈妈说："只要开心，怎么都好，只要参与，都是第一！"

有爱有歌声，有笑有汗水

　　每天九点半，学校响起大课间的集合音乐，我赶紧换上运动服、运动鞋跑下楼，这是我难得的锻炼时间。我站在升旗台上带操，不成文的规矩是，各班班主任必须轮流和我一起带操。为了让自己在台上不丢丑，平时老师们都会一起做操练习，无形中老师们锻炼了身体。学生看到老师一起做操，也会表现得更好，整体师生一起锻炼的感觉就更酣畅啦。

　　当我站在台上时，正对着三年级的苏苏，这是学校有名的调皮鬼。距离很近，我们总是可以小声交流。我说："苏苏，手打直，做完操手臂手掌手指都要紧贴着裤缝，像我这样。"苏苏一旦做好，我就大声说："表扬王海苏！"他的班主任雷梅听见了，会意配合地说："我们都要向苏苏学习！"我看苏苏，尽管脸上紧绷着，也掩饰不了得意的神色。

　　有时，我用眼神跟近旁的学生交流，竖起大拇指对着远处的学生，我就成了他们关注的中心。我总是认真做好每一节操，两节之间站姿不动，即使头发乱了、衣服歪了，我也不去整理。我不说话，用身体的语言告诉孩子们：集中注意力做操，不能松懈，不能有任何多余的动作，才能达到运动效果。

　　第二套操是学校的自编操，孩子们可喜欢了。一共四节，第一节是我作词的《文明拍手歌》，第二节集体韵律，用的是《最炫民族风》的音乐，第三节跳跃运动，套用《江南STYLE》激烈的节奏，第四节放松运动，用太极来调整呼吸。我听见孩子们一边做操，一边唱歌，全场气氛那个嗨！

　　跑操时间，我混在学生队伍里，和他们一起跑两圈。见到我的学生总会呼唤我、拍拍我，我知道，我的回应会让他们开心整天，所以，我从不嫌麻烦，认真地看着每个孩子的眼睛，热情地回答，尽量叫出孩子的名字。因为，我是他在学校里的妈妈。在家里，他叫妈妈时，妈妈及时的回应能给他安全感。

大课间，有爱有歌声，有笑有汗水。在阳光的照射下，每个孩子脸上、身上汗珠晶莹。我也不例外，到洗漱间冲洗头发，写完这篇头发竟又干了。

附：《文明拍手歌》

你拍一，我拍一，升旗肃立敬队礼；

你拍二，我拍二，文明用语嘴上挂；

你拍三，我拍三，爱护墙壁不弄脏；

你拍四，我拍四，不用拖把甩大字；

你拍五，我拍五，路队走出我的谱；

你拍六，我拍六，人行道上把意留；

你拍七，我拍七，见到垃圾就捡起；

你拍八，我拍八，帮助同学人人夸；

你拍九，我拍九，文明花开到永久；

你拍十，我拍十，枫桥学子有大志！

精力善用　自他共荣

　　柔道，是一项以礼开始，以礼结束的运动项目，是典型的东方武术，综合了中国、日本的武学精髓。柔道的基本理念是"精力善用、自他共荣"（善用技巧，与人共荣），其真髓在于"柔能制刚、刚能断柔"。它不是单纯的胜利至上主义，而是把精神锻炼作为目的。精力善用，就是接近自身的力量和智慧进行攻防，但一定是要在合理的情况下，利用自身所有的体力和精力，用最有效的方法来发挥出人类本身最大的能力。这些，不仅仅是适用于柔道，在日常生活中处理各种事物时也是如此，所以也包含了广泛的意义，反映在社会生活当中的一点一滴：互相融洽、协调、互让互助、共同进步。这里面，也就体现出了"自他共荣"之精髓所在。

　　精力善用，自他共荣——这一柔道精神，正从两名专业教师传播给柔道小队员，再由他们影响整个校园的精神！资深教练深入浅出地将柔道运动和柔道精神通过自编教法和练法将孩子领进门，逐渐让儿童接受并深深地爱上这项运动。在课堂中，教授柔道的基本技术动作的同时，注重培养柔道精神，注重礼仪，培养团队协作精神以及勇敢顽强的拼搏精神。同时，注意观察、及时记录每个队员现有的优、缺点因材施教，注重学生的身体素质与技战术训练相结合，在努力提高他们的身体素质基础上，培养他们在实战对抗中战术运用能力以及心理承受能力。

　　接受专业训练的队员毕竟是少数，而真正影响全校学生的是柔道的精髓。学校专职的柔道教练有着很深的体育情结，她们研究如何从基础教育反哺体育事业，研究儿童柔道训练如何浸润体育精神，在学校狭小的训练用房里培养出长沙市八运会冠军，这正是柔道精神与小学教育相契合所创造的奇迹。

与柔道同行

    八月的青岛，海风沉醉，一年一度的全国青少年沙滩柔道比赛在青岛开战了，来自全国二十四个省市地区的柔道少年齐聚海滨之城。我校照例派出代表队参赛，由六名小队员、两名体育老师和我组成。

    为了保证自己进入相应的参赛级别比赛，孩子们必须严格控制自己的体重。有几个孩子被老师要求不能吃饭了，尽管想不通，巴巴地看着别人吃东西掉下了眼泪，可孩子们竟然忍住没有吃任何东西。超重意味着不能参加这一级别的比赛，参加上一级别又明显吃亏。在飞机上就只能望着美食装睡的彭晋武主动提出不吃饭，任泽宇把厚厚的衣服穿上在房间里蛙跳，衣服都湿透了，教练让他喝点水都不喝，生怕前功尽弃。见此情景，我不禁担心孩子急降体重会不会影响健康，教练说一公斤之内没有问题。我唏嘘学柔道的孩子真有毅力，要知道，好吃的东西对一个小孩子来讲，是多么多么的重要啊！通过了比赛组委会体重检查，大家欢呼，可以连续四天跟校长妈妈共进午餐了！

    周意如是唯一的女选手，一路上就像女儿一样黏人，她说，上次比赛还不到两秒钟就被别人"一本"了，这回心里有点害怕。我告诉她：既然没有放弃，来到这里，就是勇敢的表现，经过练习，你已经不是原来的你，这一次只要正常发挥，你一定会成功！不知道是不是我的话起了作用，当她在赛场上像一头野牛把对手压在身下时，我注意到她坚定的眼神。

    宋俊辉一个人在抹眼泪，我知道他第一场就失利，无缘后面的比赛了，这对于一个运动员来说是很残酷的事情。队友们纷纷安慰他，胜败乃兵家常事，失败是成功之母，不过这回失败早产了！他听了，忍不住笑了。接下来，他开始担任后勤部长，为有比赛任务的队友们服务，陪他们热身，帮他们拍沙子。

罗鸿琢的对手是个比他重一倍的大胖子，我悄悄给他支招：第一，不要怕。心理上要藐视敌人，外表厉害的人未必真厉害，小个子也能战胜大块头，柔道不是使蛮力，要避重就轻，把重心放低攻其底盘。第二，不放弃。要打赢这个对手不容易，这场战役不会很快结束，不论输赢，一定要坚持到最后，不要中途泄气。第三，保护自己。那么胖的家伙压在身上怕会受伤，近身对抗一定要保护好自己。孩子点点头，和教练商量了一下战术就上场了，当双方鞠躬敬礼时，我感到自己手心冒汗。果然，孩子很勇敢，很顽强，也很幸运，赢了！

六年级的任泽宇说，这是我最后一次代表学校参赛了，我一定要拿冠军！我问他："紧张吗？"他笑笑："瞧我的！"猛地冲向对方，抓住靶点，三下五除二把人家解决了。可惜，最后的冠亚争夺赛却出乎意料地失利了，倒是第一次参赛的彭晋武夺了冠军。彭晋武兴奋地给妈妈打电话报喜，而任泽宇则默默坐在沙滩上远望大海深处……人人心情的落差如此之大，人人感到的收获却如此满满，这也许正是体育比赛的魅力所在！一个人，从小开始就能够充分地获得美好事物的体验，这种体验就会成为其行走一生的精神基础。

最终，我们获得了一个冠军，两个亚军，两个季军。庆功晚宴上，大家举起了青岛啤酒。小队员李坤霖说，我们还要更努力！

书香漫校园

　　让读书成为学生的生活习惯，不仅仅利于他们知识的拓展，对于学生人格的培养、素养的提升都可以产生潜移默化的影响。今天是2014年的最后一天，作为今年的完美收官，全校期待的图书漂流活动进入高潮。

　　从功利的角度来看，中国教育加大传统文化在语文教学和考试中的比重已成定局，基础教育工作者当然要顺势推动传统经典阅读教育，事实上，学校本来就有义务将人类文明尤其是传统经典的种子深深种入小孩子的心田。可是，怎么把阅读活动做得有趣，顺应小孩子的接受性和敏感期，激发学生读书的兴趣，语文组的老师们讨论出了一套不一般的做法。

　　活动准备期，孩子们通过分年级表演和观看经典诵读节目、捐书、写读后感，获得学校发行的"书香券"，老师们在每个班教室的墙壁上，展示孩子们推荐的"我最喜欢的一本课外书"，校园电视台播放着新书推荐节目，营造气氛。活动进行时，孩子们拿着"书香券"到各班图书摊位选购自己喜欢的书籍，成千上万的书籍真的流动起来，以图书分享为中心，种植、手工社团不失时机发展边缘产业，利用丰收的蔬菜和自制的发卡来赚"书香券"。不光学生，老师、家长都超爱这充溢着浓浓书香的市场。

　　当沸腾的校园渐渐安静下来，孩子们有的三三两两的在草地上看书说笑，有的独自喜悦地在角落里清点收获，有的小心翼翼地把没用完的书香券当做书签夹在书中珍藏，有的满头大汗地帮助老师收拾打扫……阳光暖暖，笑容暖暖，这暖暖固然使我的身体十分受用，但也许更使我的心情感到亲切而安详。

张扬异禀 各美其美

一个孩子跑过来抱住我，悄悄地说："校长妈妈，我的幸运数字是3！"我问："为什么是3呢？"他说："因为每个星期三下午有社团课！"

社团，就是学校每周三下午为全体学生开设的选修活动，竟让孩子如此珍视！老师们利用自己的所长，推出了你想得到和想不到的七十多种活动，有绘本赏读、国学启蒙、街舞、快乐呼啦圈、葫芦丝、飞行棋、折纸、过家家、西方风土人情、花语花艺、新概念手工制作、十字绣、快乐健身、趣味数学、少年志愿者协会（社会公益）、绘心绘意、童子军乐园（体能拓展）、游墨堂（国画）、心理小游戏、名著与电影、硬笔书法、名人堂、不一样的世界（心育）、玩转数学新思维、天使爱美丽形象设计、快乐英语、养生学堂、有氧健身操、历史故事、巧手屋、甜甜糕点屋、学生围棋、金话筒主持人、小小腰鼓队、DI科幻世界、中华糕点屋、趣味心理电影赏析、舞动奇迹、中华传统影视赏析、飞机模型、电脑小医生、红领巾种植园、乐易韩语、管乐团、合唱、田径……一个个社团里开怀尽兴的孩子，张扬着他们天赋的异禀，展现着各自成长的美好。

四年级的卢泽恺同学最大的梦想是当一名导演，在话剧社团表演《清明》课本剧中过了一把瘾，他扮演的是诗人杜牧，仅用一天的时间就背下了整篇晦涩的台词，还酝酿足了悲伤的情绪，摇头晃脑地把唐代诗人杜牧演得活灵活现。尽管四年级蒋业炜同学扮演的只是一头小黄牛，但他没有半点不情愿。他先是一遍遍地背起"小牧童"，后来担心背不动演砸了，干脆手脚并用地爬来爬去，在舞台上甘当一头可爱的"小黄牛"。四年级的田睿佳在剧本只有一句台词，演一个失魂落魄的儿子向父亲忏悔，也许因为他演得太投入了，演员们硬是忍住了笑，才把清明的悲伤气氛贯穿始终。

把选择权交还给孩子，我看到孩子眼中无比奇妙的世界。那一双双眼睛是一扇扇通往心中大世界的小窗口，在入迷地观看纸飞机和花种子、竹竿舞和T台秀、水彩粉和芝麻团，而且每一个小窗口互不相同，这个孩子感知的世界是清新优雅、浓淡相宜的写意画，而另一个孩子面前的是一片五彩缤纷、色调绚丽的油彩画。这个学生习惯于从统一整体上浏览，而另一个学生却专注细节。摄影社团的孩子们在校园找春天，有的孩子被生机勃勃、欣欣向荣的整体美吸引，而有的孩子却惊讶于一棵青草或一根细枝；这些学生欢声笑语地追逐，那些学生却盯住一只蜗牛不放。教育应该发展人的独特性，进而使之不断完善（孔子所谓至善）。

遗憾的是，粗心的成人却看不到这一点。多少孩子仍在被训练成一种静止的、普遍性的、单一的复制品，当下生活中，仍然有孩子的宝藏被成人熟视无睹，如果没有丰富多彩的选择和体验，没有教师家长的发掘和呵护，这一宝藏就可能被荒废。对于成人而言，最大的危险在于我们的无知。我们知道如何从贝壳中寻找珍珠，知道如何从矿山中寻找黄金，知道如何从地球内部发现能源。但我们却不知道和不了解儿童，不尊重他们的精神胚胎和创造能力。孩子刚开始表现出的兴趣，如同肥皂泡一样脆弱，在自由选择的微妙行为中表现出来，请让我们一起呵护它！

小原国芳在《完人教育论》中大声疾呼："回到人！回到人！"进行"人的教育"，便会有真正的教育。我们教育的对象是人，每个人在发挥各自的天性时，将呈现出一个松竹相别、菊堇各异、独一无二的美妙世界。

泡社团　赢蝶币

　　玩是孩子的天性。学校确立"童心育人"的办学理念，因此，所有活动设计从孩子视角出发，以激发孩子的创造力、想象力、自信心、主动性为核心，大胆创意、用心实践。

　　"枫叶蝶"这一学校的吉祥物，如今已经深入孩子们的心中，成为老师们组织各类学生教育活动的好朋友；"社团"是照顾全体学生的不同需要而开设的各种各样兴趣活动小组。如何在今年六一活动时，既展示社团，让学生获得体验，形式上又新颖有趣，我们通过几次碰撞，拿出了"泡社团、赢蝶币"的创意策划。活动的初衷是以社团为单位提供学生表现自我、张扬异秉的舞台，以"蝶币"为介质串起各类游艺元素，引发学生积极参与、激情交流的社团体验和交易活动，充分让孩子们乐在其中、小有收获。

　　今天，学校成了一个仿真的社会，七十多个不同的社团构成一座可以让学生尽情挥洒乐趣的大市场，"蝶币"是本次活动新推出的流通介质，在这里，学生用"蝶币"来交换。各社团社长、社员和指导老师齐心协力准备海报、制定玩法，所有社团被分为三个社团组，分别是童心商街、童心实践、童心趣园。枫娃们在这些社团走秀、卖萌、跳舞、打工、拼智慧，来赚取"蝶币"，再拿着"蝶币"选取自己喜爱的社团进行消费和体验。

　　开展活动时，童心商街社团组中的"甜甜糕点屋"、"美味沙拉店"、"中华小当家美食店"、"红领巾种植园"最受吃货们的欢迎；童心实践社团组"少年志愿者协会"的义工在劳动中获得快乐和蝶币；童心趣园社团组"童子军乐园"、"纸尖上的艺术"、"魔力金话筒"需要有足够的"蝶币"才敢来闯关。还有国学启蒙、街舞、快乐呼啦圈、葫芦丝、飞行棋、过家家、西方风土人情、十字绣、快乐健身、心理小游戏、名著与电影、硬笔书法、名人堂、不一样的世界（心育）、玩转数学新思维、天使爱美丽形象设计、快乐英语、养生学堂、有氧健身操、围棋、小小腰鼓队、DI科幻世界、飞机模型、电脑小医生、乐易韩语、管乐团、合唱等你想得到和想不到的各色社团都是门庭若市、络绎不绝。师生同乐，嗨翻了大小孩子共同的六一！

在这样的活动中，孩子们潜移默化地了解不同的社团，充分挖掘自己各方面的潜力，极大地满足了好奇心、探寻欲，激发了进一步参加社团活动的热情。同时，"蝶币"的出现丰富了枫叶蝶的创意内涵，对深入推进"童心育人"理念具有里程碑的意义。

改变一小块世界

　　学校有间杂货店！是的，这是一个完全由学生开办、管理和自负盈亏的小店，除了交给学校水电房租，课余时间来打工的同学还能获得十元左右的周工资呢，我看到学校最胖的小子就被聘为保安，负责维持一次进入小店不超过五人的秩序。小店主要经营文具、书籍和孩子们喜欢的小玩意儿，只是不卖零食。店主说："虽然卖零食赚钱快，但是风险太大，还有可能影响学校的卫生。不过我的商品仍然很抢手，一天的营业额就有一百六十多元，今天还有同学跟我预定新货呢！"乖乖，发展迅猛啊。

　　李克强总理在今年两会上提到，"要加强大学生的创业教育"，我认为创业教育可以从小学就开始，从小培养学生的商业思维和创业精神。其实，这个杂货店只是用几个塑料篮子充当货架，并不显眼的小地方，可是不论是卖东西的小店主，还是买东西的小顾客，各个有模有样、津津有味。当然他们乳臭未干，不知道自己所做的事情是游戏还是学习，可是有过这样的体验，以及培养起来的自信，就是无本万利的大买卖了。

　　对于一个人的全面的培养，不仅仅有知识的习得，还应该包括健康的体魄和人格，良好的表达、组织能力和思维习惯，以及美好的体验和兴趣爱好。"玩就是学"、"在玩中学"已经成了学校的特色，我们的老师们在尽力地改变这一小块世界，家长们已经越来越懂得给孩子创造机会去玩、去学习。刚开学，学校很多活动就开始吸收成员了。

　　学校乡村少年宫在校门口显示屏醒目的校园吉尼斯达人集结令上写着：

"嗨！大家知道吉尼斯吗？学校乡村少年宫将在本学期举办'枫桥吉尼斯'活动。在这里，每个人都能走出默默无闻，留下成长印记；在这里，每个人都能展现自己的不平凡，挑战极限；在这里，你能成为焦点，赢得赞美与鼓励；在这里，你将从茫茫人海中脱颖而出，成为枫桥达人、枫桥英雄！活动具体项目根据申报情况而定，如体育竞赛类：可以是跳绳（长、短、单摇、双摇、花式）、快速跑（50米、100米、400米）、足球和羽毛球颠球、定时投篮、定时转呼啦圈、踢毽子、俯卧撑、仰卧起坐、3米或5米投飞镖、大力士举重，等等；音乐艺术类：可以是海豚音、唱歌不换气最长时间、舞蹈定时闪臀动作，等等；自主创新类：可以是玩转魔方、骑慢单车、定时吹破气球、背乘法口诀、快速24点、定时穿针引线等创新性较强的项目。报名方式……"

科学组在食堂门口贴出海报："防盗报警应急灯、电子捕鼠器、隔热围裙……这些都是小学生的小发明。只要我们做生活的有心人，细心观察、勤于思考，我们也能有自己的发明创造。学校的小小发明家设计比赛开始了，请将你的奇思妙想写下来或者交到大队部，你将有机会获得与发明家面对面，或者外出参观3D打印的机会。开动小脑筋吧，明天的发明家就是你！活动截止时间为……"

小小话剧社也在期待新朋友的加入："亲爱的孩子们，如果给你一次机会：你想站在绚丽的舞台上尽情地展示自己吗？你想成为白雪公主穿上美丽的裙子吗？你想成为西方女巫尽情地表现自己吗？你想穿越回春秋时期成为伶牙俐齿的晏子吗？你想接受湖南省话剧团专业演员的亲自指导吗？现在，枫桥小学就给你这样的机会！如果你喜爱表演；如果你活泼开朗；如果你能歌善舞；如果你喜爱朗读；只要你有一颗喜爱表演、喜爱话剧的心，就有可能成为我们枫桥小小话剧社的一员。成为我们的一员，不仅可以接受专业老师的指导，还有机会和优秀的专业演员同台表演！还等什么呢？心动不如行动！……"

音乐组长的头像在QQ上闪动，她邀请了湖南省京剧团下周进校园演出，她说去年省交响乐团进校演出很受欢迎，说明高雅艺术也能走进小学生的心，所以，这样难得的机会，一定要多让孩子们受益，呈现一次国粹的盛宴。

　　每个孩子总有一块钟爱的天地，学校活动总有一款适合他。哪怕有这方面天赋的孩子只是极少数，这样的工作也是值得的。因为，老师们费尽心机开设尽量丰富的活动，是不想埋没任何一个孩子的天分。

校园电视台的故事

　　每个星期收看校园电视台的节目是孩子们最为兴奋的事情。校园电视台以其百分之百的收视率在学校各类媒体（包括广播站、报纸等）中始终独占鳌头，成为学校名符其实的"明星的摇篮"。这个电视台有着最简单的设备——一台电脑、两架摄像机、三块背景板和一批热衷于此的学生。别看是个小得不能再小的电视台，却已有近三年历史，制作了近百期原创节目，培养了数十名主持人和摄像师，影响着两千多师生的校园文化生活。

　　因为能在电视里看到自己熟悉的画面和生活，其中有自己身边的老师和同学，幸运的时候自己还会在电视上露露脸，所以每一期节目在学生心中都有举足轻重的地位，每一个学生都看得聚精会神，当然，节目的质量也不负众望、越来越高。

　　提起校园电视台，不得不说说"熊台长"。这是个聪明、勤奋又漂亮的年轻老师，说她是台长，其实是调侃，因为整个电视台只有她一个老师，从组建到运作，全是她一个光杆司令说了算，不过，外人哪里都知道，这一路她可不容易，摸摸索索、跌跌撞撞。当年，她来学校应聘之前并不是电视从业人员，甚至没有当过教师。虽然为了赢得学校电视台专职老师这一工作岗位，她做了不少功课，比如，专程到某中学电视台拜师，并自学视频剪辑软件等，但是，若要引进这样一个门外汉，我心里完全没有底。好在她那双敏而好学、又足够坚定的眼睛给了我信心，于是我当机立断，给了她这个机会。几年下来，熊台长已经成长为学校不可或缺的重要人物，我很骄傲，她一点儿也没有让我失望。

校园电视台的熊台长和她那帮能干可爱的孩子们天天忙得不亦乐乎，摄像、剪辑、培圳、策划……这里的学生个个都有分工：台长、副台长、主播和摄像师。这里的节目丰富而多元：纪实栏目《校园红黄蓝》、采访栏目《榜样零距离》《老师您好》、实录栏目《做客大家》等，除此之外，他们还经常策划拍摄宣传片为学校活动推波助澜，促使校园文化深入人心。其实，给孩子培训特别不容易，不能耽误孩子们上课的时间，以前只能穿插在节目录制的过程或录制之后进行一对一的培训，这样效率很低。现在，开设了电视台社团，熊台长便可以更系统、更全面地培养生力军，内容涵盖主播稿的撰写、主播的发音和形体、摄像师的摄像技巧……与此同时，她经常跟参加节目的孩子、家长或老师沟通、交流、磨合，积累了联动的经验。

如今，这个机构绝对是千众瞩目。校园里，经常有孩子追着我问下一期电视台节目是什么？校门口，大电子屏播放的节目吸引着路过的同学和家长们，每当这时，一定也是熊台长最为心满意足的时刻。她说："在这里我收获了很多，收获了快乐、收获了满足、收获了自信、收获了激情……六年级的摄像师初来乍到，手持摄像机的兴奋表情还历历在目，如今他们就要毕业，我必须不断培养新的小帮手、吸取更多的氧分，让节目更具有活力。"

小记者　大平台

　　小记者，是学生利用课外业余时间从事新闻采访、写作的体验学习形式。长沙晚报驻我校小记者站已经五年了，小记者能力渐强、见识渐丰、队伍渐壮。今天下午，见证着小记者成长变化的家长们济济一堂，召开汇报会。通过VCR展示出小记者的活动很丰富，他们开展外出采访、新闻培训、专场电影和演出等，我感慨这已然成了学校生活很有益的补充，真是感谢晚报大记者们辛勤的付出。

　　体验学习是人类最基本的学习形式，它是指人在实践活动过程中，通过反复观察、实践、练习，对情感行为、事物的内省体察，最终认识到某些可以言说或未必能够言说的知识，掌握某些技能，养成某些行为习惯，乃至形成情感、态度、观念的过程。体验学习的基础是通过学习者不自觉或自觉的积累而把握自己的行为、情感，认识外在世界。

　　我在学校生活中下意识地使用着、推动着体验学习：校园里活跃着繁忙的小身影，有穿着红马甲、拿着采访本的长沙晚报小记者，有扛着摄像机、举着麦克风的校园电视台小台长，有修着稿件、改着排版的"枫叶蝶"校园报小编辑，有念着新闻、听着效果的校园广播站小主播，还有，邀请作家进校园、和名人面对面的小作者……

　　给学生平台，他们能够体会到乐趣、认识到不足、感受到进步。得到锻炼的孩子表现得更加自信、博学、坚韧，这是在体验学习中获得的优秀品质。比如小记者要采写新闻，采访的对象不仅仅是校长、老师和同学，不仅仅是自己熟悉的校园生活。他们还要走出校园，采访校园以外的人和事，这就要涉及到社会上各行各业、各种人物，当然，也就涉及到极为广泛的政治、经济、文化、教育、体育和天文、地理、历史等各方面的知识。采访一位地方行政领导，就要了解他主管的具体工作以及这方面工作的有关问题；采访一项体育赛事，就一定要知道这项体育活动的规则；采访一位画家，就一定要懂一些诸如什么是油画、国画、水彩画以及这位画家本人的作品等等。同时，体验也不是一帆风顺的，有时要面对着重重困难的考验。比如，小记者在采访时遇到不接受采访或接受采访不认真对待的情况是屡见不鲜的，遭此"冷遇"，碰"硬"回头，放弃采访大有人在。只有具备坚忍不拔的毅力和百折不挠的吃苦精神的小记者，才能达到采访的目的。

心理学家皮亚杰指出"知识是儿童通过他的心理结构与周围环境之间的相互作用而构建的，这种作用又是通过个体积极主动的活动而产生的"。体验既是一种活动，也是活动的结果，作为一种活动，孩子亲历某种事件并得到相应的认识和情感，作为活动的结果，孩子从其亲历中获得的认识和情感。因此，如果孩子不理解，就让他去试一试吧。

司机叔叔，您辛苦了！

　　每当上学和放学的时候，学生们被一辆辆豪华的汽车接送，两点一线，安全和舒适得到了保证，却也失去了很多体验和乐趣。学校和车队合作开展体验活动，让小学生跟车体验司机工作，感受职业生活，这对于小学生来说是一种难得的生命体验，也是有趣的综合实践学习过程。

　　启动仪式之前，孩子们已经利用一次会议时间，学习了公共交通常识和技能，初步了解公交公司车队的运营方式，孩子们分成三组，分别体验司机、调度员、安检员。

　　周一的启动仪式上，校园里开进一辆公交车，160线路的司机叔叔神气地走上讲台和大家互动，全校学生都很兴奋。学校将报名体验的学生分组，他们登上公交车查车况，记录公交车特点、车行站数，大约人流量，计算大约运行时间、司机工作强度。

　　当汽车停下等红灯时，孩子们为司机送上茶水，忍不住发问。

　　"叔叔，可以问您一个问题吗？"

　　"可以啊，你问吧！"

　　"叔叔，你们一天工作几个小时？"

　　"每天凌晨4点多就要起床准备，晚上有时候9点多钟才能到家，从早到晚最少开6个来回没有休息，一般12个小时以上。"

　　"你们每天都在开车，有没有假期呀？"

　　"没有，包括春节、国庆长假都要正常上班。"

　　"坐公交车的人多吗？"

　　"这两天情况还好点，不过遇到节假日，很多人都要坐高铁出行，所以160路车上乘客非常多，挤得都关不上车门。"

　　"您觉得开公交车辛苦吗？"

　　"不累，别的司机也都和我一样，平时很少有时间照顾家里，这个工作特殊，家里人都理解，为乘客服务的同时也快乐自己。"

　　司机匆忙地喝了口水，而后又目不转睛地盯着前方，绿灯亮了，他重新忙碌地做着机械式的动作……

　　到站了，司机刘叔叔顾不上休息，又开始清扫车厢，冲洗车身。完毕顾不上休息，又投入到新一轮的运营当中。

　　"为乘客服务的同时也快乐自己。"多么朴实的话语，每天的往返对公交车司机来说习以为常。为他人提供便利、为乘客服务，快乐自己是这些劳动者发自心底的承诺。

　　我们在过节，他们却在为过节的人劳碌。我们在埋怨假期太少的时候，有没有想过，那些没有节假日的劳动者……公交车作为一个城市的窗口，是城市文明的形象。公交司机作为公共服务人员，是大部分市民天天接触的人，然而很少有人真正走近他们，了解他们。

　　孩子们自发地做司机小帮手，遇到抽烟、吃零食、吐痰的乘客，主动进行劝导，并在站台对乘客进行文明宣讲，配合司机叔叔进行安全检查，虽然他们的力量微弱，但那幼小的心灵已经种下一颗尊重和理解的种子。一个人，从小开始就能充分地获得不同的生活体验，这种体验就会成为其行走一生的基础。

　　体验过的孩子在随后的日记中写道："很久之前我就想一定要坐公交车从起点坐到终点，现在终于实现了。本来以为这是一件很幸福的事，但是没亲身体验过就是不知道啊，160路公交车跑的线是真长，到终点之后整个背都麻了，我才坐一次，那司机叔叔每天来回得多辛苦啊！每天还要面对不同的乘客去解答他们差不多的问题，所以我们一定多体谅司机叔叔阿姨才可以，有人说他们工作是服务我们的，但谁又可以服务他们呢？有时乘客多了他们一天都顾不上喝一口水，尤其是在冬天他们不到5点就要起床去公司，有时连饭都顾不上吃。他们的责任感真强啊，虽然他们辛苦，可是我们却在他们饱经风霜的面容上看到了自信和幸福！看来在任何一个岗位上工作，不分贵贱，只要用心付出，他一定能有所收获，内心一定是幸福的！想想我们自己，学习还要爸爸妈妈的监督，平常在家不干家务还总是理所当然的样子，社会这个大课堂今天可真是为我上了一节生动的教育课啊！我要说声：司机叔叔，您辛苦了！"

十岁集体生日校园露营会

早早地，周佳就跟我商量，乡村少年宫本期想开展一次有意义的大型活动，她看中了"十岁"这个时机，是不是给全校十岁的孩子办一个集体生日会？我赞成，小学阶段唯一的整十生日只有一次，中国人历来重视每个整十生日，为孩子们一起办十岁生日晚会，多么难忘！

于是，她吆喝了一群志愿者，开始张罗起来。孩子们开始报名、家长们开始期待、志愿者们开始激动。直到今晚，夜幕降临，寿星们举着手电筒，穿上COSPLAY的打扮，走上红地毯，搭上帐篷，点上自带的蛋糕蜡烛，生日会便开始了！

根据进门时领取的生日卡编号，小寿星和家长们分成几个阵营进行游戏。欢笑和尖叫把附近的居民都吸引过来，好多其他年龄的学生闻讯而来，不管大的、小的，十岁、五岁，开心就好了！据说，校门口的玩具店荧光棒脱销了，"狡猾"的商家若是早知学校有这个活动，是不是就会囤积居奇了呢？看来信息就是商机哦。

小寿星们要校长妈妈的祝福，我该跟大家说些什么呢？想了想，还不如搞个行为艺术，我领着十个孩子走到台上，每个人代表十年，他们手牵着手象征人生百年。然后，我将最前头的一个从中分开。孩子们默默地看着这一幕，他们明白，他们明白……

过去，人生最开始的十年已经过去。虽然，曾经有骄傲、有失败、有收获、有彷徨。

未来，过去的十年和未来的九十年对比，过去的时光很短，未来的时间还很长。

　　今天，我十岁了，我已长成少年。人生能有几个十年？每个十年都要好好珍爱。我要用力拥抱属于自己最闪亮的未来！

第三次工业革命呼唤教育革新

　　星期天，湖南省电教馆举办的"国培计划"小学校长信息技术应用能力提升高研班在我校开学了，领导们热情洋溢的讲话，使来自全省的百余名校长们倍感温暖。其实，为了准备这场为期一周的盛会，大家一直忙到昨晚，细致入微的安排好住宿、用餐、设备和各种资料，甚至极其不易的联系上公交公司一天四趟接送会议代表。仿佛大家都有一种使命感，要把中央关于推进教育信息化的系统部署落实下来，以一线优质中小学为基础，推进教师信息技术应用能力全面提升。

　　以数字化制造为代表的第三次工业革命正在悄悄地向我们走来，一个大的工业革命时段，就是一个大浪淘沙的过程。第三次工业革命将使生产走出大批量制造的时代，取而代之的是小规模地生产少量但多样化的产品，这对教育必将产生深远影响。

　　第一次工业革命是18世纪后半叶以英国纺织机械化为标志。第二次工业革命，以20世纪初福特汽车公司在大规模生产流水线为标志。这两次工业革命都改变了社会，改变了历史，也改变了世界的形态。而第三次工业革命，则是以新能源、新材料、新技术、互联网和数字制造技术为标志的工业革命。第三次工业革命将彻底改变人类社会的生产生活方式，让我们走上生态和谐、绿色低碳、可持续发展的新道路。第一次工业革命时，我们正处在康乾盛世后期，当时中国GDP占世界第一，我们采取了闭关锁国的方式，没有赶上第一次工业革命。第二次工业革命时，我们正在闹革命推翻帝制，军阀混战，又没有赶上第二次工业革命。我们已经被第一次工业革命、第二次工业革命甩出去了，第三次工业革命，我们一定要抓住这个历史性的机遇。把信息技术融合到教育中去，并用信息革命的理念和技术改造我们的教育，这样的使命摆在了每一个教育者的面前。

与会专家提出，工业革命迫使教育发生深刻变革，教育的最大使命就是为流水线生产大量合格的人才，所以教育成了批量生产人才的大工厂。也就是说，18世纪末、19世纪和20世纪两百多年里，世界教育是为工业经济时代而生的；在流水线上，人成了机器大生产的附庸，有没有丰富的人性，在机器大生产面前变得无足轻重，教育漠视人性也就顺理成章。第三次工业革命需要大批创新型的能够追踪尖端科学和最新发展的人才，而我们现在的教育并不适应这种需求，这在客观上呼吁教育要变革。他们通过介绍教育信息化的时代背景，讲到我国教育信息化应用驱动、机制创新两个方针的的基本思路，分析了转变教学方式、翻转课堂、一师一优课、一课一名师等实施路径。听讲的同人们感到教育部借助信息化实实在在地促进教育均衡的举措，得到信息化教育领域的突破性认识，大家都很激动。

记得美国《时代》曾发表名为《大学已死。大学永存！》的深度报道。"这场从硅谷、MIT发端的在线学习浪潮，理想是将世界上最优质的教育资源，传播到地球最偏远的角落。免费获得全球顶尖高校明星教师的课程，甚至取得学位，并非不可能。而对学校官员来说，变化带来的恐慌随处可见。"过去，我们仅仅把网络教育当成正规教育的一部分，这是肤浅而短视的，事实上，我们应该将其推进我们的主流课堂，促进信息技术与教育教学的深度融合，让学习者有更多的机会在开放的空间进行分散化的合作学习，学习的重心从个人转移到了相互依赖的团体，学习不再是存在于权威人物和单个学生之间的孤立事件，而是学习者的共同经历，从而真正实现教育革新。

"视野比勤奋重要"，我们今天的世界已经与从前大不一样，孩子将来的世界一定也不是现在的样子，很多传统行业几近穷途末路。今天的职业以后可能消失，将来的职业你现在无法料到，孩子们的未来依赖于他们一生中掌握新概念、作出新选择、不断学习、不断适应的能力。因此，我们要放眼长远，营造一个无所不在的学习场，运用智能机器人、体感技术、教育游戏、虚拟课堂等更多样的教学策略，以更开放包容的心态，迎接新的教育时代！

想到达明天，现在就要启程

　　现代社会，网络已经成为人们工作、生活和创新的工具，当人们享受它带来的方便的同时，也为孩子沉溺网络游戏而苦恼。其实，现在的孩子一出生就是数字世界的原著民，他们对网络的接受性和依赖性超过成人，孩子的视角和能量与成人不同，简单粗鲁地把他们与网络完全隔离开来是不可能的，就像大禹治水，"堵"没有用，关键在于"疏"。

　　大讲堂《大家一起来玩SCRACH》吸引四年级的近百位学生一起过了一把电脑编程的瘾。这是学校的校本信息课程——趣味编程的一次集中分享，孩子们把自己想象的世界，用编程的方法实现，再展示给小伙伴或者和小伙伴一起玩。所有的学生眼睛全盯着屏幕里的惊奇，迷宫、转盘、火柴人、对象控制等，大家看到平时爱玩的游戏，竟然可以自己动脑筋做出来，都被深深吸引，现场无须老师管理纪律，结束后久久不愿离去。

　　当校长之前，我是信息老师，直到今天，我也没有离开课堂，每周上信息课。虽然36个班规模的学校校长可以不上课，但是，我离不开课堂，尤其是离不开信息课堂，离不开那一次次师生共同创造的体验。互联网向教育变革提供了许多全新的视角和多元的渠道，我在学校开设了这样一门特色校本信息课程，以趣味性编程软件和编程语言为主要内容，利用孩子对游戏的天生兴趣，让孩子在玩中学，开拓了自由的想象空间和思维发散的可能性。

　　在信息来源多渠道的今天，学生自主学习已经成为现实，他们能够帮助我解决问题，也教会我很多。信息课表现突出的学生能够获得绿色网吧半小时使用券，孩子们感受到自由。三年级谢特夫同学就曾极其浪漫地邀请我去他家观看自制的"剪短电影"，当学生的思维打开后，我看到的满是精彩。

马云说，会玩的孩子、能玩的孩子、想玩的孩子一般都很有出息。如何让学习变得好玩，真正做到以学生为中心，这应该不仅仅是校长口头上说的，也是真实办学实践中做的，更是学校师生共同认可的价值判断。我们教育人，再也不能关起门来做教育了，打开门看看世界的样子吧，瞬息万变啊，世界早就变了，为什么我们还在用现在的、甚至过去的方法和标准在培养人呢？顺应时代的需要，如果我们看重每一个学生的明天，现在就要启程。

兴趣先于意志　质疑重于聆听

学校举行"科技节"，根据各个年级学生的特点开展活动：一、二年级观看科普电影、三年级纸飞机竞距比赛、四年级纸结构搭高比赛、五年级鸡蛋碰地球创意比赛、六年级科普趣味知识抢答赛……"科技节"精心设计的各项活动既是符合学生发展需要和能力水平的小挑战，也是各学科领域教育教学延伸的大课堂，吸引全校同学的关注和参与。

小学阶段是人系统地学习从自然人走向社会人的起始阶段。自然界是怎样的？人类要怎样地认识和对待自然界？人类社会是什么？人类社会已经怎样、将要怎样？人要怎样地生活、成长和发展……随着由具象向抽象、由直观到概念、由行为到意识的规律，这些事关世界观、人生观和人生价值观形成和发展的问题，从小学阶段开始生长和发展。小学是它们的奠基阶段。所以，就科学教育而言，小学是启蒙和基础阶段。

按照小学学段的教育任务来说，小学的科技活动，并不是着眼于学生对专业技术的学习和顽强意志的锻炼，而是重在对学生科学兴趣的培养，对好奇心和想象力的保护，对雏形科学实践活动的感受，对动手实践能力的情趣激发和成功体验。以常规的模型活动为例来讲，它就重在兴趣培养的引导和好奇心的满足，是科学幻想的诱导和未来事业理想的萌芽，通过它可以引发顽强意志、毅力的锻炼和发明创造精神的培育，继而是科学探究的实践尝试。小学科学教育该怎样进行设计和实施，学校一直在探索着。

小学还只是科学教育的启蒙阶段。对于科学知识的习得和科学方法的掌握，都还是初步的启蒙，小学生不可能拥有大量的科学知识，也不可能系统了解和把握科学的方式方法。粗浅知识的初步获得和简单方法的初步了解，为小学生初步了解事物提供简单的认识工具。相比而言，初步的科学素养和质疑精神有利于为学生世界观、人生观的形成奠基，影响世界观、人生观生长发育的思维习惯和意识习惯。所以，我认为，在科学教育的诸多方面中，小学的科学教育应以科学兴趣的开发和质疑精神的培育为主，并通过它们帮助学生养成求是、求真的思想习惯和求实、求新的意识习惯，不论是对学生今后知识和方法的学习，还是对学生科学世界观和健康人生观的发育和形成，都是不可或缺的基础。

虽然"科技节"只有短短的一周时间，但是给我的惊喜和收获却是大大的。组织纸结构搭高活动的老师跟我说："从来没有看到学生们如此专注地做一件事，连下课了去玩和去上厕所的人都没有，几乎全部都在努力完成自己的作品。"科学组长邹文博说："经常听到一些对我们国人的评价，中国现在是数一数二的大国，但是缺乏创新。我们有13亿人，却出不了爱因斯坦、乔布斯。怎么才能让我们有创新这项属性呢？作为一个普通的科学教师，我感到自己的使命。在自己的科学课堂和兴趣活动组织中，我要想办法让学生爱上科学。这一次，从学生的眼神、学生的想法、学生动手制作的作品中，我找到了一些突破口。"兴趣先于意志，质疑重于聆听。老师要依据小学生的年龄特点，善于发现并利用学生的"最近发展区"设计教学活动，让学生受到良好的科学启蒙，获得科学方面健全的基础素养。我校以校为本的科学教育，就是从此设想出发，在谋求高质量学科教育的同时，全面开展科学教育工作，致力于培养学生科学方面良好的基础素养。

市长的手是热的

学校一位六年级的学生获得"市长创新奖"，据说还跟市长握了手，我忍不住采访他，跟市长握手是什么感觉。他认真回忆着说："市长的手是热的。"呵呵，孩子就是孩子，小发明家也一样，不过，他说的可是大实话！

大课间，我注意到学生做操的动作并不标准，导致整体看起来不精神，这可能与小学生对自己的身体难以完全控制有关，需要有意识的训练。其实，体育老师不可谓不尽力，可由于孩子们并不知道哪怕一只手臂、一块肌肉没有用力到位，都会影响做操的质量。没有孩子的主动意识，收效不大。怎么办呢？我突发奇想，邀请四个平时做操很棒的孩子上台和我一起领操，面对着两千多个同学展示自己最佳的动作，他们兴奋极了。

在全校瞩目的时刻，我采访他们："和校长妈妈一起领操是什么感觉？"他们回答什么并不重要，重要的是台下。看着同学们一个个伸长了脖子，我顺势宣布一个"伟大"的决定：校长妈妈将每天变换不同的搭档，凡是想和校长妈妈一起领操的同学都有机会！

今天，学校举行科学创新报告会，三至六年级有三十几个孩子报名参加了这个活动，这是以问题解决为学习方式的展示汇报活动。孩子们通过假期研究性的学习活动，获得亲身参与实践的积极体验和丰富经验，培养学生的问题解决能力、逻辑思维能力、口头表达能力，以及对知识的综合应用和创新能力，养成合作、分享、积极进取等良好的个性品质。虽然相对全校而言，参加的人数并不多，但是有这方面天赋和兴趣的孩子能够得到展示的机会，这样的活动将给学生的心里种下一颗种子，科学创新的热情会一步步蔓延。

英语组在赛课，我听了雷梅一节，全英文教学很享受。短短一节课，新知识点并不多，老师巧妙地在教学和练习中穿插运用孩子之前学过的内容，参与式的游戏、动作、歌曲让枯燥的单词教学变得好玩，记忆深刻。

学生从来都不是等着大人去装满的杯子，他们是一盏盏有待点亮的灯。如果整个童年都感受不到自我，长大后，任何力量都唤不醒他沉睡着的智慧和创造潜能。我期待，将来还有学生接过市长的手来握，并且骄傲地告诉我，跟市长握手是什么感觉。

"我发现"和"我回答"

"我发现……"

"课前'我的发现五分钟'轮到了25号、26号两位同学，你们准备好了吗？"

"准备好了！"传来两个孩子响亮的回答。

"我的发现五分钟"是我在科学课堂进行的一项教学实验，让孩子们轮流将自己在生活中获得的科学知识讲给同学们听。通过组织这样的活动，我发现其实每个孩子都有自己精彩的科学发现，每个孩子都有把自己的发现与同伴分享的强烈欲望。

25号琪琪同学自信地走上讲台。"我今天要给大家看一个有趣的现象。"他将三颗象棋子放在讲台上紧挨着摆成一线，"我给这三颗棋子编号：这是1号、2号、3号，我用1号去撞击中间的2号，2号没有动，最后边的3号却被撞开了。"同学们被眼前的现象惊呆了。"这是因为撞击的力从1号打在2号上，又被2号传给了紧挨着的3号，3号受到力的作用就弹开了，而2号没动。"其实，这就是力的传导。这个孩子的发现虽然简单却触碰了深刻的物理原理。于是，我适时地对力的传导进行了解释，并且引申到热的传导，告诉孩子们另一个有趣的现象：烧开水的壶下面有火，里面的水就算烧开了，壶底部都不是很烫，这是因为火的热量被金属壶底迅速传给了里面水的缘故。"哇！"孩子们的眼睛闪烁着好奇的光芒。

26号丹丹同学走上讲台，手里拿着一个塑料玩具和一把启子。"这是一个可以跳舞的玩具小人。你们知道它为什么能动起来吗？我把它拆开来看了看，发现里面有发条和齿轮。爸爸说由于弹性的作用，把发条拧紧后，发条要恢复原状，带动齿轮转动，齿轮带动玩具小人的手和脚，就动起来了。""哦！"孩子们惊叹了！丹丹又问大家："你们看里面有这么多齿轮，其实只要一个就够了，为什么要这么多呢？"同学们做出了各种猜测。他狡猾地笑了："这是为了增大阻力，可以让小人动得慢一点，玩起来才更有趣一些。"一石激起千层浪，只听一个孩子说道："我觉得可以在小人的手上捆一把扇子，就可以改装成一个拧发条的风扇了！""对呀，还可以通过改变齿轮转动的快慢来改变风速！"我欣喜若狂："拧发条的可以调风速的风扇！"这哪里是一次普通的科学课，这简直是发明家们在研讨一项震惊世界的新发明！我没敢打扰他们，直到他们商量好课后一起动手试着做做时，我才给予了一些切实的指导，同时引导孩子们多多探究其他玩具里面的秘密，比如不倒翁、潜水艇模型等。

两个同学发言完毕，还是有小手举起来。这是孩子们自发的学习，他们的每一点发现和创新，都是很珍贵的。所以，享受那一刻吧，当你的学生大声说："我发现……"

"我回答！"

"这节课我们一起来回答'科学问题箱'中的问题。""噢！"孩子们雀跃起来。

我在自己的教学班都放置了"科学问题箱"，让孩子们把自己的每一个问题记录在纸条上，投进纸箱中，每周专门用一节科学课和他们一起解决。

"第一个问题，"我提高声调，"狮子老虎谁怕谁？谁能回答？""我回答！"自信的小手刷刷地举起来，有的说狮子怕老虎，因为老虎个头比狮子大；有的说老虎怕狮子，因为老虎独立行动，狮子喜欢团体作战。孩子们回答得很好。这时，有个声音说："我发现狮子和老虎的眼睛都长在前方，而有的动物的眼睛长在两边，像兔子和马呀，这是为什么？"这下可把孩子们问住了，大家把疑问的目光投向我，我引导他们想：狮子老虎是什么动物呢？凶猛的食肉动物，他们时刻关注前方的猎物，所以他们的眼睛看着前方；而兔子和马是食草动物，他们吃草时还要时刻提防有动物攻击他们，所以他们的眼睛就长在两边了。

"哦！原来任何事物的样子都有它的道理呀！"孩子们总结得多好！我继续引导他们开动脑筋："为什么兔子和马的耳朵会转动，而狮子老虎不能呢？"这下，孩子们的回答就集中起来了："会转动的耳朵方便在吃草时注意猛兽靠近的声音。"孩子们很高兴，他们又知道了一个有趣的知识。

"第二个问题：真的有外星人吗？""有！""没有！"孩子们争论起来，各执一词，最后大家等着我的宣判。上这样的课经常会碰到连自己也答不上的问题，我有时会现场打开电脑查找答案，有时会提供孩子们自己去寻求答案的路径。但对于这个问题，我回答说："有一些电视或者报纸上报道说地球上曾经有过'天外来客'，也有人说曾经亲眼见过，甚至有人还录了像，但是，真的有外星人吗？我不知道，现在科学界也没有确定的答案。所以我只能说'我不知道有没有外星人！'但是，也许将来有一天，你成了科学家，你知道了问题的答案，一定要来告诉我哦！"孩子们没有得到让他们欣喜的答案，但他们感受到科学求真的精神，这将使他们终身受益！

课后，经常有孩子意犹未尽地问我："地球为什么会转动？""死海为什么能让人浮起来？""乌龟为什么长寿？""有没有时空隧道？"……孩子们把我当成了百科全书。其实，我更希望通过与孩子们互相学习、共同提高，使孩子们都成为"小小百科全书"，都能骄傲地说："我回答！"

另一种形式的学习

十月份，学校里一群怀揣航天梦的小学生往酒泉卫星发射中心进发了，他们有着明确的分组和分工，有的负责交通，有的计划费用，有的收集信息，这真是一次特别的综合实践活动。在酒泉，孩子们亲眼目睹震撼人心的火箭发射现场，兴奋地参观火箭组装工厂，认真地学习火箭的结构和发射的秘密。回来以后，这些自信的小科学家按耐不住激动的心情，到班上讲述他们有趣的经历，同学们的兴趣都被激发了，大家一起设计起心目中的"航天轨道"、"地心穿越火箭"。就在今天，孩子们竟然在学校操场发射了自行研制的第一枚火箭——"枫桥一号"！尽管回收失败，但毕竟是学校值得纪念的"大事"啊！

记得出发前，其中一位家长问我，耽误学习怎么办？我提醒她，这是另一种形式的学习。

学校两支DI小队明天就要赴京参加全国头脑创新比赛决赛了，临行前，我特意让他们在广东韶关来交流的老师们面前表演，这让同行们大开眼界。DI是Destination Imagination的缩写，来自美国，中国人直译为"目的地想象"。我的理解大概是给定一个目的地，从现在出发，开始你充满想象力和创意的旅程。这是一种从没体验过的思维方式，美国人用很长的篇幅立下密密麻麻的规定，而在最后跳出一句："如果没有禁止你们做某件事，那么你们就可以做那件事！"这和原来经历的各类比赛是完全不同的！让我们这些只知道根据比赛要求辅导学生的老师见识到理念的差异，也让那些习惯了听大人的话的中国孩子的意识受到强大的冲击！

　　四年级DI队参加的是"制造声波"挑战，他们的创意过程包括：1.认知：产生声波的原理——通过振动产生声音。2.想象：利用吉他琴弦的发声，想到了琴弦发声的声波展示；利用音叉产生共振的原理，想到了通过敲击铁桶制作发声器，让乒乓球跳动。3.行动及小组讨论：勇于冒险并超越最低标准，付诸行动开始着手解决方案。了解并使用不同的解决问题风格。聆听其他队员的意见，不要急于批评。4.评估：对声音太小进行了完善；不断改进声音与故事情节的融合。5.评价：回顾经历，你们都学到了什么，庆祝团队共同走过的这段旅程及成果。

当落叶飘散时，指导老师谭娟和团队的同学坐在教室里一次又一次地为修改剧本而激烈地讨论着；当寒风呼啸时，孩子们来往于活动室与材料室之间，变换结构的材料；甚至到夜深人静时，他们一次次地排练原创剧，还到专家家里请教。这个研究的过程，是孩子们永远也忘不了的。

能作茧自缚，亦能破茧成蝶

今天中午，在食堂温馨包厢与校长妈妈共进午餐的是雨花区中小学生综合实践展示会最佳成果奖获得者——酒泉卫星发射中心考察小队的成员们。他们中有小队长周逸航、年龄最小的朱若铭、从小在航天城长大的龙靖孜、服装道具师王子博和刘揽月，以及火箭模型玩家王叔叔、酒泉基地龙叔叔。大家把这次有意义的聚餐开成了"航天爱好者的研讨宴会"，每个人都有聊不完的话题。

王子博说："我做这套宇航服用了好多隔热垫、透明胶和彩带，尤其是头盔，是我最得意的作品，把爸爸的电动车头盔都拆掉了，哈哈！"刘揽月兴奋的说："宇航员的蓝色便装用的是舅舅公司里的工装，把衣服和裤子缝上，再用小小的国旗把公司的LOGO遮掉，你们觉得怎么样？"龙靖孜的妈妈说，孩子转学来几个月的时间，变得自信和大方起来，这种感觉真的是很奇妙，以后有这类的活动还要积极参加。

综合实践活动课程是基于学生的直接经验，密切联系学生自身生活和社会生活，注重对知识的综合运用，体现经验和生活对学生发展价值的实践性课程。我告诉大家："在这次展示会上你们是全场最大的亮点，因为你们到酒泉火箭发射基地进行了实地考察，并且通过考察收集了大量的图片资料，了解了火箭的发射原理、宇航员的太空装备、训练要求以及火箭发射地的选址原因等，回校后，竟然自己制作火箭发射成功，又组成巡讲团将考察活动中的发现与思考用自己喜欢的方式向其他班级进行展示。你们每个人都非常棒！"

获得大奖和得到赞扬固然可喜，可真正让我感到欣慰的是在这个过程中每个人内心的成长。其实，对于学校而言，要获得表面成绩是很简单的。比方说，老师找几个表现力强的学生，大包大揽，轻轻松松，一样能取得那些奖牌。可这样做的结果显而易见，学生并没有获得真正的锻炼和提高，这样的获奖是没有生命力的，也是没有意义的。过分强调竞争，以及依据用途而过分直接，这就会扼杀一切文化生活所依存的那种精神。儿童不是提线木偶，人类一切文化成果，我们要通过教育，使儿童领受它、尊重它、增进它。

所以，我总是提醒指导老师，可以帮助他们，但是不要干预他们。我明确要求老师，这是以学生为主体的活动，一定是他们收集问题、制定计划，他们推举队长、分工合作，他们研究线路、计算花费，他们动脑设计、动手制作，他们现场操作、主动表达……当然，这样一来，就一定不会一帆风顺，效果也一定不能快速显现，可是，孩子就是在一次次的失败、一次次的感悟中成长了，在参观、调查、访问、实验、宣传、设计、演习等一系列实践活动中受到教育，渐渐养成合作、分享、积极进取等良好的个性品质。指导老师周叶松被我的"不干预原则"束缚住手脚，她一度找不着北，这个过程是充满挫折而艰难的，而学生的成长变化仿佛破茧成蝶，让人欣喜！

王叔叔感叹说："我以前都是自己做好模型给孩子去玩，因为我想着自己做快些，孩子不会做还会把东西弄坏，又浪费不少时间。所以，我做的时候，孩子根本不关心我的制作过程，对于一些原理也只是一知半解。这次和孩子们一起火箭模型，我特意让他们去做，虽然损失了两支火箭，最后放飞的那支也没有找回，孩子追着它跑了很远，用探测器找了好久，但孩子的兴趣激发了，这是个很好的开始。"

吃饭的时候，我注意到坐在7岁的朱若铭旁边的大同学就像母亲抱着孩子一样，看来孩子们已经默契到有点亲情的意味，这大概算是本次活动的附加教育效应。散会后，我们走在校园，又陆续得到几个好消息：体育健儿夺得区运动会总分第一，英语风采获得特等奖和一等奖！校园里每个季节都有不同的景致，初冬的黄叶不紧不慢地掉下来，它暗示着有那样一种力量，将如约用一抹新绿等我的凝视。

寻找失踪的爸爸

孩子回到家，发现爸爸留下的字条："热爱数学的儿子，请你寻找失踪的爸爸，出楼道右转50米的三岔路口旁草丛里，细心的你会发现一张地图，照着地图的指引找到一栋房子，解出门上的数学题，得数是一个房间号，爸爸就在那里等你！"没有片刻迟疑，孩子飞奔下楼，和爸爸玩起了数学游戏。

数学不枯燥，看你怎么学。为了学生既学到数学知识，尝到数学的乐趣，又增强数学的应用能力，数学组老师精心筹办"数学周"，举行了很多有意思的活动，如小组合作的数学乐园竞赛、五子棋竞赛、趣味数学、图形设计、数学日记、数学小报、速算竞赛等。

各年级老师根据班级实际情况，设计了贴近学生生活的实践活动。考虑到一年级学生的心理特点，老师尽可能地采用游戏、故事、图形等形式，让活动充满趣味和吸引力。让学生经历多角度多途径思考解决问题的过程，从中感受同一问题答案的多样性，培养思维的灵活性。比如数学小报是一项融数学、美术、动手能力于一体的综合性项目，学生通过查阅数学家的故事、格言或收集一些数学趣题和数学小知识，以小报的形式完成。学生作品内容丰富，版面设计精巧，色彩搭配协调，图案灵活多样，在制作的过程中互帮互助，感受到数学的魅力。还有五子棋让孩子在对弈中思考对策，激发学生对数学的兴趣，引导学生去发现生活中的数学。

全校性的"百题无错"的速算比赛，利用每天早自习的五分钟时间，进行分班口算、笔算竞赛，内容为已学过的计算题、二十四点、聪明题，进行了百题测试，在活动中大大提高了学生计算的速度和准确率。每班按比例评选出一、二、三等奖，获得一等奖的同学还继续参加了周四下午在多媒体教室举行的决赛，评选出了学校的"神算子"、"数学魔法师"、"数学大王"。在升旗仪式上，我郑重地和他们一一握手，颁发奖状、奖品，我甚至请这些未来的数学家给我留下签名，他们满脸幸福，台下的孩子们也都羡慕不已。

　　"数学周"活动受到全校学生的欢迎，数学组的全体教师也很欣慰，组长黄琨老师说："希望通过各种活动的组织，巩固学生的数学基础，提高孩子们的学习兴趣，同时形成一定的学数学氛围，从而让更多的孩子喜欢数学，爱上数学。"我相信，只要孩子喜欢，调动起自己积极性、越来越爱数学，他们的数学就一定会好的。

用一片童心来思考

我校的运动健儿从运动会赛场传来捷报，长绳队不负众望，以3分钟485个的成绩蝉联桂冠！六人组橡皮筋表演的孩子们自己DIY表演服装，使得我们的比赛不仅是紧张的，而且是享受的。指导老师周爱荣说："带着他们一点一点地练习和进步，最终夺得这个小小的区级比赛的冠军，比我自己当年获得世界冠军还要骄傲！"

经过英语角时，见到一群孩子在排节目，他们可不会"放过"我，拉着我观看他们即将上演的剧目：《滥竽充数》和《皇帝的新装》。那滑稽的南郭先生、投入的皇帝大臣竟然说着流利的英语，我不禁莞尔。这群孩子还真会玩，古装讲英语，这是不是所谓的跨界？表演完了，孩子们满心期待我的评价，于是我尽量用自己脑海中最美的词汇，和自以为不蹩脚的英语，夸张地表扬了一番。从孩子们佩服的眼神中，我知道了，还好，我的英语并不比他们逊色。当他们的校长真要有两把刷子！

在每项成绩背后都有一种推动力，它是成绩的基础，反过来，它通过成绩的达成而得到加强和滋养。这种推动力，有可能是恐怖和强制，有可能是追求荣誉的好胜心，也有可能是天赋的兴趣和追求真理的愿望，例如儿童的好奇心。也许做同一件事情，对孩子的教育影响却是不同的，学校和教师的态度会成为推动学生完成这项工作的主因，究竟是怕失败的恐惧，是自私的欲望，还是对快乐和满足的追求。因此，学校要做的就是提供一些东西让学生作为宝贵的礼物来接受，而不是作为一项艰苦的任务要他去负担。

　　我时常回到童年，用一片童心来思考问题。记得自己小时候最喜欢当小老师，加上学习好、能讲透，每到下课，桌子周围便站满了来讨教的同学，这一壮观场景至今都被老同学提起。也许，我那时就萌发了将来从事教师职业的精神基础吧。高楼大厦总要有片奠基石，最初的爱好无可替代。我相信所有的人都体验过，儿童时对这世界感悟的一瞬。

小学有责任让考试变成一件有趣味的事

考试是教学过程的一个重要环节，从终极意义上讲，学校教育质量主要表现为学生学习质量。评价学生学习质量，既有鉴定的意义，即学生学业是否达到或在多大程度上达到预期教学目标，也有促进作用，即帮助学生发现学习上存在的问题，以便努力改进学习。因此在某种程度上，考试具有"指挥棒"的作用。

可见，考试不仅具有评价学生学习质量的重要意义，而且影响这学校的整体办学思路。但是，我们熟悉的传统的考试大多采用笔试、闭卷的形式，重视知识的记忆，忽视知识的应用和能力的培养。考试的内容基本上是教科书和笔记上的简单重复，学生靠死记硬背的方式能较容易地通过考试。一些在未来社会很重要的能力，如口头表达能力、动手操作能力、组织能力、与他人合作的能力等在教学过程中就必然被忽视了。我们培养的学生应该是"活生生的人"，不是考试的机器。对于小学而言，教学的对象是儿童，儿童的天性是好玩、好奇、好动，传统的考试方法只会压抑和束缚他们，使他们变成书呆子。因此，小学有责任让考试变成一件有趣味的事！

经过近一个月的酝酿，在三年级进行的"好玩的考试"试点让学生眼前一亮。我的想法是，在学校有限的办学自主范围内做一些尝试。让考试突出基础性、趣味性、体验性，不仅要检测知识点，更要检测能力。考试题目要能激发学生的兴趣，启发思维，动手动脑，举一反三。所以，这次考试在形式上采用闯关游戏，三年级的老师们根据需考查的知识点设置七关，学生随机选关来玩，分别是千锤百炼、倒背如流、博览群书、妙语连珠、生活大破解、时间迷宫、速算小能手，光听到这些名字都让孩子们浮想联翩。每关设置六套有趣的考题，用摇骰子的办法来确定其中一套，考查结果用老师的枫叶蝶印章表示，每关最高5蝶，过七关最多能获得35枚枫叶蝶印章，学生最终凭印章到玩具屋选礼物。

一年级的拼音验收是学校每年的常规工作。传统的做法是学生一个个到老师手上读一张试卷，试卷上面全部是拼音认读，有读单个的拼音，也有读词语和句子的。学生很紧张，有的孩子很难一次发挥好。就检测方式来讲，过于单一的拼读，学生也得不到全面的评价，比如，学生对于拼音的理解、字母的拼写能力等。

在学校期中测试进行过"好玩的考试"的尝试成功之后，一年级的老师们对拼音检测也动了心思。她们希望创造出一种一年级学生乐于参与的，更能精细评价的，甚至能让孩子们爱上拼音学习的一种检测方式。在罗瑞、徐静和一年级老师们的创意研究之下，"好玩的拼音测试"新鲜出炉了。

一年级的孩子们在五年级的哥哥姐姐们的带领下，勇闯神奇迷宫、摘取能量果实、合成智慧贺卡、唱唱拼音儿歌，老师们一个个弯着腰、蹲着身、笑着眼、凑近耳朵记录下这些最稚嫩、最动听的声音……单调乏味的考试变成立体丰富的游戏，五年级的哥哥说："我想重读一年级来考试！"这是不错的评价哦，要知道为了这样好玩的考试，老师们在之前要做多少准备工作啊，不仅仅要动脑筋，腿都要跑断呢。其实，只要孩子们在快乐中成长和收获，每个老师都心甘情愿啊！

这样的考试需要更多的老师参与，也需要老师舍得付出。而可爱的老师们总是让我感动，正如曾如霞老师说的那样："普通的考试，一张试卷上我们看得到孩子们的分数，却看不到每个孩子的特点！一对一的测试是会增加老师的工作量，但是却能给每个孩子一个展示的平台，值得！"

我看到考试的时候，排队的学生充满喜悦的期待，考试的学生和老师一对一的玩游戏，场面开放而温馨。不时有学生兴冲冲地告诉我，他获得了多少印章，他兴奋的样子可爱极了。玩具屋里的礼物很诱人，这些礼物有的是事先学生从家里带来交换的，有的是学校的吉祥物和奖品。我看到有的礼物上写着："希望得到这个本子的同学能快乐幸福地生活。""我是三（7）班的张宇轩，我喜欢跑步、骑单车、下五子棋，我们做个朋友吧！"看来，这一定会是孩子们参加考试附加的意外收获！经历了这样一次不同寻常的考试，孩子们愿意记下自己的体会，可以到大教室写一写，我更希望孩子们发挥想象，设计出自己心中最有趣的考试，跟我来次头脑风暴！

　　我认为，"好玩的考试"改革在提高教学质量方面的作用是毋庸置疑的，只要方向正确，教育工作者就应为之努力。我之所以敢于去改、去尝试，源于全体师生、家长对学校办学理念的认可，也得益于行政人员和老师们的思考力、执行力。但我也看到，由此带来的一些值得注意的问题。一方面，操作趋于繁杂，教师的工作量大大增加，推广施行会有一些困难。另一方面，由于考试方式的多样性和时间的不确定性，会增加教师的随意性和考试的不规范性，等等。这些问题能否顺利地解决，将在很大程度上影响考试改革的进程，进而对学校的整体办学产生影响。"好玩的考试"的改革还需要不断反思、修正，还有很长的路要走，幸好，我已经在路上。

好玩的考试

考试作为素质教育的重要组成部分和关键环节，具有评价学生学习质量的重要意义，也对教育教学活动起着导向和制约作用。科学合理的、鼓励创新的、富有活力的考试评价有利于培养学生的创造力，有利于造就建设创新型国家所需要的创新型人才，而不科学、不合理、束缚学生思想的、僵化的考试制度则会扼杀学生的智慧和创造力。辩证地看，考试既是"指挥棒"，又是"双刃剑"，我们必须不断扬弃传统考试的功能，积极推进考试评价的改革。

长期以来，由于受"应试教育"思想的影响，现行的小学考试方法基本上是中、高考制度的前奏，其导向功能存在偏差，考试方法存在许多弊端。对考试目标的认识存在误区，注重过程的组织和对学生考试成绩的评定，忽略了考试结果的信息反馈。考试形式单一，大多采用笔试、闭卷的形式，重视知识的记忆，忽视知识的应用和能力的培养。考试的内容基本上是教科书和笔记上的简单重复，学生靠死记硬背的方式能较容易地通过考试。一些在未来社会很重要的能力，如口头表达能力、动手操作能力、组织能力、与他人合作的能力等在教学过程中就必然被忽视了。

我们培养的学生应该是"活生生的人"，不是考试的机器。对于小学而言，教学的对象是儿童，儿童的天性是好玩、好奇、好动，传统的考试方法只会压抑和束缚他们。于是，我校在有限的办学自主范围内做了一些尝试，让考试变得好玩。这是从"人"出发，着重强调的是人的素质的全面协调发展，促进学生在掌握知识技能的同时，形成正确的世界观、人生观、价值观，充分体现考试的教育功能。

一、结合新课程要求，明确考试目标

考试改革以新课程标准为依据，体现新的人才观和教育观，体现新的教育评价观念，改变以往只重视学生学业成绩，忽视学生非专业素质发展的状况，全面关注学生各方面的进步与成就。注重对学生综合素质的考查，不仅关注学生的学业成绩，而且注重发现和发展学生多方面的潜能。考试题目的设计关注知识技能的掌握，重视学生的学习过程和学习态度，注重知识和技能、过程和方法、情感态度和价值观三维目标的整合，尤其是创新精神和实践能力方面的进步与变化。

"好玩的考试"目标体现出对人的价值的重视。要想人才多样化，适应社会发展的需要，最根本的是要尊重人的个性。理想的考试应对每一位学生都设计考试标准和模式，适应每位学生素质的发展。这样，不仅避免了学生缺乏个性，千人一面，而且还可以促进学生努力寻求适合自己的发展模式。

二、针对对象特点，创新考试形式

打破唯纸笔测试的方法，考试采取游戏闯关，骰子定题的方式，让孩子感觉到考试也是好玩的，颠覆以前一考试就惧怕的心理状态，便于他们更好地展现自我。弱化笔试，以口头表达、实践操作、口语交际为主，淡化对知识点的考察，侧重于学生的表达能力、动手操作能力、团结合作能力甚至是心理素质方面的考察，而这些都是将来学生走入社会的必备素质。各科合在一起，共设置七道关口，前四关为基础知识、表达能力的考察，后三关为操作能力、实践能力的考察，注重基础的同时，更加突出对学生综合能力的考察。

在形式上采用闯关游戏，学生随机选关来玩，分别是千锤百炼、倒背如流、博览群书、妙语连珠、生活大破解、时间迷宫、速算小能手，光听到这些名字都让孩子们浮想联翩。每关设置六套有趣的考题，用摇骰子的办法来确定其中一套，老师与学生面对面进行考察，班主任在教室外面组织学生，引导学生在门口投骰子拿自己的试题备考。学生则拿着自己的枫叶蝶积分卡到各个教室排队闯关，每过一关，老师就会奖励相应的枫叶蝶印章，当七道关全部闯过后，就到"欢乐天地"玩具屋去兑换自己想要的奖品，最后，鼓励孩子们写下对这次考试的感想及希望下次考试是怎样的，这是为了收集孩子对这次考试情况的反馈及捕获孩子们的金点子而专门设计的自愿参与环节。

三、遵循教育规律，巧设考试内容

尊重孩子身心发展的规律，根据他们好玩好奇好动的特点来设计考试内容，让他们感觉到学习的乐趣，爱护他们的发散思维，守护他们的创造力，重视考查学生分析问题、发现问题与解决问题的能力，即多考查学生的实际动手能力和创新思维能力，少考查死记硬背的内容。多考查一些与生活实际联系紧密的、能体现综合应用的、需要创新思维的内容，以反映学生真正的理解状况。例如：第一关为"千锤百炼"，重点考察学生对词语的认读及运用能力。第一关内容新奇有趣，图文并茂，如看图猜成语，动物成语大集合等。第二关为"倒背如流"，重点考察学生对课本重点段落的背诵及孩子的表达反应能力。第二关的题目突出基础，图片精美形象，学生很喜欢。第三关为"博览群书"，重点考察学生对课文的理解与运用，课外知识的积累和拓展。第三关题目形式灵活多变，直激学生兴趣，如：你最喜欢的一本书是什么？能说说你喜欢它的理由吗？第四关为"妙语连珠"，重点考察学生的表达能力及口语交际。第四关题目设计很具代表性，贴近学生生活，确保学生能说的情况下，还能更精彩地表达，给学生展示的平台。第五到七关分别为："生活大破解"、"时间迷宫""速算小能手"，重点考察学生的思维能力、口算能力及数学在生活中的应用能力。内容包括本学期所学的数学知识：位置与方向、数据分析及平均数、年月日的运用及24时计时法以及除数是一位数的除法的相关知识。命题素材接轨学生的现实世界，在不减弱知识成分的前提下给纯粹的数学命题加以生活化的包装，把对数学知识的检测放置在丰富现实的生活情景中，真正使考试命题焕发出浓郁的生活气息。

总之，"好玩的考试"改革在提高教学质量方面的作用是毋庸置疑的，只要方向正确，教育工作者就应为之努力。但由此带来的一些值得注意的问题。一方面，操作趋于繁杂，教师的工作量大大增加，推广实施会有一些困难。另一方面，由于考试方式的多样性和时间的不确定性，会增加教师的随意性和考试的不规范性等。这些问题能否顺利地解决，将在很大程度上影响考试改革的进程，进而对学校的整体办学产生影响。

无人监考，你"hold住"吗？

学校期末检测采用的是"无人监考"。上午8:00，喧闹的校园渐渐安静下来，老师们陆续走进教室，说明考试事项后便开始发放试卷，10分钟后老师离开教室，仅留一名"联络员"在楼层间巡视，巡视目的也不为监督学生考试，而是为学生提供服务，比如为一些突然要上厕所或者忘带文具的学生提供便利。考场内学生认真答题，神态自然而从容，有的下笔如飞、有的低头思索、有的逐字审题、有的反复检查。答题、检查、交卷、离开……考试的一切程序按部就班地进行，或者说，在没有老师的"监视"下静悄悄地完成，连个摄像头都没设。

我校无人监考在悄悄试行两次后，现已大规模地用在中高年级的期末考场上。学生对"无人监考"早已不陌生，期中考试他们采取的就是"无人监考"这种"自助方式"，连试卷都是由班干部替老师发下去的。想起我小时候的考试，只要监考老师往我身边一站，或者因我借别人的修正液多看了我一眼，我就会紧张得大脑一片空白，仿佛自己真的做错了什么一样，没有一点被信任的感觉。老师自认为用心良苦，对学生严加防范，一个班级两人监考，每个楼层一位行政人员巡视，教务主任总监考。学生不仅单人单桌，而且不同年级交叉坐，真可谓防范到无以复加的程度，这样的监考气氛犹如进入一级战备，学生仿佛是在服刑。我总在想，学生真的那么不值得老师信任吗？

从心理学角度来看，一个人长期处于不被信任的状态，会产生消极、逆反情绪，甚至逐步失去被人信任的能力。学生被监视得越严，在心理上就会产生不被信任的偏见，就越加不愿主动服从监考老师强加的外来意志，从而导致他们滋长突破这个监视圈子的欲望。因此，老师越尽力防止舞弊，学生就越是要舞弊的恶性循环。我认为，学校应该向孩子传达信任感，教会他们自我诚信管理，这比考试制度预先就假设有人舞弊更为合理。

人格的大厦不能没有诚信这块基石。对于小学生而言，当他在受尊重、被信任的环境下长大，他的生命就已经获得了自由和浪漫。马尔克斯说："我们是因为失去爱而衰老，而不是与之相反。"我想说："我们是因为失去信而沦落，而不是与之相反。"无人监考，建立在对学生信任的基础上，考试的监控良性地转化为学生的自身监控和互相监控，这样能培养学生的自尊自爱之心，使学生明确不是为了别人而是为了自己参加考试，在思想上首先摒弃了舞弊的念头。真诚与信任开启了学生的心灵之门，使他们产生良知，自觉端正考试态度，加强了自控能力，从他律过渡到自律，从而形成清清白白的考风。

其实，对于学校来讲，无人监考还可以节省不少人力与财力，将其用到更需要的地方去。当然，我不敢说，无人监考能完全杜绝舞弊现象，但在有人监考作弊行为尚层出不穷的情况下，无人监考显然是利大于弊的。

生命教育大讲堂

何为生命教育？就是以生命为核心的教育，就是以教育为手段，倡导认识生命、热爱生命、珍惜生命、尊重生命、爱护生命、享受生命的一种提升生命质量、获得生命价值的教育活动。从忽视人到关注人，这是教育的一个根本转变，也是我在办学中的重要探索。北京师范大学生命教育研究中心主任肖川教授上个月来到我校，考察了我们的生命教育实践之后，感到欣慰，欣然题词："童心表征着生命的纯净与圣洁，它能使我们更多地眷注生命，享受生命。生命教育要努力使师生永葆童心，让生命焕发出光彩。"

每周一次家长大讲堂，茶道文化人士、牙医、空中小姐、电视台主播、部队军官等各行各业家长的到来让孩子们异常兴奋。"生命教育大讲堂"是学校在生命教育研究中的探索，包括教师大课堂、家长大讲堂和社团活动。学校每周一期的"生命教育大讲堂"，从形式到内容都是全新的。在内容上，以"传授生命知识、激发生命活力、启迪生命价值"为根本，这个学期已经进行过"音乐家贝多芬的故事"、"画坛巨匠齐白石"、"迪士尼的主角"等主题。这些主题，通过引入人物成长的故事，激发孩子们坚强的生命意志。在形式上，以一个年级为单位的大班开放式、体验式上课。在这样的环境下，孩子们无拘无束，感悟知识、启迪心灵，让学生的智慧在深层次的思考和碰撞中升华。学生之间、师生之间可以相互谈论、互相切磋。

"有一节课让我幻想无穷，有一节课让我欣喜若狂，有一节课让我无限思索，有一节课让我感受到了美和生命的顽强。""热爱生命，就要敞开心扉，接受阳光雨露。热爱生命，就要学会张开双臂，接受阳光洗礼。热爱生命，就要生根扎地，追求理想天空。"这是三年级两个孩子在听了杜玲玲老师《生命教育大讲堂——像一颗树一样成长》之后写的心得。

　　生命教育给我的启示是，学校就是要为孩子建立一种精神的故乡，使他们在万变不息的世界上闯荡时，有一种内在的资源。教育，就是学生把从学校学到的知识全部忘却后还沉淀下来的、可以滋养生命的东西。我自己也是在这个过程中不断成长和积淀，我相信事业也会像生命一样日趋完美。于是，我从不停歇。

母校，你起飞的支点

又一群学生即将毕业，又一窝小鸟就要离巢。

六年来，你们的每一个欢笑，每一滴泪水都使我难以忘怀。军训时铿锵有力的拉歌声依然清晰在耳，课堂上孜孜以求的身影仍然历历在目，运动场上挥汗如雨的英姿让我心潮澎湃，社团活动中横溢的才华让我赞叹不已，困难和压力面前坚强自信的面孔让我久久不能忘怀！

在这里，你们开始了人生中第一阶段的学习生活，成为一名小学生，在老师们的呵护下开始学习生活的知识、生存的本领，了解生命的意义和价值，知道了学习的艰辛与快乐，懂得了人生的价值与感恩。六年来，母校和老师们享受着你们进步的喜悦，也烦恼着你们的无知与顽皮，更见证了你们在小学的校园里生命成长的经历。转眼间，你们已经由一个个懵懂无知的幼童，成长为有知识、能独立、懂感恩的健康少年，脱尽青涩和稚气，练就了一双搏击风雨、翱翔长空的翅膀。

母校，曾和你一起成长。

你们收获成长并逐渐走向成熟的黄金少年时期，也正是母校从无到有、从小到大、由弱到强的激情成长岁月。母校逐步形成办学文化——"童心育人"，这是目中有人，是以生为本，以师为根的教育；是为了每一位师生在学习、工作、生活中能充分体验、享受到自尊、快乐、幸福的教育；是真正关注、关爱每一位师生，让每一位师生皆能获得个性化、差异化的最大动态发展空间的教育。

母校，将因你感到骄傲！

　　"海阔凭鱼跃，天高任鸟飞"，你们将要离开母校去搏击长空，走进中学的大门，去迎接你们新的学习征程，进入你们第二个阶段的学习生活，带着远大理想和良好习惯，心怀感恩之情，不断进取，让生活更加丰富多姿！父母给予我们生命，老师给予我们智慧，我们自己应该赋予自己勇气和力量，在人生的旅途中不畏艰险，勇往直前！我相信，有一天你们一定会给我惊喜！

　　母校，总为你坚守依然。

　　雏鹰长大了要离开大树，这棵大树会以宽广的胸怀去接纳更多的雏鹰。在未来漫漫人生征途中，你们不会孤独，无论你们走到哪里，无论你们身在何方，无论你们贫穷或富有、激情或平淡、成功或失败、顺利或挫折，母校依然有你们爱戴的师长，有书声琅琅的和谐和厚积薄发的积累；这里有姹紫嫣红的春的蓬勃，有绿树掩映生机盎然夏的芬芳，有金秋送爽满目金黄秋的沉甸，有银装素裹万物归隐的冬的积累与厚重。母校，永远是你们精神的家园和栖息地。

　　孩子们，放心去飞，要记住，无论何时何地，母校将永远站在你们起飞的地方，犹如父母送别长大的孩子一样，最诚挚地期待着你们，也最无私地支持着你们，盼望你们从此刻出发、从这里出发，抵达自由和浪漫的彼岸。

玩出我的样儿

　　玩是孩子的天性。著名的心理学家洛克也曾说过：教导儿童的主要技能是把儿童应做的事也变成一种游戏似的。基于此，我在学校办学实践中确立"童心育人"的文化底色，将"童心"文化从学校自身中产生出来，并且经营成学校共同的价值观念、价值判断和价值取向。大写一个"玩"字，通过"玩"，张扬天性；通过"玩"，回归人性……

一、营造"玩"的空间

　　孩子成长需要一个宽敞的、有大树和绿草的成长环境，有地方撒开脚飞奔，有时间踩在泥土上呼吸，有机会和树苗一起自然生长，有兴趣追寻每一片落叶的去向。如果没有这样的体验，童年该是多么苍白！

　　1. 玩在生态空间

　　因此，学校关注环境对"人"的教育滋养，根据教学、体育运动、生活等不同功能对校园进行分区，布局合理，整体协调。同时，根据小学生身心发展的特点在各个不同的区域精心研究改造，建设蔬菜种植园、沙趣池、鱼池等实践基地，为师生营造开心的乐园。

　　2. 玩在心理空间

　　给孩子构筑"玩"的心理空间，关键靠教师，老师有童心，就能从孩子的视角去发现美，让孩子张扬童心、各美其美。学校非常重视教师的心理滋养，通过教师培训和研究活动，引导教师发现并发掘自己的童心，从而激发童心无限的教师培育童年快乐的学生。今年，我们组织全校老师参加国家心理咨询师的培训和考试，大家在整个学习过程中不断成长。

开展课题和系列活动让教师的心理保持健康，拥有正能量。比如请专家定期带领"艺术心理减压工作坊"，进行"教师户外拓展训练"，暑假组织"教师心灵之旅"，开展"工作中我最美""校园最美笑容"的摄影比赛，"我和学生的故事"征文比赛等。在管理中，采用走动式管理、提醒式服务、帮助式检查，尝试实行"大年级小学校"管理模式，管理重心下移，使教师有了实时与管理者对话的渠道，参与学校管理，打造一个童心无限的教师团队，让童心从学校内部、从教师身上"生长"起来。

3. 玩在云端空间

探索电子双白板、手机、电脑、电视等多屏互动个性化学习与辅导，建立成套微课学习资源，整合学生、教师、家长、学校、社区多方力量，通过教育云平台，实现学校、社区资源共享，收集和自主开发与教学实际相适应的、具有本校特色的个性化学习资源。教室采用电子双白板，这个系统依托人脑双重编码理论，投射多一倍的容量，可以使老师在讲课时更灵活地演示他们想要演示的东西。两块板可以分别显示不同的内容，两板之间还可以互动，即当在一块板上操作的时候，另一块板上的内容会随之而变动，实现双向互动。

二、创造"玩"的方法

怎样系统的开展"游戏化"的教育行为，让小鬼们来当家，我进行了一系列的思考和实践。

1. 玩有学校特色

"枫叶蝶"是学校的吉祥物，她是有一对枫叶翅膀、能产生蝴蝶效应的宝贝，在我们学生的心中拥有无穷的魔力。以"枫叶蝶"为使者我们设计制作了一系列"枫叶蝶"形象和产品，如各种各样的贴纸、卡片、喜报、娃娃等，产生了一套寻蝶过关的玩法，孩子们通过自己的努力获得这些宝贝，让感恩、希望、赞美、敬佩，从这里起飞。

围绕"枫叶蝶"开展系列活动，如一年级"校园寻蝶"大型游戏，校园各处藏着枫叶蝶，手拿藏宝图的孩子们结伴寻找，在有趣的活动中，慢慢熟悉环境，获得支持，进入"小学生"角色。二年级的同学和老师玩"快乐是什么"游戏，找到相应的老师回答问题，获得"枫叶蝶"贴纸，"快乐是张开嘴巴哈哈大笑、是一颗感动的心、是别人的拥抱、是交到朋友、是一起玩、是一起吃饭、是妈妈生很多孩子、是捡垃圾、是有很多钱、是吃东西"，童言稚语，笑破肚皮；还有三年级的植物篇、四年级的国际篇、五年级的职业篇、六年级的名人篇……校园内外充满了浓浓的趣味和快乐。

学校关注儿童成长的心理特点，设立由两名专职心理教师牵头的心理工作室，心理咨询室周一到周五中午开放，周二、周四下午3：00—5：00定期开放。根据学生的需求，提供多种形式的咨询服务。设立了"心消息信箱"、心理咨询热线、网上QQ群、"留言簿"等，及时解答学生的困惑，帮助学生走出心理阴影。

一、三、六年级学生开设心理辅导课，排入课表。课程中做到以活动为主，以学生的体验为主，用学生喜爱的可接受的方式演绎出来，如团体活动"松鼠搬家"、"蜈蚣翻身"、"故事串串烧"、"合作的力量可真大"、"猜猜谁是小领袖"等都深得孩子们的喜欢。

从一年级新生的招生面试开始，我们就采用通过一些有趣的心理游戏，如合作运球、串珠子、摆火柴棒、夹弹珠等，去观察孩子的合作意识、专注程度、乐群心理，让孩子的个性倾向在一个个游戏中悄然流露，对孩子的心理素质进行描述性的评价。对于转学的新生，心理教师对他们进行适应性团体心理辅导；针对六年级毕业生进行"选留美好记忆，准备新的起航"的团体心理辅导。期末考试前，给学生做"科学迎考，力争佳绩"的考前心理调适。对于青春前期的孩子开展"男孩女孩"的团体心理活动课，针对在学校交往比较困难的孩子组成沙盘游戏成长小组，每周二下午进行团体沙盘游戏，让孩子们在活动中体验、感受、成长。

2. 玩有国际范儿

地球本身就是一个地球村，没有世界眼光的学生是可怜的。所以，在各种活动中渗透世界公民观念，采用中英双语组织。我们把学生运动会开成小小奥运会，不同班级的学生分别代表不同的国家，盛装出席。家长代表成了国家元首，外教老师扮演联合国秘书长，校长就是奥委会主席。运动会不仅是体育比赛，更是孩子们展示各班国际化研究成果的大舞台，引导学生尊重各国风俗，国际化的玩法让普通的活动充满创意。

积极开展国际校际交流，组织学生直接参与国际交流和比赛，使学生有机会直接接触国际赛题，参与国际竞赛。国际范儿的玩法，就是让我们的学生在高端活动中开发出无穷无尽的潜能，更彰显自信，将我们的教育事件变成国际共享的教育财富。

3. 玩有生活情趣

为减轻学生负担，提高教学质量，我们提出纸质作业"三个不布置"，即低年级不布置、周末不布置、考前不布置，同时，每天必须布置家务作业、体育作业、阅读作业。提倡亲子作业、实践作业等。

置身我们的校园，你就会感受到快乐和活力，"叠被子比赛"学生的呐喊比雷声还响；"与校长妈妈共进午餐"孩子脸上闪动着荣耀；"校长小助理"坐进了我的办公室；"小小理财星"在跳蚤市场疯狂砍价……这一幅幅生活画面，构成了一个温情脉脉的家园。

三、探索"玩"的课堂

课堂是滋养幸福和成就感的地方，学校尝试构建"童心课堂"。

1. 玩的主体突出

思考的基点是把学生放在教育的首位。更加注重为儿童课堂生活、学习活动服务，提出教学观念要尊重儿童，教学行为要关照儿童，教学方式要激发儿童，从关注儿童的智慧生长出发。遵循儿童身心发展规律，用标准的形式详细规范课堂教学动作，通过标准保护儿童、发展儿童，通过兴趣引导学生自主学习，把学生教聪明。

通过在课堂教学中找问题，认为课堂教学有待改进的问题很多，什么都改又是不现实的，结合学校教师年轻有活力缺经验的特点，提出课堂重点干预的三个要素，即预、玩、展。

2. 玩的要素确定

"预"的环节立足学生凭借自己能力去学习和获取知识，获得个人成就感，同时为"以学定教"奠定基础。大家可以看到，这次呈现的数学课堂上"预"的环节中侧重于"我的发现"——强调的是学生的实践和探索；语文课堂的"预"的环节侧重于"我的朗读"——强调的是低年级读词句，中年级读段落，高年级读篇章的能力。我们认为任何学生、学习任何知识之前，头脑里不是"空"的，都有他原有的知识经历，教学内容中总有一部分是学生自己能学会的，自主学习是有可能的。

"玩"的环节强调课堂的生成性，可以是探究学习、合作学习等多种形式。"玩"字的含义更多的是玩味、探寻，我们反对独白式的教学，如语文教学中的"少慢差费"的原因往往是老师在讲自认为很重要的重点难点，但是讲了并不代表学生掌握，一种知识、技能的形成必须经由实践，"玩"的环节让老师从学生的问题出发，带问题去探寻。此"玩"非彼"玩"，是品味语言背后的言语，是触碰人物行为背后的品格。"玩"的方式少去很多框架，但更要有明确的目标，重在一课一得，重在老师活用教材提高学生能力。这个环节是我们老师广阔的舞台，其实对教师的要求更高，也是需要我们不断沉淀，更多思考的地方！

"展"的环节以"好玩的作业"为突破口，作业超市的随机可选，加上作业接地气的设计具有趣味性，给孩子轻度的挑战感，使其有收获感，让学生快乐学习不再是个梦想……

3. 玩的模式不定

关于"童心课堂"，有"确定"，也有"不确定"。我们并没有拿出确定的模式来教学，总感觉一种方式、方法、手段不能适合所有的课堂教学，只有恰当的方式、方法、手段才能提高教学效能。因此，我们在确定了"童心课堂"三要素及教师基本的课堂标准之后，便不确定三要素的教学用时，不确定三要素的应用完整，不确定三要素的教学顺序，其实，这对教师的要求更高，以学定教，重在设计，强调生成，有适度的挑战感，从而更多的保留教育天性。

怎样的课才算好？你可以说一千道一万。我想，有一个"标准"是铁定的，那就是"好玩"。儿童的天性是"玩"，对于小学课堂来说，好玩才是硬道理。玩的左边是"玉"，右边是"元"。古汉语中只有玉字旁，用作左偏旁时要变形，去掉一点，叫斜玉旁，也叫侧玉旁。玉与元，分别有"宝贵"与"第一"的意思。由此可见，玩是最可贵的，最重要的。

四、追寻"玩"的价值

用一种顺应孩子成长规律的方法，培养孩子，我们逐步触碰到玩的价值：

1. 玩出快乐童年

学校开设学生社团，每周三下午向学生开放传统游戏、国画、手工、英语口语、趣味实验、小发明等特色课程，为孩子们提供了必修课程之外的丰富选择；校园电视台开展《老师您好》《做客大家》等节目得到全校学生的热烈响应；语文组的书法比赛、经典诵读比赛和作家进校园、班级书架子让我们的校园充满书香气息；数学组的速算比赛、讲题比赛中涌现出一大批热爱数学，肯动脑筋的数学学习积极分子。这些丰富的活动就如同一条美丽的珠链，串起学生的快乐童年。

2. 玩出家长童心

学校各类活动都加设家长或亲子专场，请家长一起"玩"：一年级家长带孩子逛"亲子元旦游艺会"、二年级"走进福利院"、三年级"亲子秋游"、四年级"亲子阅读"、"亲子绘画"、"亲子运动会"、五年级家长和孩子一起在种植园里劳作，收获，并组织义卖蔬菜。我们不仅让家长和孩子玩，还想办法让家长和老师玩。开展家长、学生为老师"找亮点"活动，评选"家长心中最美教师"，当真实、鲜活、感人的事例呈现在家长面前，家长无不为之而感动，从而进一步理解和支持老师。当老师的付出，得到家长和学生的肯定，老师也倍觉欣慰，进一步提升了职业幸福指数。

家长逐渐形成主动协助、主动策划，甚至主动帮助的习惯。如去年冬天大雪、道路结冰，家长成立义务铲雪队，主动配合教师铲冰除雪；如家长调动自身社会资源，为改善学校周边环境进行呼吁。学校不再是教育的孤岛，家长们急学校之所急，想学校之所想，从旁观者变为参与者，从配角变为主角，从外行变为内行，形成教育合力。

3. 玩出社会温情

学校平时面向所有在校学生，周末和节假日向社会开放，敞开大门向周边开放场地设施，向社区居民开设广场舞、瑜伽、太极、美容、健身等项目，努力以自身的活动去影响社区环境，成为了居民周末活动的最佳选择，从而使社区环境有利于学校的教学活动，形成协调内外共同改善的良性生态育人环境，从自然善好之本走向社会善好之质。

第二辑

面向未来的同行

美国DI行

DI是Destination Imagination的缩写，来自美国，中国人直译为"目的地想象"。我的理解大概是给定一个目的地，从现在出发，开始你充满想象力和创意的旅程。捧着那厚厚的"旅程指南"，却有点找不着北了。这是一种从没体验过的思维方式，美国人用很长的篇幅立下密密麻麻的规定，而在最后跳出一句"如果没有禁止你们做某件事，那么你们就可以做那件事！"这才明白，和原来经历的各类比赛是完全不同的！让我们这些只知道根据比赛要求辅导学生的老师见识到理念的差异，也让那些习惯了听大人的话的中国孩子的意识受到强大的冲击！

接触到DI时，我感觉自己被"激活"了！我本能地对这个创意灵动的活动感兴趣，主动响应。从此，便投入到一场又一场的激情迸发之中……当落叶飘散时，我和团队的老师同学坐在教室里一次又一次地为修改剧本而激烈地讨论着；当寒风呼啸时，我带领孩子们来往于活动室与材料室之间，变换结构的材料；当大雪纷飞时，我们一次次地排练原创剧；甚至到夜深人静时，我们还到专家家里请教。就这样，我们一起度过了无数开心和黑暗的日子。我永远也忘不了，当孩子们做的结构能够撑起三百多公斤的铁饼时的喜悦；我永远也忘不了，当孩子们排练原创剧时每个人脸上洋溢着的笑容；我永远也忘不了，当孩子们用压坏的结构垒起高塔时的激动心情……

每年组织参加DI活动虽然苦、累，但我一直兴趣盎然，乐在其中，坚持不辍。我高兴地看到：很多参加过DI的孩子，已经能代替老师担任领队，而参与活动的孩子们无论比赛成绩如何，总是异常怀念他们的团队。看到他们快乐的样子，我的心便明确了目的地的方向，继续快乐旅程。

第一天，在飞往华盛顿的13个小时间倒时差

从北京出发，飞机向西北绕经乌兰巴托、西伯利亚、北极圈上空，再向西南经加拿大到华盛顿，我们兴奋的心情在长达十三个小时的冗长飞行中，慢慢被保持坐姿的局促、时差颠倒的头痛和单调食物的乏味所淹没。不过，也感受着美国联合航空公司空中服务员的良好服务，虽然他们看起来不像我们印象中漂亮的空姐，年纪很大、身材走样，但是她们对待自己多年从事的职业却很认真，也很娴熟。

恰巧坐在我旁边的是个阿根廷人，他有着分明的面部轮廓，热情风趣，我们聊了起来。他此番去华盛顿还要继续转机，所以能有人聊天打发时间，他也挺高兴，甚至还拿出前两天在北京参加马拉松比赛获得的奖牌给我看。到填写美国入境表时，我才得知他的年龄，竟是1957年出生的，可看起来他比中国同龄人显得年轻有活力，也许他并不知道，中国同龄人已经自诩"老头"了。他很讲礼貌，坐在靠窗的位子上，飞行这么长的时间竟很少起身，以免出入时麻烦别人，睡觉时手轻轻地靠着身体，甚至尽量不碰两人共用的坐椅扶手。

第二天，直奔DI比赛地点田纳西州

从华盛顿市到田纳西要坐一天的汽车，沿途风光优美，目之所及是大树小草绿色的海洋、天空湛蓝湛蓝的、云朵像一丝丝的棉絮。公路顺畅蜿蜒，不时有小鹿出现，天空可见老鹰盘旋。

到了诺克斯韦尔，来自世界各地的孩子在这里相遇，在这里展示自己。美国孩子自信、活泼，随意开放甚至古怪的穿着打扮、深夜不止的沙滩排球、欢呼而过的滑板、恣意纵情的舞蹈，使我们拘谨怯懦的孩子相形见绌。不过，孩子们适应得很快，他们马上融入其中，开始通过交换徽章的形式和外国孩子交流，不一会儿就收获不小。这是我到这里的第一个感受：只有努力适应才能打开天地，要放开自己、大胆展示自己，不要畏惧，也不能畏惧。

第三天，DI总决赛开幕式

今天上午是与裁判见面的时间，我和书记向裁判咨询了一些比赛细节的问题，气氛严肃。裁判显得非常严谨，认真地回答我们的每一个问题，并且带领我们参观了比赛场地。场地设在诺克斯韦尔市政府会展中心大厅里，用屏风隔开几个大小不同的区域，分别用来表演、测试结构、安放道具、更衣、休息等。我们感到这样的场地可能会使孩子们陌生，便与裁判商量是否可以让孩子们来看看，得到允许后，我们赶回居住的大学生宿舍。

与此同时，孩子们正和家长一起"摆摊"呢！他们用自己设计的徽章、自己创作的书法、剪纸、折扇等作品来交换，吸引很多外国朋友，也吸引了徽章交换活动的创始人"彩色胡子"爷爷。这个镜头马上被当地电视台捕捉，还成了DI宣传片的片段，大家都感到很骄傲。

这两天吃的都是自助西餐，可能是美国人不太注重食物口味的原因，我们都觉得很难吃。汉堡、水果、可乐，外国孩子习以为常，拿到食物，在草地上席地而坐，或是随着音乐起舞，他们无拘无束、开开心心。

这里的天气让我们都觉得有点冷，穿夹克、长裤，而欧美孩子的打扮绝大部分是T恤、短裤、拖鞋，连婴儿都几乎不穿什么衣服，即使半夜气温很低时也常见穿泳装的男孩女孩。有的孩子一兴奋就跳进喷泉水池中嬉戏，直到衣服完全湿透，再躺在阳光下晒干，晒完正面就翻过来晒反面，原来的地上留下个湿人印，家长在一旁根本不管。

今晚是开幕式，大家都身着盛装，穿着打扮尽创意搞怪之能事。开幕式在一个田纳西州立大学体育馆举行，色彩斑斓、灯火辉煌。在欢乐自由的气氛中，各国代表队陆续入场，美国教育部长等"领导"在主席台就座，奇怪的是，他们的主席台竟没有桌子，"领导"们随意地坐成几排。教育部长作了简短而重要的讲话，其中的一句话让我记忆最深刻："如果你们的老师强迫你们做任何事，把他的名字告诉我！"全场欢呼起来。这样的活动比中国的大型聚会气氛更好、更活，但是秩序井然，孩子们仿佛是约定好了，他们在该疯狂的时候疯狂，该安静的时候安静，可能因为这是真正的为孩子们举行的活动。

第四天，DI团体挑战比赛

按照昨天和孩子们商定的计划，今天一大早，我和陈康平、范坚先一步去比赛场地测试结构，以免结构因为天气和运输的原因造成超重超长要修改。这个结构是我们在北京赛之后又改进数次的结晶，在国内已经测试过很多次，如不出意外相信会有进步。经过裁判测试，结构重量为21.6克，各项指标合格，签字后，便被封存在盒子里，放在裁判指定的区域，待表演前20分钟来取。我们的表演被安排在上午11点，于是我们有了一小段休息的时间。这时才注意到很多外国队在用各种齐全的工具修改各自的结构，甚至连吹风机都用上了，这让我们自叹不如。

我们坐到看台上观看竞争队的表演，惊奇地发现昨天跟我们交流细节问题时表情严肃的裁判，今天为了营造轻松自由的比赛环境和心情，他们有的戴上五颜六色的大帽子，有的跪在地上跟孩子们讲规则，有的随意地坐在台前的地上观看表演，有的趴在地上仔细看结构。他们这么做仿佛在无声地向我们传递着他们的教育理念。

不一会儿，我们的大部队来了。孩子们就忙活开来，有的安装背景支架，有的准备服装道具，所有这一切都必须由孩子自己完成，连化妆都不能有大人参与。在表演场地的门口，孩子们向裁判递交了参赛数据表格，包括所有的花费明细和独立宣言等，裁判努力交代一切注意事项，并反复询问孩子们："你们还有什么问题要问我吗？"完全清楚后，参赛队员合影，便进了赛场。按照规定，超过11.3公斤的砝码，可以有一个大人协助摆放，我被孩子们指定为协助摆放砝码的大人，站在结构旁指定的地方。比赛开始了，陈康平和范坚一边计算选择、一边又快又稳地摆放砝码，内容与结构有关的原创故事也随之表演，其中还有展示学生各方面才艺的附加旅程。大家都很投入，表现得不错，结构承重的成绩很理想，共1055磅，比在国内比赛时的成绩提高了两百多公斤呢，我们都很兴奋。

在美国，我们感受到了这边不一样的文化，体会到了心灵的自由。我们看到美国人有很强的包容心，不论周围的人做出什么奇怪的举动，都能自然地看待和理解。人们喜欢轻松自由的气氛，即使是演讲也尽量使用轻松幽默的语言。电梯里、公交巴士上会主动打招呼，不论认识与否、语言是否相通、肤色是否一样，人们对彼此都用赞赏的眼光。如果知道你可能是中国人，他们还会用"你好""加油"跟你打招呼呢。

　　第五天，DI即时挑战比赛

　　今天早上与来自维吉尼亚州的友好队在餐厅见面了，因为在国内就已经通过邮件与他们联系，所以孩子们并不陌生，互赠见面礼，牵着手儿唱啊跳啊，好不开心！

　　DI的活动很丰富，远不只我们知道的设置了奖项的项目和交换徽章。这里有孩子们的科技制作展示、问题研究成果交流、美观实用的新型食品包装设计，还有在指定区域的"WE ART DI"粉笔画创作活动、"我做DI明星"表演以及各种极限挑战游乐活动等，有点类似我们这边的科技节，而在这里我们感觉这真是孩子们的节日，在这里只要你有才能就有展示的舞台。

　　城市的警察很威风，有的个头大得惊人。所有的路口都有警察，管理相当严格，虽然没有先进的城市交通管理电子设备，但整个大学城井然有序。过马路时感觉在享受贵宾待遇，当警察注意到你要过马路时，早早地跑到马路中间高高举起手中的发红光的警棒，而汽车在离你20米开外就停住，直到你安然通过。警察对所有的行人都这样，即使只有一个人过马路。

　　还有的警察专门在人多的公交站维持秩序，公交巴士都是按颜色区分的，提醒等车的人哪个颜色的车到站了，是到哪些地方去的，等等。公交车司机很友善，见到你上车会主动跟你打招呼，这让我们还有点不适应呢。巴士里有时人多，大家都努力保持着距离，如果离你太近或是不小心碰到你，即使你自己都没有察觉，他们必定会马上抱歉地对你说SORRY。人与人之间很关爱，很和谐。

　　下午是即时挑战，即时挑战的目的就是培养孩子的团队协作能力、时间管理能力、即时反应能力，以及表现孩子知识水平等，是综合素质的体现。我们来到比赛场地——社会科学院门外的草地上报到。各队集合，在主持人的指挥下随音乐节奏起舞，之后，孩子们冲过大人在两侧用手搭起的隧道，跑进比赛场地。按照规定，孩子们有权决定是否有一个大人跟随，我们队的孩子说不用大人一起进来，我们只好乖乖地等在外面。原以为家长们会担心，但大家都表现得心平气和，相信自己的孩子。

比赛结束后，他们又参加了"TADA"——一个面向全球直播的表演舞台，并表演了他们临时编排的节目《茉莉花》——两个孩子用二胡和小提琴合奏，另外的五个孩子表演千手观音的舞蹈。观众们都为他们喝彩，同去的中央电视台的记者也记录下了这一幕，为我们中国孩子的进步而高兴。

孩子们兴奋地像外国孩子一样跳进喷泉池玩水。奇怪的是，昨天还担心孩子会因为游泳而感冒的家长，今天竟毫不阻止，让他们自由地放松。

其实今天的即时挑战成绩很糟糕，孩子们抽到的是两个与星星有关的题目。一个是向飞向地球的流星致欢迎辞，另一个是用提供的一些常见的材料制作一个工具去钩取对面的星状物件。得到题目后有几分钟的时间商量思考，然后提供几分钟的合作时间完成。我们的孩子在这方面表现不佳，说明我们应重视扎扎实实的科学素质教育，真正提高学生的应用能力。这种比赛要取得好成绩，不是一朝一夕的努力所能达到的。

第六天，没有得奖的颁奖会

这里天气虽然凉快，太阳不大，紫外线却很强。书记的皮肤不仅晒黑还起了皱纹，而我那些没有衣服遮挡的部位也被太阳公公印了花，可奇怪的是路上竟没有一个人打伞，看来在这里戴草帽可能更合适些。

晚上闭幕式，大家满怀期待地出席。可是我们却没有得到奖杯。在小学"转换的结构"项目中，中国队只有北京长安小学获得了第三名。其他项目的参赛队也只有北京三里河三小在"障碍旅程"项目中获得了"文艺复兴奖"。我们队获得了有5个中国参赛队获得的"成就奖"。我心里很失望，但还是鼓励孩子们不要泄气，重要的是我们在过程中的收获。

我们此次参赛的总分排列在整个小学"转换的结构"项目五十四支队伍中的第十六名，结构承重和原创剧表演的分数分别是第九和第十，而即时挑战失败得很惨，拉低了总分。这个需要学生自己处理，考验团体协作和知识水平的挑战敲击着我们和家长的教育思想，使大家开始反思自己的教育方式。如果参加这次比赛能在一定程度上让我们更看清自己，发现问题，这本身就是我们最大的收获。

第七天，收获满满　启示多多

一天的汽车，从诺克斯韦尔市的田纳西州立大学出发，前往华盛顿市，大家都很开心。

一路上的景观和来时一样迷人，天空中有划出一道长线的战斗机、老鹰和不知名的小鸟，路上有松鼠蹦跳，有时还有野鸭子排队穿过马路，成片的牧场里有为数不多的牛和马，还有漂亮的小木屋，每一栋都像是艺术品，让人看了赏心悦目。人们爱护自然，与大自然和谐相处。

早餐、午餐都是吃的麦当劳，那些在国内爱吃"洋垃圾食品"的孩子都开始厌倦反胃。吃完后照例自己收拾餐具，不能给服务人员添麻烦。汽车上和我们经过的不该有垃圾的地方是不能有一点垃圾的，司机和导游没有为我们打扫的义务。

有的美国人喜欢在假期出去度假，高速公路上经常见到房车后面拖着轿车，或是轿车后面拖着游艇、轿车顶上架着自行车的景象。

高速公路附近有休息站，汽车停在休息站附近。社会对残疾人很关爱，我们发现很多停车的地方都划有专门停放轮椅的区域。几乎所有的厕所都有残疾人专座。路口有小斜坡方便残疾人过马路上下。商店、超市、写字楼等的玻璃门往往要费很大的力气才能推开，而且往往是连续几道重重的玻璃门，我们的孩子笑说这是美国人发明的人力发电门，而这样的门一般都设置了专门为残疾人提供的按钮，一按连续的几道门就都敞开一分钟，这个按钮正常人一般是不会为了省力去按的，而我们经常见到的景象是前面的人为后面的人推着门，直到这一拨人都通过。

晚餐终于吃上了中餐，尽管很不地道，已经让我们亲切得掉眼泪了。吃过晚餐已是晚上九点了，可天还是那么亮，像白天一样，大概是因为空气中间灰尘少，光线穿透力更强的缘故吧。那床又大又高，这一觉睡得很舒服。

访日纪实

日本，一个优雅精致却又尚武自大的民族，一个近在咫尺却又最遥远的国家，一个源于中国、模仿中国却又超越中国、侵略中国的国家。在对日本看法愤青化的时代，我受命作为中国基础教育访问代表团成员，和来自湖南、甘肃、江西等地59名老师一起执行友好访日任务，心情既复杂又兴奋。

出发前在北京接受培训，内容主要是由教育部国际司史光和主讲"中日政府基础教育教职员交流项目的背景及意义"、外交部亚洲司日本处项昊宇讲解"日本基本情况及我国对日方针、政策、注意事项"、教育部基础教育一司余伟跃介绍"中国基础教育现状"、北京市海淀区政府首席顾问王连义主讲"外事礼仪"等。

本次访问是由联合国教科文组织亚洲文化中心出资，这实际上是日本国内公益财团法人组织，负担我们访日的所有费用。外交部的态度是在涉及国家主权重大问题上，我方保持对日强大压力，没有讨论余地。我们要看到中国在钓鱼岛问题上取得的斗争成果，如定期巡航等，此事急不得，需要搁置争议、共同开发、保持主动、后发制人。等到中国对日本具有足够优势时，一切问题将迎刃而解。我们要有高度自信，以理性、平和的态度，不回避矛盾，有理有节、不卑不亢，真诚沟通。

教育部对我们的礼仪纪律，甚至着装等都有严格的要求。王教授教导："出国的人一定要把自己看成祖国的代表！"不论任何国家，不管任何种族、政治制度、宗教信仰，所有人最尊重的是热情的爱国者。

"把爱恨放下，先去了解"，因为面对未来，不了解别人是危险的，不了解别人如何做就不能清楚自己前进的方向。日本是一面镜子，走近他们，可以照见自己。七十年前，戴季陶先生曾感叹说，日本已将中国放在手术台上解剖过千百次，同时戴季陶也反问道，那么中国呢？

第一天，带着压力出发

早上五点起床，赶着搭乘飞往东京的航班。一路上翻看微信和短信，感觉很多人在和我一起出发，嘱咐和期待使我明白，紧张与压力不仅属于我个人。

我们注定永远拥有一个不会搬家、以为很熟悉其实却陌生、关系已经到冰点的邻居——日本。在很多方面，日本先行一步，有他们成功的经验，去看去思考，这毕竟与我们的未来有关。所以，我一直有个感觉，与其说，这是在看日本，不如说，换个角度看中国，这才是我们出发的另一个目的。

抵达东京成田机场，因为看到的都是黑发黑眼的人群和方方正正的汉字，一时感觉还是在中国，没有很大的不同。迎接我们的工作人员大部分是女性，而且年级偏大，他们共同的特点是精致、热情、认真。当介绍某人时，她必定向我们深深鞠躬。

乘大巴到达大都会东京城饭店是下午4:30，时间尚早，可能是下雨的缘故，天已经快黑了。下车时工作人员站成一排，打着伞热情地说着中文"你好"来欢迎我们。我们惊讶于行李已被安置好，并贴心地把拉杆提起，感觉受到贵宾礼遇。

说明会随即开始，大家在会议厅集中并完全安静后，我们等待开始，却迟迟不开始。工作人员一副焦急的样子向外张望，我想，难到是哪位领导迟到了？几分钟后，进来几位晚到的同胞，原来是我们的人迟到了。见人都到齐，一个不少，他们这才开始讲话，并不住地抱歉。我注意到，发言人讲话时，其他人很认真地协助。当我们鼓掌时，他们像得到肯定般如释重负。会议程序紧凑，考虑周到，可以想象，为了这个说明会，日方工作人员做了很严谨的准备甚至排练。

陪同我们的教育部官员是位年青人，我问他："关于日本教育的发展，你觉得最应该借鉴的是什么？·"他说是"态度"。

第二天，你好，东京！

从第一天到日本，感觉好像还在中国，到今天已经发生了许多变化。日本其实是一个表面跟中国很相似，但实际是跟中国很不一样的国家。

早餐自助，我和两个朋友到餐厅时，发现大家在有序排队，里面的人在体面地用餐，看起来，得出去几人才让进去几人。外面排队的人习惯地自然等待，没人不耐烦，服务员微笑地逐个记录。早餐的内容很丰富，有生的熟的、冷的热的，摆放讲究，虽说远不如湘菜够味，实在是一种视觉上的享受。我感觉与中华美食强调"色、香、味"有所不同的是，日本对餐具摆放具有压倒一切的重要性。

今天是日本时间平成二十五年十月二十一日，上午九点举行开幕式，来自联合国大学的事物局局长秋叶正嗣致辞，白发苍苍的秋叶先生认为本次活动是"从教育领域为建立和平社会作出贡献"。日本文部科学省相当于中国教育部，永井雅规先生用日本男人典型的严肃表情代表文部科学省致辞。山根隆老先生是联合国教科文组织亚太文化中心理事，也是我们熟知的丰田公司的名誉主席，他颇为关切地告诉我们访问时间很紧、内容密度很高，提醒我们注意身体。最后，中国驻日本大使馆公使参赞白刚教授语重心长地说：虽然两国政治上处于困难时期，但两国教育友好交流反映了两国人民的和平发展美好愿望，我们应以对民族负责的精神把国外先进的东西介绍到国内。开幕式以我方代表团团长周卓莹答谢致辞结束。

紧接着，由文部科学省初等中等教育局的栗山和大为我们讲座《日本的初等中等教育》。灯光渐暗下来，投影便清晰地衬托出来，PPT展示很贴心地使用中文。内容主要为日本的基本初等中等教育制度和日本的现状认识与教育政策的方向性。通过讲座我们得知日本和我国一样实行九年义务教育，各级各类学校由各级教育委员会管理，教育委员会是独立于政府和党派之外的，为确保政治上的中立性与教育的持续性和稳定性。日本教育基本法规定教育的目的是完善人格，作为国家和社会构成成员，培养身心健康的国民。日本学习指导要领的教育理念为培养生存能力，由切实的学力、丰富的人性、健康和体力构成的智德体全面发展的能力。同时我们知道了日本教师执照的有效期为十年，教师必须参加十年一次的培训并考试，以掌握新知识。

日本现在面临四个大问题：少子化与老龄化、非正规雇用增加、儿童的贫困率上升以及日本的国际存在感降低。与此相适应，安倍提出：一是注重提高个人附加值，二是培养全球化思想与能力。今后所要求的能力主要是创新性的思考力、独立思考与活动力、和蔼体贴他人等。

中餐是欢迎交流酒会，除了刚才提到的人物，还来了位大明星——《追捕》中真由美的扮演者中野良子。这让我们兴奋不已。

下午有一个小时游东京都，我们隔着护城河眺望了天皇皇居和那厚得像毛毯的草坪；见识了世界最流行的银座三越，男女老少打扮入时。东京成为日本的首都只有100多年的时间，因此它没有多少像京都那样的历史可以夸耀，现代感和潮流感就成为它必须贴给自己的标签，从这个角度来说，东京才成为不一样的城市。

在2020年即将举办东京奥运会的"台场"用晚餐后，我们应白刚公参的邀请到中国大使馆做客。外交官们为我们准备了中国特色的会场和美食，使人温暖而惬意。白刚公参聊起自己丰富的人生经历，深感基础教育对人一生、对社会发展具有深远影响。他对我们殷殷希望：国民素质的提高靠教育家，一个校长能够影响一千多个孩子，你们五十几个校长能影响多少孩子啊！我们要做大众化的教育、全民化的教育、让人们看得懂的教育！

第三天，再见，东京！

全世界人口稠密度排名在第十名左右的日本，"地狭人稠"始终是我们对日本的主要印象。坐在酒店早餐厅的玻璃幕墙向外望，看见的是匆匆的上班族，男人一律西装领带，女人大部分穿裙子，日本人特别讲究着装，没有中国人那样随意。日本无论何地、无论财富多少，设施设备都相当先进，如无人驾驶列车、酒店全部单间、所有马桶都带自动冲淋等一系列功能。高度文明全社会共享，人民生活更加体面。

从今天上午开始，我们分成四个分团，同时分别访问四所学校，之后分赴不同的城市。我们C团上午10:00来到东京都武藏野市圣德学园，这是一所私立从幼儿园、小学到初中、高中一贯制的学校。

学校占地面积不算大，比不上中国学校规模宏大，但每处都利用得很好；方方正正的教学楼，设计上没有太多艺术感，但是强调实用，内饰简明；教师办公室很小，还码放着很多资料，但窗明桌净，甚至还插着表示欢迎的中国国旗。

校长伊藤正德在一间大教室进行演讲，他说很抱歉不会说中文，请允许使用日语和英语讲。他借助幻灯片介绍学校教育方针为培养个性、创造性、国际性，融入智能结构理论开展教育实践，以充实课业、重视心灵教育、重视纪律、国际交流为重点目标。深信每个学生都有他尚未发现的自我，要通过学校教育将之发掘出来。之后我们到教室听课，学校开放剑术、舞蹈、化学、日语课堂给我们。

我在化学课堂停留许久，化学老师很帅，他穿着白大褂、面带温柔的笑容，高瘦白皙干净，一丝不苟的板书，忙碌地给学生发放实验用品。师生安心地上课，并不因为我们的闯入而受影响，但如果你问他们问题或拍照，他们会善意地配合。

中午，学生有45分钟休息和就餐时间。校方安排我们体验学生午餐，并观赏学生打鼓表演。学生的午餐营养丰富，每样一点点，同一个格子里装不同的东西必定用纸隔开，白米饭像珍珠一样喜人，上面撒着一条黑芝麻，装在盒子里就像艺术品。我很难想象中国学校食堂能大批量地提供这样的学生餐。

在空余的时间，与教师学生座谈时，我惊讶于他们的英语表达水平：普遍能开口说英语，相当一部分老师英语流利，学生水平低一点，有学生还学了中文。我听说中国高考将改革，降低英语比重，但愿其效果能改变学习哑巴外语的现状，而真正促进国人以正常的心态来自发地学习和使用作为沟通工具的英语。

访问结束后，校长等人挥着国旗将我们送出很远，我们深感不安。大巴司机说，他们会挥手送别直到大巴后视镜也看不到他们了，才回去的。我注意到，路上的行人也在向大巴车里的我们点头致意。

日元10000面值纸币上印着福泽谕吉的头像，此人曾一手开创庆应大学。著《劝学篇》开篇第一句：天不生人上之人，也不生人下之人。《脱亚论》"脱亚入欧"的观点在日本影响极深。可以说是日本近代教育之父，由此可见日本对教育家的尊重。

日本重视教育，从不强调人与人之间先天能力上的差别，而更看重后天的努力和刻苦进取的精神，学校教育不提倡竞争、优先培养尖子，而是一视同仁地对待所有学生，鼓励他们最大限度地发挥自己的主观能动性。

明治维新日本能在短短三十年内崛起，跻身于世界强国之林，战败后又能在废墟上重建，迅速发展成为世界经济大国，这与教育是分不开的。

下午，我们搭乘羽田机场的航班飞长崎了，东京短短的一瞥，甚至来不及眺望一眼富士山。日航飞机很大，每个座位提供的耳机里放着舒缓的音乐，看着翻滚的云海，我体味到日本国歌《君之代》，伤感舒缓、哀乐般的旋律里，包含着无限的柔情和虔诚，尽管没有表面的激越与亢奋，却内含无穷的生命张力和决绝的意志。

第四天，长崎，我来看你了

上午，我们按要求着正装，礼节性拜访长崎市长和教育委员会。走在路上，遇到人与车，可以观察他们各安其分展现出尊重彼此的态度，沿途有幸巧遇好多大鱼大龟在清澈的河水中打滚，怀旧老铺和某位名人曾经走过的小径。

市府大楼里的设施看起来已经用了很多年了，可仍能用、而且好用，官员们似乎舍不得用纳税人的钱来改善一下自己的办公环境。电梯口放着小盘，用于给需要预约市长的市民放名片。

在小会议厅打着中文欢迎标语。市长田上富久先生用中文向我们问好，顿时倍感亲切，看来之前他已做了一些功课。这位四十多岁的高瘦男人向我们介绍了长崎市概况，长崎教育的两大支柱——尊重和平与国际理解。特别值得一提的是长崎与中国有着长达五百多年的交流，有很多华侨在此落户，虽然长崎只是日本西边陲小城，却拥有中国总领事馆。同时，田上市长骄傲地邀请我们欣赏世界新三大夜景之一的"长崎夜景"。长崎将以此为契机，建设富有个性的城市，并打造适合长崎的宜居体系。

接着，长崎市教育委员会与我们进行交流，气氛诚挚而愉快。只是有些问题是他们理解不了的，也不必说出答案，如中国式的择校、教师倦怠、升学压力、评价方式等。他们已先一步实现教育均衡，学生也没有中国这么多，所以，他们更加心平气和地研究培养人，人与人之间更容易达到相互理解。从这一点来看，中国还有很长的路要走。

午餐之后，我们一起参观了原子弹资料馆和死难者和平祈念馆。馆长智多正信迎接我们，并拿出20年前与习近平主席的珍贵合影给我们欣赏。

68年前，在这座城市的上空，美国的轰炸机投下了一枚原子弹。热辐射、冲击波、放射线威力巨大，原子弹爆炸后发生的大火连续燃烧了一天一夜。7万多人瞬间被夺走宝贵的生命，幸存的人仍一直担心放射线辐射可能引发的白血病、癌症等疾病。

制造这些残忍武器的是人类；投放核武器的也是人类；反复进行核武器试验、不断污染地球的还是人类。为什么还在继续？我学养不足，未敢妄议。

站在1945年8月9日11点02分停滞的时钟前徘徊片刻，思忖它驶过了怎样的痛苦烟尘，我忍住眼泪没有掉下来。

晚上，长崎市教育长马场风子女士宴请我们。席间，大家谈笑风生。朝日小学的元田校长教会我几句日语，我便现买现卖地自我介绍，她很高兴地邀请我到她家去做客。最后，大家牵着手围成一圈，用不同的语言共唱《北国之春》。最后，我们起立用日式鼓掌向友好热情的举办方、服务员致谢。

了解一个不作为政治话题的日本，一个不仅仅局限于历史宿怨的日本是我此行最重的行李。

第五天，最好的地方是学校

今天是长崎参观第二天，现在是东京时间23点，我疲惫地躺在床上，"反刍"今天的见闻。国内是22点，我知道大家在微信上等着我发布见闻，我一刻不敢懈怠，每天详细的记录，希望通过这些文字传递学习收获，让更多的人和我一起体验访日的点滴。

在日本，你可以见到各国文化、各种宗教，可又和原版的东西不一样，比如日餐既有点像中餐、又有点像西餐，其实都不像，他们太善于吸收和改造了。日本文化在尚未发育成型的时候，就遭遇中国大陆先进文化的冲击，说日本人和中国人同文同种是不无根据的。汉字是构成日文的主件，任何一个不懂日文的中国人都能在日本生活下去，因为到处都是中国字，实在沟通不了，也可以写汉字。

然而，在西方现代化全球扩张的背景下，日本效仿西方国家、重视通过教育提高国民素质，迅速实现社会体制的现代转型，走上富国强兵的道路，迅速发展成为世界五大强国之一，这些与其基础教育打下的平民高素质水平有着直接的关系。访日最大的收获，是一种全新的经验与眼光，中日两国基础教育表层的相似、深层的差异在我眼前次第展开。

上午的日程是访问长崎商业高中，这所学校类似中国的职高。由于学校坐落在山顶的公园里，我们需要乘坐电梯上山，据翻译说，为方便老年人，市内各个陡坡山岭都有这样的电梯，日本的公共设施非常完善而周到。

进入校门换拖鞋，教学楼内全部是实木地板，校内有专为残疾儿童准备的小电梯。教学楼内所有的灯都开着，这使我想起，日本天皇晚上只开自己房间的灯以节约能源，学校真是比起天皇还奢侈！学校学生少，校园大，这与民居鳞次栉比、道路狭窄形成对比。大点的教室都摆着YAMAHA三角钢琴，楼顶有游泳池，窗帘是电动的……这与昨天在市政府看到的陈旧设施形成对比，市长真是令人敬佩啊！

校长松尾博臣以"超笑LIFE"为题，介绍学校生活，我们都被学生社团中各种各样"能想得到的"和"想不到的"活动惊呆了。我们更惊讶于教师的敬业精神，他们很难有休息时间，老师工作量很大，而从无报怨，所以他们赢得了社会的尊重。

中午时分，我们来到长崎市立大浦小学，与学生共进午餐。日本很重视饮食教育，由政府补助学生校餐已经有120年历史了。

食堂用图片标明本周食谱，很是诱人。穿着白大褂、带着白帽子的学生，在老师的带领下，排队到食堂取食物和餐具。校长于保孝一介绍，孩子们是按班分组，每组负责配送本班一周膳食，白大褂周末带回家洗干净，下周还回来。我注意到负责配送的孩子尽量多拿一点东西，有的还从老师手中主动分担一些。不论是配送的学生还是领餐的学生都自觉安静、有序，然后在教室用餐。

学生饭前击掌以表示对食物的感谢，用餐后，再次击掌默念。牛奶盒全部回收，餐具送回食堂。途中，学生上下楼梯，绝不会碰到相当于路中黄线的彩色水塑料瓶。

一个班一位班主任，班主任上几乎全部课程。上课了，我很担心自己的造访会影响到师生的正常教学，尽量不靠近，没料到老师笑盈盈的，学生主动说："你好，多佐（请进）！"真是可爱。教室后面墙上，班主任把自己怀孕的B超照片拿出来展出，超有爱！有两个班因为"学生太多"，竟然把教室墙都拆掉了，真真见识了什么叫"一切以人为本"！

日本从政府到人民，一致把教育当作头等大事，教师是最受人尊敬、也是要求最高的职业。这几天的访问使我饱受冲击震撼、"消化不良"。我认为，我们对日本的印象太单一、太浅薄了。不管对方是谁，不管他曾经做过什么，哪怕他只剩下一个优点，我们也该把它学来，让自己更优秀，这才是一个大国的心态。在我看来，一个真正有力量的大国，性格中必有以下的品质：理性，对人类的未来承担责任并永远完善自己。

谈论日本，最后总要说回中国。戴季陶先生说："一个人如果不好美，不懂得审美，这个人的一生是最可怜的一生。一个民族如果把美的精神丢掉，一切文化，便只有一步一步向后退，而生存的能力，也只有逐渐消失。"这句话当然意有所指。在那一章的结尾，他苦口婆心地道："我希望中国的青年们要猛醒啊！"中国的青年们，你们听到了吗？

第六天，加深理解　共同发展

近年中日关系，可谓政冷经热。对日本这个曾喝自己的奶水长大，后来负恩杀师的国家，中国人自然不会有好的情感。

日本具有强者崇拜的思想，日本人这一心理，并不是建立在平等竞争的基础之上，而是建立在压倒对方、支配对方的基础之上。因此，只要实力赶上或者超过了对方，在合适的条件下，日本就会向昔日的师父发起挑战。这根源于岛国根性。

自古以来，日本孤悬辽阔的海洋，介于封闭与开放、狭窄与辽阔之间；位于极东，使它在东亚册封体系中成为一个特殊的存在，与当时的大中华帝国保持着若即若离的关系，国际地位介于主属之间；生存资源的匮乏与自然风景的优美，涵养了尚武与爱美的国民性；地震、火山、台风等天灾，培养出搏击命运、顺从命运的二重性；四季分明、变动不居的地理气候，发展了日本人的不匀整美感，视瞬间为永恒。在这样的背景下去看日本，为着人类福祉，我们更容易谅解。

今天是我到日本的第六天。上午，我们造访了一所很让人感动的学校——长崎市朝日小学。

校长元田美智子是我在第一天到长崎的教委欢迎晚宴上认识的，五十多岁的精致女性。今天再次见到我，她表现出很兴奋。她还记得我的名字，不住地用英语嘘寒问暖，尽管她的英语水平不敢恭维，但她用行动努力让人尽快消除陌生感，这样的热情，在中国很难看到。

我们像走红地毯般受到日本孩子的夹道欢迎，孩子们天真浪漫的笑脸逐一映入眼帘。全校72名学生，11名教师，这在整个长崎71所小学中其实并不算小的。校长用中文致辞，尽管我们和翻译都听不懂她在说什么，但大家心里都很感动。

接下来，学生表演节目，每个年级每个学生都有节目。一年级表演朗诵《听到中国就会想到……》，诗歌用几个小分段提到熊猫、天安门、乒乓球、炒饭……配上夸张的动作表演，煞是可爱；四年级学生穿上传统服装跳舞《拉网小调》，展现日本渔民的平静生活，那认真劲儿，着实让人感动。

然后，孩子们邀请我们玩石头剪刀布的游戏，输了的人要给赢了的人签名字，比赛谁得到的签名多。显然学校希望利用这个机会，培养学生的沟通能力，让孩子通过猜拳主动和陌生人说话。学校虽小，每个孩子都生活得很幸福，再一次，我由衷地感动。

元田校长介绍，朝日小学注重培养学生三个能力：英语作为工具促进沟通的能力、能够克服困难的精神和身体、以及在国际上作为日本人确立自信。学校通过丰富的活动，如每周四下午的挑战时间、每年一次的朝日节、每月一次外请专人的念故事书时间等来培养积极主动、互致问候的朝气蓬勃的孩子、坚持到底努力奋斗的孩子、对他人亲切和蔼的孩子。

参观孩子们的书画课时，我被热情邀请现场画一幅水墨画。为了表示友好，我大胆地在众目睽睽之下画画，画的是象征进步的竹子，作品得到大家齐声称赞，并被元田校长当场收藏，准备装裱后挂在校长室！于是，借着这个良好的契机，我们缔结了友好学校，并约定将来进一步交流。

中午，我们来到片渊初中吃学生餐，我尽力把餐中每一粒米都吃干净，因为所有的学生也都这样，然后回收餐具和牛奶纸盒。

在家政课教室，我见到四个人在做食物，一问才知道，这四个人中有一个是厌学的学生，一个老师和两个家长，他们一起通过有趣的活动改善孩子的厌学情况，使之接受学校、愿意上学。

这几天参观学校，发现有两个共同的特点：一是注重节能，如安装太阳能发电装置、雨水收集装置、水龙头上吊个小网袋装肥皂等；另一个就是逃生避难设施完善。日本人从小养成防灾意识和传统，也训练出了各种应对灾害的手段。中国人则相反，有人一说到小心防灾之类的话，大家一定会呸！呸！让他少说不吉利的话。这种民族性的差别，从精神层面而言，确实有差异。勇敢面对，才有可能克服困难，许多时候许多问题，我们缺少勇敢面对的勇气。

离开片渊初中的时间和日程表上的安排不差分毫。老师学生在窗外挥手鞠躬到看不见我们，好多学生甚至追着大巴车跑出很远……

我们这个分团15人，配两名翻译、两名工作人员，另外，ACCU有两名官员陪同，活动过程内容多，却从无半点差池，让我们领略了日本追求精细的工作作风。

工作人员说，今天给大家照相时，由于不懂中国的规矩，照相只照了上半身，于是给我们买来蛋糕，用于表示道歉。我们团内一位朋友带的杯子，本来丢在东京的酒店里，竟被原封不动地寄回来了。另外，由于没有备晚餐，给我们每人发放8000日元作生活费……

要学的太多，先从容易的开始吧。

第七天，走进日本家庭

今天，我们分别拜会不同的日本家庭，我有幸走进了元田美智子家。

元田美智子是朝日小学的校长，这是我们第三次见面了。她家位于长崎赤迫，离我们所处地点较远，她开一辆小小的橙色的尼桑汽车来接我，一个20岁左右学中文的女大学生临时充当我们的翻译，她坐前排，我坐在后排，并被要求系上安全带，车里很干净。

日本家庭基本上是独栋两层，地下停车，栋与栋之间挨得很紧。一层为客厅、厨房和餐厅，二层为卧室。元田校长的丈夫不在家，儿子在美国读大学，家里两位奶奶很好客，热情地接待我。

一位奶奶是元田校长的母亲，她做了满桌丰盛的食物给我吃，不住地斟酒，并将我没吃完的打包让我带走，她说这是"日本style"。另一位奶奶是她丈夫的母亲，她穿着和服，兴之所至跳起舞来，虽然语言不通，但传统的日本舞蹈已将和善友好的美好感情展现。

下午，我们匆匆离开长崎，飞向大阪，全团在大阪会师。召开学习成果汇报会，通过听其他分团的介绍，更让我们放大了此行的收获。

短短几天的访问时间难言充裕，而对于日本教育之外的了解，访问间隙的走马观花更是不及大象之一截脚趾。两国的价值观、处世之道差异明显，借用一句古话来描述，就是"形相近，性相远"。作为"最熟悉的陌生人"，中国人与日本人之间，虽一度交流不畅、误解颇深，却谁也绕不开谁。就好比一个住对门的邻居，你可以不必与其好到把酒言欢，但是，假如终日心存芥蒂，怒目以对，还是大大影响生活品质的吧。搬家是没可能了，要提高共处的生活品质，唯一的途径就是更多地认知对方。何况，认识这个重要的邻居，也是认知自身的一个途径。

　　得到出访日本的机会，除开访问学习的满满收获，我还有三个感触：第一个就是能够走进这个国家、深入了解其基础教育的喜悦；另外一个就是中国与日本之间多方位的交流，共同为促进和平、发展教育做出积极努力，令我感到非常尊敬并且能够产生共鸣；第三点就是行程中朋友们的关照和帮助，让我很难忘、很感激……

放下感情，去学习

2013年10月20日至28日，应日本文部科学省的邀请，中国基础教育教职员访日团一行59人前往日本进行了为期9天的考察学习和教育交流。长沙市教育局派出了由19位老师组成的考察学习小组，我有幸成为其中一员，参加了访日团C组的学习交流活动。

按照中国基础教育教职员访问团的各项部署，结合市教育局的要求，我们圆满完成了本次考察学习任务。现将自己的心得和感悟与大家一起分享。

一、基本情况

访日期间的各项活动，由联合国教科文组织·亚洲文化中心（ACCU）全权运营，日本文部科学省、受访各地的教育委员会和相关学校、教育文化机构对我们的此次访问进行了周密安排和热情接待。

我分团访问了东京、长崎、大阪3个城市，考察了圣德学园、长崎高中、大浦小学、朝日小学和片渊初中5所中小学校，听取了2堂日本文部科学省官员的讲座，参加了1次团（组）内信息交流会和1次总结报告会。我们深入到日本的普通中小学校和日本师生进行了广泛深入的交流；拜访了文部科学省和各地的教育委员会，和日本教育官员进行了接触；我们走进了普通日本家庭，受到了他们的盛情款待；参观了长崎原子弹资料馆、和平祈念馆、哥拉巴住宅、大浦天主教堂等历史建筑，对日本文化有了初步了解。

总的说来，在日考察的这9天里，行程紧，节奏快，任务重，收获多。我初步了解到了日本基础教育的模式和成果，切身感受到了日本先进的科学技术、成熟规范的社会管理、富有特色的民族文化以及日本教育同行高度的敬业精神。

二、日本印象

一路走来，我用心观察，用心聆听，勤记录、勤发问、勤思考，积极和同伴交流心得体会，收获颇丰。

（一）日本社会印象

1. 公共设施完善，环境整洁

日本这个狭长的太平洋岛国面积只相当于中国云南省，形状类似甘肃省。从我们所到之处来看，城市人口密度大，建筑物密集，但是设施完善、交通便利、环境整洁、没有雾霾。

无论财富多少，人们共享先进的公共设施，如无人驾驶列车、酒店全部单间、为方便老年人各个陡坡山岭安装电梯，等等，高度物质文明全社会共享，人民生活更加体面。

不论是东京都还是在西北边陲的长崎市，所见都是干净的街道上绝无一个"牛皮癣"，无一个垃圾桶和一个环卫工人，连出租车都是纤尘不染、亮得发光。在日本"车让人"已成为人们的定式思维，因此学生上学放学没有家长接送。

2. 妥善利用资源，杜绝浪费

日本国土狭窄，资源匮乏，因此，政府和民众的节约意识和环保意识都很强。"每件物品尽其所用"是日本公民从小被灌输的理念。

为了节约能源，日本天皇晚上只开自己房间的灯，皇宫的其他灯都关闭不浪费。政府的办公楼很简朴，设施设备很陈旧，工作人员是多人挤在一间房子里办公。

在访问学校我们也看到，学校的水龙头基本都是很小的水流出，不会让孩子们开得水花四溅，洗手池边的肥皂都用尼龙袋套着，防止学生浪费；用餐时所有食物一定会尽力吃完，牛奶盒回收再利用。一些学校还用雨水冲洗卫生间，用太阳能发电。

3. 极力发展教育，尊师重教

一百多年前，日本政府就提出了振兴经济的关键在于教育，历届政府都把基础教育视为立国之本，把教育摆在优先发展的战略地位，以巨额的教育经费投入确保教育机会均等，重视维持和提高国民教育水平，成功地成为教育发达国家。

日元10000面值纸币上印着福泽谕吉的头像，此人是日本近代教育之父，由此可见日本对教育家的尊重。他不强调人与人之间先天能力上的差别，而更看重后天的努力和刻苦进取的精神，鼓励他们最大限度地发挥自己的主观能动性，获得了人们的爱戴。

我们注意到学校学生少，校园大，大点的教室都摆着YAMAHA三角钢琴，楼顶有游泳池，窗帘是电动的……这与市府大楼里的陈旧设施形成对比，政府似乎舍不得用纳税人的钱来改善一下自己的办公环境。

（二）日本国民印象

1. 关注细节，态度严谨

从我团到访的第一天开始，日本人做事谨慎、精细的态度给我们留下了深刻的印象。"努力做好自己的事情，不给别人添麻烦"是日本人从小被灌输的做人准则，因此国民责任意识很强。

我们这个分团15人，配两名翻译、两名工作人员，另外，ACCU有两名官员陪同，活动过程内容多，却从无半点差池，让我们领略了日本严谨细致的工作作风。

我们在日本参加的每一次活动，接待都非常到位，程序都非常严密，安排十分精细，每一个议程都精确到分钟，每天该穿什么衣服、鞋，以及到访单位能不能拍照，访问学校时能不能带零食等方面都交代得十分清楚。甚至，精细到吃自助餐时问清你是几人一起，然后帮你安排对应的桌子等。如果发现你有东西落在宾馆，他们一定会寄送归还，所以工作人员再三强调不带走的东西一定得扔进垃圾桶或写上"弃"。所有活动、会议必定准时开始准时结束，发言人都会在规定的时间内完成自己的讲话，绝不拖沓，议程绝不会因人为因素而改变。

与我们接触的每一位日本朋友，不论是ACCU的员工、随行的翻译、学校的校长教师还是酒店的服务员，他们都是彬彬有礼、注重细节、严谨认真、务实敬业、守时有序。几乎每一个日本人都有这样的理念；把每一件事都做到极致，把每一件物品都尽其所用；不给别人添麻烦。

2. 注重礼节，热情谦恭

日本人各安其分展现出尊重彼此的态度给我们留下了深刻印象。上课时，我很担心自己的造访会影响到师生的正常教学，尽量不靠近，没料到老师笑盈盈的，学生也主动说："你好，多佐（请进）！"真是可爱。师生上课，并不因为我们的闯入而受影响，但如果你问他们问题或拍照，他们会善意地配合。

明治维新日本能在短短三十年内崛起，跻身于世界强国之林，战败后又能在废墟上重建，迅速成为世界经济大国，这与其基础教育是分不开的，那么日本基础教育又是怎样的呢？

（三）日本教育印象

我们注定永远拥有一个不会搬家、以为很熟悉其实却陌生、关系已经到冰点的邻居——日本。在很多方面，日本先行一步，有他们成功的经验，我们要去看去思考，这毕竟与我们的未来有关。所以，我一直有个感觉，与其说，这是在看日本，不如说是，换个角度看中国，这才是我们出发的另一个目的。9天的访日生活，中日两国基础教育表层的相似、深层的差异在我眼前次第展开。

1. 教育中立，合理科学

从日本文部科学省官员的报告中我们得知，日本和我国一样实行九年义务教育，各级各类学校由各级教育委员会管理，教育委员会是独立于政府和党派之外的，为确保政治上的中立性与教育的持续性和稳定性。

2. 均衡配置，措施得当

我们所看到的5所学校，有的在繁华的城市，有的在偏远的农村，有公立也有私立，有大到几千人的大学校也有小到几十人的小学校，硬件配置标准基本一致，虽没有金碧辉煌的校门、装饰一新的会议室和塑胶跑道，但是每所学校都有体育馆、游泳池、图书室、保健室等，齐备实用，且这些功能室的使用率都非常高，没有花架子的摆设，也没有闲置不用的设施设备。

为保证均衡，由文部科学省出台并修订了《学习指导要领》，全国所有学校，无论公立私立都要遵照执行。以长崎市为例，该教育委员会推行的《紫阳花标准》是对全市所有学校教师实施教育教学的统一标准和行动指南，使每个学生不论身处何校，都能接受到一样的教育教学内容。

同时，教师由教育委员会统一管理和分配。在日本教师是受人追捧的职业，教师的工资待遇很高，并享有比较全面和完善的社会保障，因此教师非常珍惜自己的职业并具有高度的敬业奉献精神。但日本对教师应具备的素质和能力也有明确的要求和规定，国家有完善的教师资格制度和教师录用程序，并对不同层次的教师进行定期培训，加强对教师的评价和指导。教师执照的有效期为十年，教师必须参加十年一次的培训并考试，以掌握新知识。一个班一位班主任，班主任上几乎全部课程。他们很难有休息时间，老师工作量很大，但从无抱怨，所以他们赢得了社会的尊重。

对校长和教师均实行定期流动，校长是3年、教师是6年，到达期限后，校长和教师都要无条件地调到另一所学校任职或任教，每年交流的比例大约占教师总数的20%左右。通过这些措施，校长和教师在一定程度上克服了职业倦怠，也促进了城乡之间、学校之间在管理和师资配备上的基本均衡。

日本已先一步实现教育均衡，学生也没有中国这么多，所以，他们更加心平气和地研究培养人，人与人之间更容易达到相互理解。从这一点来看，中国还有很长的路要走。

3. 目标明确，特色突出

日本现在面临四个大问题：少子化与老龄化、非正规雇用增加、儿童的贫困率上升以及日本的国际存在感降低。与此相适应，安倍提出：一是注重提高个人附加值，二是培养全球化思想与能力。今后所要求的能力主要是创新性的思考力、独立思考与活动力、和蔼体贴他人等感性。日本学习指导要领的教育理念为培养生存能力，由切实的学力、丰富的人性、健康和体力构成的智德体全面发展的能力。

从学校课程开发来看，我们所访问的学校开出的课程所谓百花齐放，既有夯实基础学力的国语、算数、理科，又有充分关注对民族特色文化的传承和个体生命价值和实际能力培养的道德课、书法课、茶道课、剑术、舞蹈、家政课。所有的学校都将社团活动纳入课程，几乎所有学生都百分之百参与到丰富多彩的社团活动中，只要学生有想法，就成立相应的社团，配备专门的教师指导。

与我校结为友好学校的朝日小学注重培养学生三个能力：英语作为工具促进沟通的能力、能够克服困难的精神和身体、以及在国际上作为日本人确立自信。学校通过丰富的活动，如每周四下午的挑战时间、每年一次的朝日节、每月一次外请专人的念故事书时间……来培养积极主动互致问候的朝气蓬勃的孩子、坚持到底努力奋斗的孩子、对他人亲切和蔼的孩子。欢迎会上，孩子们邀请我们玩石头剪刀布的游戏，输了的人要给赢了的人签名字，比赛谁得到的签名多。显然学校希望利用这个机会，培养学生的沟通能力，让孩子通过猜拳主动和陌生人说话。学校虽小，每个孩子都生活得很幸福。

4. 习惯培养，落在实处

日本中小学校的养成教育，如讲礼貌、保洁、守时、珍惜粮食、节约资源、自己的事情自己做、环境保护等给我们留下了极深的印象。

5. 人性关怀，贯穿始终

对于残疾学生，毫无歧视，且给予他们特殊的课桌、有专门的支援员陪伴其左右，为他们提供帮助，对于智残特殊学生，每所学校都安排了专门的教室和活动室，配备了专职的教师来照顾和培养他们。如大浦小学专门为7名特殊儿童安排了4间教室和活动室，配备了3名专职教师（特别支援员）。在家政课教室，我见到四个人在做食物，一问才知道，这四个人中有一个是厌学的学生，还有一个老师和两个家长，他们一起通过有趣的活动改善孩子的厌学心理，使之接受学校、愿意上学。

三、几点感悟

1. 外在的谦恭，内在的强大是民族真正成熟和强盛的基础，日本人的谦恭、礼让、包容、善于学习他人长处确实值得我们学习。

2. 教育是一门慢的艺术，是一种生长的过程，需要我们遵循相应的规律。我很赞同长崎市教育委员会酒井友文先生说的这样一段话：学校是教育的土壤，家

137

庭是教育的水分，社区是教育的日光，教师是教育的肥力。教育要特别注意施肥的时间、质量和数量。学力（即学习能力）是教育开出的鲜花，结果是孩子的全面发展。

3. 知识分子需要有两种态度，即批判的态度和建设的态度。中国教育现在的问题都是教育发展中必然要遇到的问题，我们无须过多地批判，而是要用一种卓有成效的建设的态度去面对它，对待它。

虽然两国政治上处于困难时期，但两国教育友好交流反映了两国人民的和平发展美好愿望，我们应以对民族负责的精神把国外先进的东西介绍到国内。在对日本看法愤青化的时代，"把爱恨放下，先去了解"，因为面对未来，不了解别人是危险的，不了解别人如何做就不能清楚自己前进的方向。日本是一面镜子，走近他们，可以照见自己。

我们在日本所听到和看到的许多措施，在中国也正在实践或已经引起关注。但相比之下，我们在措施的落实和实际效果上，还存在较大的差距。正因为有差距才有交流和借鉴的需要。

得到出访日本的机会，除开访问学习的满满收获，我还有三个感触：第一个就是能够走进这个国家、深入了解其基础教育的喜悦；另外一个就是中国与日本之间多方位的交流，共同为促进和平、发展教育做出积极努力，我感到非常尊敬并且能够产生共鸣；第三点就是感谢市教育局、区教育局的信任，感谢行政团队和老师们的支持，共同成就这次难忘的历程。

当学生的乐趣

突然想学英语了，于是，到社会培训机构报个名去体验。我特意穿上廉价的T恤和牛仔裤，头发扎成马尾。这是为了让自己隐藏在大学生中不被发现，以免被老师注意到。

早早激动地来到教室，却发现我不算来得早的，很多同学已经在座位上背单词了。我环顾四周，都是些非常年轻的大学生，我可能是年纪最大的了，便不好意思地低头学习。

教室里空调效果太好，加之电扇正对我吹，让我觉得好冷。隔电扇最近的是旁边一个高个子男生，犹豫再三，我终于开口问他："你还热吗？把电扇关掉可以吗？"没想到，他头也不抬地回答："我热！"便不再理我。

上课了，老师来了，男老师竟然穿裙子！我知道苏格兰有男人穿裙子的风俗，便也能接受。老师说，他每天回家第一件事，就是在日历上标记明天要穿的衣服，保证每天学生见到都是不一样的自己，增加新鲜感，减少一些疲倦感。从这个角度来说，老师其实挺敬业的。

老师讲课幽默风趣，使我大为惊诧，原来英语课可以上得这么有味道！他讲英语，也讲信念，他融入自己的理解讲语言。讲到记忆法，会用重口味的笑话帮我们加深印象；讲得激动时，会手舞足蹈甚至会站到桌子上；讲到肚子饿时，还会即时用微信订盒饭！老师是不是很洋气？

上课时，我不敢接电话发短信，因为老师会当众接你的电话或把短信念出来。快下课时，老师说了一件他读中学时，父母不让他看王菲演唱会，就自己努力赚取高等奖学金买到VIP票的经历。他说，你曾经的理想是什么？现在你慢慢忘了。你曾经最厌恶的是什么人？发誓千万别变成这样，现在你慢慢变成了这样的人。一个人最重要的是"不忘初心"，保持曾经单纯的力量，做最好的自己，你可以的。

　　老师语速很快，我不停地记，就连停下喝水的时间都没有。好在老师知道一些很"提神"的歌手，偶尔把他们的《QQ爱》、《伤不起》、《斯密达》搬出来臭一番，或者把歌词译成蹩脚的英语倒也好玩。有时老师会说一些非常规语言，比如直线是半径无限大的圈。看来除了他自己，没有人能懂他。

　　下课了，学生们从各个教室缓缓走出，场面壮观极了！看着这么多的人在学习，我顿时觉得很欣慰，原来社会上还是有相当大数量的年轻人在求学、在怀揣梦想！

　　第二天，在楼道里碰到上次碰到过的老外，想起老师的教导：跟外国人搭讪，最好聊天气。昨天，我对他说："It is a fine day today, isn't it?"今天，我还是说："It is a fine day today, isn't it?"谁知那老外丢一句长沙话："港点别的，好啵？"

　　又上课了，老师竟然穿了一套"小丑服"。如果老师知道我说那是"小丑服"，他一定会生气，因为据他自己说，这些衣服都是世界顶级品牌，可我总是很怀疑，可能是我见识太少吧。老师问："我昨天美还是今天美？"同学们很配合地回答："都美！"可他仍很不满意地抱怨："应该说明天会更美！"

　　离电扇近的男生问我借笔记抄，我极不情愿地借给他。还笔记时，他说："谢谢。"我说："可以关电扇了吗？"他愣了一下，然后很不好意思地关掉电扇。

学校门口的哲学命题

学校门口的两位保安，黝黑严肃、尽职尽责，对于每一个欲进校门的外人都严格核查身份，总要拦住人家问清楚三个问题：你是谁？你从哪里来？要到哪里去？我站在门口，听多了，不免好笑，这真是值得每个人好好思考的哲学命题：我是谁？我从哪里来？要到哪里去？

当然，今天我不是要讨论这个基本的哲学命题，而是想说说学校基本的管理任务——如何保证学生的安全。儿童应该在一个安全的环境中长大，他们有免于暴力和恐惧的权利，这也是成人对于儿童的义务。可是，我们无比惊诧地发现，在当今社会上，竟然会有成人向最无辜的儿童施加暴力，竟然会有成人向最弱小的目标发泄不满！这将对儿童的心灵带来多大的不安，哪怕仅仅是听说这些事情，他们的成长将因此而背负多少对周遭的恐惧！

学校是儿童非常集中的公共场所，在这里，只有教师是儿童的保护伞，我们应该设想，当面临突如其来的攻击，我们是否有能力庇护孩子们？我的策略是把好大门、外紧内松。一方面，对外严格管控进校及周边可疑分子，枕戈待旦。学校男老师主动成立"防暴队"，在上学放学时段轮流值守，全校老师开会约定紧急情况集结和分散信号，平时操练搏斗技巧，开展防暴演练；另一方面，对内从心理教育切入安全教育。告诉孩子们处境安全，让他们少去看相关的新闻报道或者暴力影视片，通过拥抱、击掌这样的身体接触让孩子感到安全，加强沟通，创造机会聆听他们倾诉。当学生蹦蹦跳跳地步入校园时，他们哪里知道每一个老师的心弦都绷得紧紧的呀！

同时，随着黎托周边经济的发展，车辆的增多，学校周边的交通问题已成为极大的安全隐患。针对家长送学车辆长时间占据道路资源影响其他车辆的行驶以及违规逆行或违法停车的现象，学校只得每天清早在道路中央自设安全墩来应对，过了高峰时段再一个个收回来，这无形中加大了保安的工作量，也分散了工作精力。有家长深深体谅学校难处，主动联系交警队多次现场办公，不仅带来每天送学时段交警护学岗，还完善了校园周边交通基础设施，如古曲路十字路口红绿灯的运行时间提前至每天早上七点，并在此路口增设电子监控。现在交警部门又计划在校门口安装可人工操作的红绿灯，由学校来控制，更好地保障来往车辆遵守规则、行人安全。

真好，我不是一个人在战斗。

向前跑，迎着暖阳和冷风

清晨，我在校门口迎接笑脸，大课间前快速换装到升旗台带操，上课时巡视课堂教学状况，中午邀请中学校长和8个六年级学生共进午餐，下午注意收听学校广播站的播音，傍晚查看静校，晚上用手记的形式回顾一天的工作。

听着早读的童声打开一校的阳光，看着孩子和树苗一起一天天长大，我累并幸福着。当汗水以恣意粗犷的方式透露身体的痛快，当孩子将储存好多的话说给我听，我停不下来。我有很多很多孩子，孩子每长一岁，世界美好一倍，特别是他们的变化有我的参与，我总是感触良多。

中午，我将中学校长请来和毕业班学生共进午餐，围在一桌有点挤，有人说：把凳子移开点，圈子就大了。马上有人引申说：把视野放远点，圈子就大了。孩子们笑了，我问，你们懂吗？他们说：懂，我懂。一个学生说，四年级转学来，发现这个学校比原来的学校温柔。我笑，温柔，形容学校吗？他点头，是的，学校很温柔。我们相视而笑。送走中学校长时，发现有个孩子在校门口没走，他在等着跟中学的校长道别，估计还有什么话要说。我离开，让孩子单独去跟中学校长说说话。

下午，一个教育考察团来校参观，他们不停提问，没完没了，我有点后悔没有准备一杯茶在手上。正在这时，一个手持小纸条的孩子兴高采烈地冲过来大喊："校长妈妈，12号，抱抱！"我赶紧抱他。因为，报名义工的孩子，抽取到的任务各异，其中12号任务是：找到校长妈妈，并给她一个大大的拥抱！于是，随时随地，即使是接待客人的时候，我也要抱抱那个幸运的孩子。离开的时候，我听到一个声音说："这里的学生真幸福啊，要是我的孩子能在这里读书就好了。"和我一起接待他们的张曦元老师说："你自己办一所就是嘛！"呵，好大的口气，不过我喜欢。

网友春暖花开告诉我：光顾你的博客成了我很向往的事情，读你的文章就像我迷恋上看电影一样，有点上瘾，是一种享受。你的很多文章，我很欣赏，不仅是欣赏你优美语句，更是对你的那些做法，那些观点，很是认同。

有没有人告诉你，折个纸飞机也可以许下愿望？只要你相信，梦想其实从不深奥。学校教育的本质是回复人类的天真，而不是让我们变得深奥。天真的人，才会无穷无尽地追求和探寻，才会不停向前跑，不管前面是暖阳还是冷风。

校长就是这个学校最不像校长的那个人

我坐在办公室里，通常把门窗打开，有陌生人经过时，自然找我问路："校长在吗？"听起来，他似乎在问我另外一个人在不在，我环顾一下四周，算是摇摇头。于是他又问："校长在学校吗？"我赶紧点点头。

清晨，她在校门口迎接每一张笑脸；升旗时，她在操场上跟小朋友一起敬礼；大课间时，她在升旗台和娃娃们一同做操；跑步时，她在学生中招呼每一个"粉丝"。玩"校园寻蝶"游戏时，她在办公室等待着手持寻宝图的一年级小孩，她办公桌边摆着校长小助理的桌椅；在"睡衣派对"上，她就是骑着魔力扫帚的女巫；"穿越校运会"，她成了衣裙飘飘的唐朝美女；"六一泡社团"，她化身拯救你的万能女侠；每周四的中餐时分，总有那么几个幸运的孩子，能跟她说说理想、也说说生气的事情……

二年级的男生告诉邓静蓉老师："她就是校长妈妈——那个积满十个枫叶蝶娃娃，好不容易才当上校长的人！"我一直以为自己在学生心目中是一个有亲切的笑脸，有温和的声音，有妈妈般的感觉，像妈妈一样漂亮的人！幸好并不冲突。

好吧，我深呼吸了一下。

为了找回自信，现将向道莲老师致信我的那一段朗读一下："学校'玩'得团团转……无数次在心里默默念着，不知下一次的活动又是以什么样的形式开展？但是也在隐隐期盼着。因为在这个过程中，玩的不仅是学生，老师也一样玩得特别'嗨'，把自己童年所有想要而没得到的快乐，以一个最光明正大的方式再次过把瘾！"

有些小感动吧？看来，老师也有一颗需要灌溉的童心哦！其实我认为，所谓"永葆童心"是历经各种人生经历后，经过理性和情感的辨析过程，做出看似简单的伦理选择，实则是对善的选择和坚守。刘琼老师跟我叨叨："不知从什么时候开始，孩子们习惯叫'校长妈妈'，当一张张'与校长妈妈共进午餐'的请柬悄然而至，收到邀请的孩子喜悦得如获珍宝，一旁的孩子羡慕得直掉口水。在这个过程中我听到最多的是孩子们的欢呼和家长们的叫好。在神奇的枫桥小学，因为有各种各样寓教于乐的活动，孩子们感觉开心；因为有孩子们健康向上的变化，家长们感觉放心；因为有家长对学校的理解配合，老师们感觉舒心。"

还有罗瑞校长也十分理解我："在我心中有这么一位校长：因为思想，她前行的方向非常清晰，有了属于自己个性的治校之道；因为文化，才有了以文化人的特殊能力，柔怀之心常有。她为全校师生发展营造一个安全而幸福的心理场，并在师生发展的同时，也在享受着他们成长的快乐带给他们自身发展的幸福！"

我承认，我就是这个学校最不像校长的那个人，可是不比别人更好，至少我是和别人不同的。

酣畅淋漓的每一天

　　每天清脆的鸟鸣啾啾地把我叫醒，我便微笑着睁开眼睛，真的很感谢窗外的小鸟，我喜欢听到这声音。

　　7:25从后门进入学校，今天是清明小长假后上班的第一天。学校里面春意盎然，樱花恣意地盛开，草芽腼腆地张望，金鱼顽皮地嬉戏，小孩欢快地进校。我走到前门时，一张熟悉的面孔迎了过来，原来是多年未见的退休老师，也是我敬重的长辈。

　　我们挽着手在校园里聊，了解到退休的长辈们过着幸福的生活，我真心为他们高兴。想当年，他们严谨细致的工作，带来学校蒸蒸日上的声誉，而这，正是我们一辈年轻人需要努力学习的一种精神！我盛情邀请他们有机会到校来给年轻老师们讲讲故事，她感到十分欣慰。

　　习惯了每天到学校就在校园里转悠，叮嘱小孩子及时扫地、留心老师们的气色、关注提醒过的问题、察看伙食的质量。总是一不小心就度过了一小半天，待回到办公室坐下，又得赶着处理新的事务。桌上已堆起了厚厚一叠文件、书稿和报刊等着我去处理。上午跟行政人员开会，大课间时间我们休会，学生一起做操。我呢，和往常一样，站在升旗台上带操！我尽量让自己的动作更标准一点、让自己的活力更绽放一点，因为我想用行动的语言告诉大家：锻炼的时候要拼命锻炼、学习的时候要拼命学习、玩的时候要拼命玩！下午，给校长小助理开会，我发现小助理们竟然也能对学校的工作提出有见地的看法，给我很大的启发。

　　下午4点的时候，工会主席找我："现在是教师健美操时间，你每次都缺

147

席，提出批评！"我立正："接受批评，现在补课！"她笑了。其实，给教师请教练、安排跳操时间，这是我的提议。为的是大家的健康，我何尝不想动一动呢？快步赶到五楼时，教练正在边跳边指挥：1，2，3，4，左，右，抬手，再来，吸、呼……我气喘吁吁，越跳越热，不到一小时，已经是酣畅淋漓，全身湿透。

下班回家的路上，儿子说班主任要他参加学校运动会"轻物投准"项目，我知道他跑得不快，没被选上参加重要的项目，但我告诉他轻物投准也能为班级争光，他顿感责任重大，一路上跟我探讨了很多投掷细节问题。孩子的每一次专注都让我窃喜。

有位老师给我留言："我每天都期待看您的教育手记哦，我想很多老师都跟我一样吧。"这让我感到鼓励，也感到压力。其实，在方向明了以后，每天都面临同样的生活模式，越来越简单的生活规律，坚持简单重复的生活，了然接受，然后能生发乐趣。学习着、努力着做一个好校长、好玩的校长，让我充满能量。一天24小时，怎样取舍，在什么地方花时间，在什么事情上花时间，取决于我们的方向。

每一个不率性的日子，都是对生命的辜负

　　一大早，微信朋友圈就开始活跃。HR同学的家长说："学校开学了，他兴奋至极，昨晚八点就睡觉，说今天六点就要到学校，做第一名；我霸蛮让他七点多走的，扯都扯不住。"并配上流汗的表情。PINETREE说："不知你几点起床，自己换好衣服洗漱完毕，才跑到我的房间叫我起床，望着你背着书包走进学校，我知道，你的背影告诉我三个字：不必送！"

　　学校对面的粉店，寒暑假歇业，每当开学便开始营业，一旦开业便火爆极了。很多熟悉的朋友是那里的常客，我见到那位交警叔叔也在，他在交警队特设在我校的护学岗工作。只见他正端着一个大海碗吃面，连吸带吞，面皮上渗出密密的油珠。吃完面又撮起嘴尖咻咻地吹气、咕噜咕噜地喝汤，然后咂咂嘴、抹抹汗，便急急忙忙奔向岗亭。

　　升旗仪式上，全校学生在操场聚集，我注意到，当国旗缓缓升起时，正在校园一角挖机作业的师傅钻出驾驶室，在土堆上立正，向国旗行注目礼。学生第一天做课间操很是卖力，我隔了一个暑假没有练习，也壮起胆在升旗台上带操，竟没有忘记动作，心中有些得意。当汗水顺着脸颊往下淌，我接收到新教师惊奇的目光，大概他们是第一次见到校长亲自带学生做操的"奇观"吧！

　　区教育局开学工作检查组来校时，我正忙着拍摄教师节视频节目。好不容易吃上午餐，却缺席了一年级任课教师交流会。为了规范青年教师互助组织"小荷俱乐部"，丁艳设计制作了活动手册拿给我看。尽管这还需要根据实际情况不断改进，但行政人员的用心和努力，一定会不断显现实效。

下午，上课铃一响，我开始听跑课。虽然是开学第二天，高年级的学生已经迅速进入学习状态，老师们已经按部就班的雕琢课堂时光了。低年级的班级，老师正在逐一熟悉学生，教学常规刚刚建立，新生还在适应之中。我走到架空层，好几个班在上体育课，其中一个班的学生正在玩"定格"的游戏，形态各异，让人忍俊不禁。另一个班，我数了数人数，发现少了一个学生。跟老师交流时，她面露难色地说，操场集合上体育课，有个孩子硬要留在教室做作业，她不能放着这班学生不管去"捉人"，找人去叫他也不来，似乎没有办法了。我到教室去看，果真有个瘦瘦小小的孩子在安静地做作业。他一见到我，便哧溜一声不见了。这小子，真让人不省心，以后我得多来看看他……

　　两千多个学生的校园，一下课便翻腾鼎沸、声振屋瓦。我抽空翻看教师QQ群，发现已经有好几百条未读信息了。有大队部要求上传班会课方案的催促，有图书管理员公布的开放时间，有安全专干对各班路队情况的公布，有总务主任对一年级班主任的集体表扬，有教研组长会议的通知，还有教导处检查超周备课和作业量的提醒等等。我看见还有值日行政点名早上没有按时签到的教师，这意味着上班迟到，我很关心这些老师的反应，果然，接下来看到一些申诉。周老师抱怨今天早上大堵车，花在路上的时间太多。刘老师说，他在儿子幼儿园啰嗦了一下，7:57到校的，没看表，以为还早。李老师很委屈，他7:30就到了，直接打早餐去了，忘记签到了！还有几个家伙不卑不亢地说，我们早上七点就到了，门口没有签到的，谢谢。我笑着潜水，看来得电子考勤，或者错峰上学？QQ群挺好，很自由、很热闹，说话直接，沟通有效。

　　写校长手记，以真面目示人，是我率性而为。一天中碎片化的时间利用起来，差不多可以完成一篇，这是对我自己繁琐工作之余仍能保持清醒头脑的交代。怎么结尾呢？是不是可以借曹禺《北京人》中愫方之口说："我们活着就是这么一大段又凄凉又甜蜜的日子啊！叫你忍不住想要哭，想想又忍不住要笑！"

满满都是爱

　　圣诞节一大早，二年级的孩子们都收到了惊喜的礼物，这是班主任向道莲和其他老师们一起策划了几天的快乐。每一年，她都瞒着孩子，想给他们很多很多的惊喜，现在，她要离开一段时间了，还有五天她就要生宝宝了。前一天晚上，她看着准备好的教室，想象孩子们乐不可支的表情，"没出息的差点落泪"。

　　一年级余岸臻送给我自制的饼干，我说："谢谢！"他不走，巴巴地说："我可以吃一块吗？"我又送回给他。一个四年级的女生站在门口哭，一问才知道课间追跑时，被同学扯坏了衣服上的帽子，我小心地帮她一点点整理好，竟然修复了，她破涕给我一个大大的笑脸！保安冲出值班室，追着一个小男孩身后的纸片。原来，倒垃圾的小男孩认认真真地端着垃圾桶，可被风一吹，纸屑还是被吹出来了，幸亏热心的保安，小男孩顺利完成了任务。小朋友生活在童话般纯净的世界，大人们都要保护他们。听说，在英国，某房产商应小孩要求扩大烟囱迎圣诞老人，只因小孩担心烟囱太窄、圣诞老人爬不进来（圣诞老人的确太胖了）。在美国，某邻居因向小孩说了句"圣诞老人是人假扮的"即遭小孩家长起诉。圣诞节这么有爱，难怪全世界小孩都喜欢。

　　跟学生共进午餐时，学生每人许一个圣诞愿望。一个孩子说："妈妈嗓子疼，我希望妈妈快点好起来。"我告诉他："当一个人真的渴望某种东西的时候，整个世界都会合力帮助他实现梦想。"另一个孩子听了，想了一会儿说："我的愿望也是希望他妈妈快点好起来！"

　　召开家委会议，虽然是上班时间，但家长们都到齐了，大家相聚一堂，和和气气地说说话，觉得好温暖。我们一起开辟一块净土，让我们的孩子们静静地、快乐地、符合规律地成长，这是我们共同的使命。

街对面的手抓饼，听说好吃得很。我轻盈地跑过去，异常亲热地向老板买了两块，回来时戴上帽子举着手抓饼过马路，趁绿灯跑过斑马线的样子一定狼狈极了，还好没有遇见熟人。阳光下，与六年级的女生PK跳房子，险胜！

下班带着儿子来到铁路桥，数火车节数。这是我小时候最爱干的事，可以消磨时间，唯一的缺点就是没有办法验算，就像生活。来到超市，才发现自己会完全迷失。一群女孩一边喝着水果颜色的饮料，一边谈着化妆品和电影走过，我看见她们的嘴唇在动，看见她们灿烂的笑容和挑染的头发。

从洗头的店里出来，正碰上一对年轻男女在寒风中边走边大声嘴对嘴啵了一下，我赶紧垂下眼，嘴角却忍不住笑了起来。回到家，窗外小区门口，人们刚刚打完球回来，互相拍打着哈哈大笑。

生命可以没有灿烂，但不能失去的是爱。

把有意义的事情做得有意思

　　这几天，和雨花区教育界的同伴们一起在重庆，参加全国第三届生命教育创新高峰论坛。我本不来的，因为被安排作为六个地区学校生命教育探索的经验分享者之一，由我代表雨花区发言，便来了。

　　重庆市位于长江和嘉陵江的汇合处，降水相当充沛，空气也相当潮湿，相对湿度高达80%以上，因此，也是名副其实的"雾都"。在这里，有来自全国各地的教育同仁和有识之士，大家都或多或少、或深或浅地践行着同一个教育思想——生命教育。因为，人们越来越真切地认识到，生命最为高贵、最为难得，我们每一个人所做的每一件事，应该是以生命的幸福为目标的。教育，尤其是基础教育，所能成就的最大功德就是给孩子一个幸福而有意义的童年，以此为他幸福而有意义的一生创造良好的基础。

　　就像重庆菜式里的"麻"每秒钟千万次刺激着我们的味蕾，大会上的专家报告、课堂竞赛、经验分享一次次让我们相互启发，不断使我加深和修正对于生命教育的理解。我的分享旗帜鲜明地表达教育应尊重儿童天性，尊重教育规律，把有意义的事情做得有意思这一主题。会后，不少与会代表深深共鸣，跟我相互留联系方式。其实，能够有一个观点引发人们继续探讨和交流，我就感到很满足了。

　　走进江北中学、七十一中学和新桥小学，我看到积极的师生关系、充满生命活力的课堂和担当前行的校长朋友，我思考如何激发学生的生命潜力，调动学生学习的内在动力，让学生明确学习主题对成长的意义、对幸福的价值，从而让学生热爱学习，学得更好。

　　肖川教授说："生命教育在学校的落实，需要教育者更高的教育智慧与更纯粹的精神境界。"教育的对象是生命，教育者也是生命，生命教育就是以人为本的教育，是最纯粹、最本真、最触及灵魂的教育，也是最理想的教育，我感觉自己在做一件很神奇、很神圣的事情。要回长沙时，太阳露出笑脸，这是难得的好天气，我突然有些难舍，为这里留下的足迹和温暖回忆。

安静下来，听自己的心跳

　　放假前，大队部公布了期末奖励方案：每人获得本子、笔各一份；学习之星五名，各奖励乐学枫叶蝶徽章徽章一个，寒假无作业奖券一张；文娱之星五名，各奖励乐乐枫叶蝶徽章一个，多媒体观影奖券一张；劳动之星五名，各奖励乐献枫叶蝶徽章一个，种植园一周使用奖券一张；阅读之星五名，各奖励乐读枫叶蝶徽章一个，图书馆使用奖券一张；进步之星五名，各奖励乐智枫叶蝶徽章一个，绿色网吧奖券一张；运动之星五名，各奖励乐动枫叶蝶徽章一个，体育老师助手奖券一张；礼仪之星五名，各奖励乐心枫叶蝶徽章一个，和校长共餐奖券一张……孩子们一定乐坏了，一定会更加努力！

　　中午和几个孩子共进午餐，话题自然扯到期终考试上。我问大家都有什么好的考试习惯，怎样让人记住你的好习惯？一个孩子舀了一勺黑木耳汤说，黑色的木耳真好吃，表示试卷上不能有墨团，干净整洁的试卷最好看！另一个孩子脱下衣服，反过来穿上说，做完试卷之后要反过来检查一遍，才能交卷。孩子们心领神会，用这样的方式培养应试能力貌似很有创意啊。

　　临近期末，各类行政会议叠加，我不但有些应接不暇，还有些不安，因为没有时间安静下来，听自己的心跳。我要是在学校养一只鹅可以吗？告诉大家，校长妈妈变成了一只鹅，开会就靠它了，这样我就自由了，哈哈！

　　我这个人，三分认真、二分知性怀疑、二分矫情、二分浮躁，还有一份偶尔放空自己，我只想做愿意的事情，而不苟且。五年校长，那不识时务、执着傻气的姿态，背地不知正被多少人取笑像唐吉可德。我总以为，和孩子们相遇的那一刻才能把自己的精神活出来，校长是学校的灵魂人物，如果校长都不爱学生，只关心自己的"官位"，学校就没有灵魂。当上课、带操、写作、听课、辅导、打扫都被冠以"亲自"时，不要昏了头，这就是校长应该做的事而已。想放弃心灵原则去做个聪明人之时，我总看到一双双清澈的眼睛在依恋着我。

我骄傲，我是一名教师

　　校以师名，学校的声誉是老师造就的。学校随处可见这些美好的瞬间：心理老师在和孩子们交流"心情不好的解决办法"；科学课老师在带孩子们演示实验、观察植物；阅读课老师在和孩子一起分享读书经历。虽然天气炎热，老师们保持室内通风和卫生状况良好。操场上，老师在监督学生不玩危险游戏、活动。餐厅里，老师在组织并陪同孩子一起文明就餐。寝室里，老师在确保学生脱外衣外裤入睡，脱下的衣服放置床尾，头朝有护栏的一头睡午觉，不厌其烦将每日情况进行登记。

　　当老师是幸福的，尤其是学生的敬爱和社会的尊重，能让我们精神上得到极大的满足。在中国古代，教师受敬重，排位在天地君亲之后，也属"圣"之列。孔子就被称为"孔圣人"。孩子上私塾要向圣人、老师叩拜。我觉得，这一方面表达了尊师重教的社会风尚，另一方面也对教师提出了高要求。

　　算起来，我已经当了15年教师了。回想起我毕业到学校参加工作的时候，担任的是信息教师。其实，那个时候的我虽是小教理科毕业，但电脑真没学多少，恰逢教育信息化大发展，全校只认我一个"内行"，要建设电脑机房、要架设校园网络、要搞班班通、要培训老师。我真的什么都不懂的。怎么办呢？只有自学。

　　最开始，全校只有一台电脑，摆在行政办公室没人用，要自学就只有打那一台的主意了。我讨来一片行政办公室钥匙，利用下班后和寒暑假时间去用电脑。我记得那时候，我每天晚上吃方便面，搞到8:45准时关机。因为，中巴车票价一块，9点后票价提到两块，为了节约一块钱，我总是以最快的速度关机关门，飞奔到车站搭中巴回家，嘿嘿，总是很惊险！

值得骄傲的是，我当信息教师的那几年，学校信息技术教育是顶呱呱的。后来，来到集团成立的第一所分校，因为在这里有"小班化教育"实验，可以进行小班化教学研究。后面几年，转行教起科学来，为了以防万一（学生提问），还熟读了很多版本的《十万个为什么》。为培养学生求真的科学精神、创新和想象的能力，我投入汗水、精力和感情。

这些年来，我总是感谢这些经历，我为自己的职业而骄傲。有时候，我感觉，教师，不只是一种职业。因为一生中大量的时间是在工作中度过，这个职业也就成为了我们人生的一部分。如果，人的个性能在这个职业中得到呈现，就能相得益彰，促进人生更好地发展。所以，我总是从人生追求的角度提醒自己，享受职业幸福，接近美好人生。

工作最重要的动机

　　外地在校住宿的未婚教师是学校特别关怀的群体，他们只身在外地工作，需要学校提供安全、温暖的家。尽管学校用房异常紧张，我还是主张腾出房间满足他们的需求。我能想象，他们的父母一定担忧自己孩子的生存状况，在这里，我就是他们的家长，我有义务让他们的父母放心。只是，他们年轻，安全意识不强，尤其是女教师特别多，我还是免不了啰嗦一些，要求青年住校教师遵守作息时间——早上7:00起床，晚上回校不迟于23:00，上班期间不得随意回宿舍；自觉做好值日，保持宿舍整洁；不得将异性带到宿舍，不得留客住宿，等等。我希望大家能像兄弟姐妹一样互相关心，互相帮助，毕竟一起共事，尤其同寝室是难得的缘分。

　　教师工作QQ群里，罗瑞这个话唠发布"表扬视窗"：1. 今日省级小学校长国培班在我校举行，全体师生精神面貌佳，尤其是学生能主动问好，文明言行希望能长期坚持；2. 信息组刘勇、王肖肖老师坚守五楼保障，周六周日在学校加班加点，熊利君老师提供摄像保障和洁净的电脑机房，赞一个；3. 示范课教师张瑜、刘宗田、邓莉、丁艳经过多次打磨，以良好的素养，精妙的设计，娴熟的信息技术运用获得与会学习者好评，四位老师自身也得到磨练；4. 午餐四位执勤老师均按时到位，刘玉函、安静老师值日认真，督促学生吃好饭，检查餐具是否吃完，指导学生将饭菜倒入指定桶中，非常认真！又发布了"提醒视窗"：1. 值日老师早上到位早，但是中午放学、下午上学值日老师没有来，为了学校安全有序，请及时到位；2. 中午有个别班路队没有老师，中午就寝有个别班集体迟到；

3. 学校出现水痘多例，传染性较强，请各班加强开窗通风，室内消毒。

我花了一下午的时间和心理组的两位"知心姐姐"研究"积极语言"课题实施路径，她们透露在研究过程中的艰难和不断产生不断解决的新问题，让我知其不易。张曦元说，要是校长也能跟老师们共进午餐就好了。我心领神会，老师们需要跟校长交流，我应该提供机会。

爱因斯坦说："在学校和生活中，工作最重要的动机是工作中的乐趣，是工作获得结果时的乐趣，以及对这个结果的社会价值的认识。"与我并肩工作的115位老师，加上在食堂提供生活服务、在传达室守卫学校、在校内埋头保洁的人员总共有近两百位教职员工，再加上家长、社会相关部门人员就更多了。对所有勤勤恳恳、积极奉献的同事伙伴，我想真诚地对他们说："亲爱的，你辛苦了。"对所有批评过我们、不信任我们的，我想说，谢谢你。毕竟批评也让我们成长。对那些深知教育之难而从不吝啬给我们鼓舞的，我想说：感恩，请给我们当教师的更大的理解和鼓励吧。我们会因此更有力量，为教育的进步更加努力，真的，因为善念吸引善念，阳光辐射阳光。

陈烨，你幸福吗？

——陈烨，你幸福吗？

——陈烨，你挺得住吗？瘦弱的你将一班公认的调皮鬼带出了模样，谁都知道，这背后的付出不是言语能形容的。

——陈烨，没时间了吧？本来还想陪女儿读一本书，却发现自己的精力完全已经被工作占据了，回到家后，只想躺一躺。

——陈烨，今晚一定又失眠了吧？连续几晚辗转反侧，却越来越没了睡意。是"老了"，还是想这班上的事情呢？虽然校长跟你谈了学生的问题，你不要太有压力啊！

——陈烨，今天累坏了吧？又一次六点半起床，七点一刻到校，七点五十看早读，八点一十第一节课，然后看作业、找学生、代了一节课、放学，一直到十二点。中午备了一会儿课，到午休室刚躺下，却被校长的电话吵醒，原来是学生在放学路上打架，家长告状到校长那里去了，你赶紧起床去处理。

——陈烨，又生气了吧？班上一个大个子的同学顶撞了一个科任老师，这个老师把全部的气都撒在了你身上，说你班上纪律怎么那么差？！因为处理这事，开会迟到了，又要挨批评，你去找教导主任解释……

——陈烨，心疼了吧？期末考试班上达到优秀的没几个，不及格的还是有那么多，不过平均分总算超过平行班！

——陈烨，好苦恼吧？班上那个邋遢的男生，家里人不管也管不了，好像全交给了老师管，你已经记不清多少次送他回家，跟他家人谈。

——陈烨，饿了吧？今天学校开会，不知道领导哪里那么多话要说，开到六点多，散会，堵车，回家还要做饭，女儿说肚子已经咕噜咕噜好久了。晚上，好不容易坐下来喝杯水，给老公打个电话，听着电话那头传来关切的嘘寒问暖，眼泪和水一起滑进嘴里，苦吗？不苦，只是咸。

——陈烨，现在好些了吗？你一直是个坚强的、富有责任感和爱心的好老师，你用心地带着一班幸福的孩子；你一直是个乐观的人，你相信所有的事情最后都会变好的，孩子们终究会实现自己的愿望，顺利健康成长。这次当班主任，遇上这样一个班，却带出了陈烨的样子，真是不简单！

——陈烨，你幸福吗？

注：陈烨为学校连续几届带毕业班的一位班主任。

蹲下来抱抱自己

　　开春已经很久了，天气还是这么寒冷，长沙的倒春寒很长很彻骨。空气是潮湿冰冷的，无孔不入。脚趾尖冷得疼，我想，人死后身体冰冷的大概也很疼吧，只是感觉不到而已。所以，痛苦本就存在，只是能不能感觉得到，幸福也是一样的。对于幸福，我们得腾出一些时间来感悟，就像留存一些空间储藏走远的童年一样，用它温暖当下的生活。

　　早晨的校门口，老师们用指纹的形式记录考勤，而事实上，很多老师到得更早，严苛的制度在高度的事业心面前显得无足轻重。寒风冷雨中，满眼、满校园孩子们的欢笑明媚让我心头暖暖。春风吹来，泛起水纹，抚着绿草。那草绿得可爱极了，长长的叶子，拍打着像是快乐的呢喃，一句又一句。

　　老同学聚在一起，大家说我越来越漂亮了。我忍不住在心里嘀咕，就五官来说我也算中上，怎么读书的时候就没萌动呢？好在老之前，终于得到大家的承认。儿子说："妈妈，在家里你是最美的，但是在社会上，你只算中等。"我一哆嗦，看来儿子长大了。

　　小人物也有自己存在的意义。我没时间细嚼慢咽，所以赶得上和午休的学生打招呼问候；没时间生病休息，所以习惯了在走动工作时拿着水壶多喝水。每天竭尽心力，虔诚祈愿，让这块净土上的大人小孩教得舒展，学得体面。哪怕一生要理解的是种子的一个细胞的一种发育可能性，也要争取做到让这种可能性发展到极致。我希望他们永远不要忘记曾经拥有过的无邪的童年，以此慰藉翻着倍儿增长的未来社会中的自己的心灵。

163

校园一点点安静下来，才六点多，天竟然全黑了。我站在操场中，感受着湿润的凉风，深吸这静谧的一切。多年来，我总是享受在校园独处，或者说，跟校园恋爱。我蹲下来，把头搁在膝盖上，两只手环拢来，抱着自己，轻轻地拍拍自己的背。就像未出世的胎儿，全身蜷缩，躲在妈妈暗暗、暖暖的子宫里，那么柔软、安全、妥帖。自己给自己一点安慰，抱抱自己、拍拍自己，让心境逐渐回暖。我站了起来，轻盈着身心，走开。

在追寻教师 "幸福" 的路上

　　现代社会中，教师职业是充满困惑与压力的，学校管理者怎样给老师们减压，怎样帮助老师在充满着矛盾、辩证关系的教育过程中找到属于自己心灵上的一片净土和幸福呢？ "教师心理减压工作坊"应运而生了。

　　学校专职的心理咨询师张曦元向老师们发出邀请。推开"心馨小屋"的房门，温馨、舒适、和谐、安全感……这些暖暖气息会迅速地包围着你。大家席地而坐一起享受轻松、温馨的减压之旅。一开始，张老师让大家用一种无声的体态语来彼此问候，一颗心，一个拥抱，一次击掌……老师们每天都面临着繁忙的工作，很难有机会静下来进行心灵的对话。动作虽简单，却很快拉近彼此的心，建立了彼此的信任感。

　　"什么是压力？"张老师从压力的产生到压力的特点一一进行了呈现。没有压力，婴儿就不可能降临这个地球；没有压力，人生就没有价值可言，也就意味着死亡，压力是生命送给我们的第一份礼物。老师们更要正确看待生活、工作抑或外部环境施加的压力，找到压力的源头，用积极的心态去面对它，增强自我减压意识，工作上不断超越自我，这样个人才能更好地适应环境的要求，才能达到身心的平衡。

　　一根"测压绳"，把它拉直摆放于室中。在张老师温馨的语言提示下，老师们找到属于自己的压力"位置"。在这样的眼神交流，集体体验，内心分享中：老师们零距离感受着内在的压力，清醒认识到压力的存在性，思考着减压的良方。而事实上，在这里老师们内心的感受就是：这里的每一秒都在释放压力，舒展微笑。

　　随后，老师们又进行了"绘画表达"，从大家独特的"作品"中，展示了他们独特的个性和心理特点，从中感受到每一个人对待压力的方式都不相同，老师们互相分享着、练习着解压良方，受益匪浅。最后张老师通过催眠技术，给每一位老师都建立了一个属于自己的"心灵花园"，这样老师们在以后的生活和工作中就能运用这些解压方法，管理好自己的压力，进入自己宁静而有张力的"心灵花园"。

同心同行在一起

　　学校面临的劳动关系现状是教师和工友人数都比较多，且教师和工友共同劳动的现状将长期存在。学校教工在工作性质、工作时间、文化层次、能力素质等各方面有差别，其中，教师中有正式编制的和无正式编制的（即代课性质的）两类，而工人基本是无正式编制的，工人中有一部分是学校家长，工人根据年龄、技术等有生活服务人员、食堂、传达室等相对分工。面对这种比较复杂的教工劳动关系，学校怎样在构建和谐校园的工作中展示作为？近日，我们在学期之初组织了一次登山比赛，就从这里切入介绍一下我校在这方面的一贯做法吧。

　　我们选择了离本市不远的大围山开展登山活动。登高望远，是中华民族的传统习俗，它表达了人们积极向上的美好追求，既能强身健体，舒展胸怀，又能欣赏到美丽的自然风景，还能增强团队的协作精神。为了让所有教工获得平等交流、轻松愉悦的感受，我们精心设计活动内容，将教工打乱分组，登山比赛既计算个人名次，又计算团队名次，团队按各团队成员全部到达目的地的先后排名。在登山比赛中，团队名次比个人名次的奖金多，倡导在充分发挥个人优势的同时，也注重发挥团体力量、合作精神，共同攀登高峰。同时，我们还设置了山中寻宝的活动，将写有不同奖品的纸条藏在山路上，尽量让不同年龄、不同兴趣、不同特长的人都在活动有所收获。

　　活动参与的人员包括所有教师和工人，我们所指的所有教师和工人包括所有在职在岗的国家教师、临时代课教师、临时工人等。在活动中，学校完全使临时代课教师、临时工享受和有正式编制的国家教师同等的权利和地位，对临时代课教师、临时工一视同仁的尊重，他们所有的待遇和受到的尊重完全是一样的。天公作美，加上风之轻缓，实乃难得的登山好天气。通过活动大家放松了身心、锻炼了身体，而且也加深了彼此间的了解和友谊，还增强了集体的凝聚力。参加活动的所有教工个个精神饱满，欢欣愉悦。他们有的互相拥抱高声歌唱，有的尽情山涧嬉戏享受美景，山谷中留下一串欢声笑语，有的赶紧用摄像机记录下每个人最高兴的镜头。李大姐是一位寻到宝的生活服务人员，她高兴地说，下岗前在原来的工作单位都没有参加过这么精心为群众组织的活动，没有玩得这么开心过。保洁员左师傅说，登山比赛打乱分组，她被分到大部分是正式老师组成的团队，开始觉得有点自卑，但在登山时大家团结互助，她很感动，在今后的工作中她也要这样对待周围的人。

平等地对待每一位教工是我们历来的思维习惯。在平时的工作中，我们始终坚持以人为本，人文关怀的理念，关心人，尊重人，建立教工身心愉悦的物质和精神环境。学校设立了教育教学奖励基金，每个学期根据教工在各方面的成绩给予奖励。学校代课教师和有正式编制的国家教师享受奖励的权利是一样的，并不因为代课教师不稳定就区别对待。在奖项设置方面有协作奖、勤学奖、创新奖、教育辅导奖等。协作奖是对教工在互相协作方面突出贡献的奖励，勤学奖是对45岁以上坚持学习教工的奖励、创新奖是对创新开展本职工作、开创了学校这方面工作良好局面教工的奖励，教育辅导奖是对辅导学生参赛有突出成绩的教师的奖励。各个奖项的设立照顾到不同岗位、不同能力的教工，不论是国家教师还是临时教工都是一样评价和发放。每期如此，对于学校构筑和谐校园，建立人性化管理机制有着重要作用。

在评优评先工作中，学校也充分考虑了公平合理，正确评价和肯定每个人的工作，不凭资历、不卖人情。如在评选教育局德育示范班时，我们全面考量各个班主任的工作，虽然班主任老师有正式教师和代课教师之分，但绝不因为某个班的班主任是代课教师而不参与评奖，根据教工共同制定的评价标准，评选工作先进、全面发展的班级。在平时的各项评价中，学校都把代课教师和正式编制的国家教师以同等地位对待，从而促使代课教师和临时工积极工作，争取成绩。

学校在坚持人性化管理、努力构筑和谐的劳动关系方面的一些思考和做法获得了教工的认可。学校通过各方面的工作充分体现了对所有人的平等，有利于调动所有人的积极性，激发不同岗位、不同校区教工的主人翁意识，激发包括代课教师在内所有教师高度负责的教书育人的责任感和成就感，激发所有教工主动发展、能动创新地开展工作。

从某种意义上讲，构建和谐社会是一项融洽人心的系统工程。唯有深得人心，顺从民意，才能凝聚力量，鼓舞人心，激发广大教工发自内心的主动性、积极性和创造性，使之成为推动学校和谐发展的强大动力。我是个幸运的校长，我有这样一群志同道合的同事，我们心里只是为了孩子，我们之间只有分工不同，谢谢你们，让我乐此不疲！

如歌的行板

　　昨天很晚接到教育局通知，今天迎接文明创建指数测评，要求行政人员7：20到校。今天早早赶到学校时，发现值日行政姚嫔到得更早。她本就单薄的身体裹在单薄的衣服下面，站在门口风大的地方，应该很冷吧。想到平时她总是穿得最保暖，我揶揄："身材不错哦。"她苦笑："好不容易决定脱掉大棉袄，却又遇上变天了。"尽管这样，却没有挪动步子离开岗位。学校几年来作为必检点，为长沙市文明创建做了很多贡献，大家都把精确到小数点后几位的分数看得比眼睛还重要。

　　尽管如此，我更强调常态迎检。不论是迎接多么重要的检查，学校从不打乱教学秩序，这一点我们已经约定俗成，接待人员也控制在相关的行政上，尽量减少事务性工作给大家增加的劳动量。而另一方面，教育教学业务工作人人有责，所有的行政人员在完成了自己部门工作的前提下，每周必须听课，即使后勤部门也要求每周听课两节以上，并用书面反馈的形式向全体教师公布。

　　有了智能手机，很多事务用手机就直接处理了，我喜欢尽快处理手头的工作，即使并不紧要，但没做完的事情，记在脑子里占用了脑细胞，与其拖延，不如立办。总务室的老吴在做报表，刚刚搬完电脑的他满头大汗，自嘲道，"我是既要耍大刀，又要穿绣花针"。在小学，一般是女人当男人使，男人当民工使，所以，小学男老师们个个小宇宙超级强大。我问他："会议室的皮凳子都磨掉了皮，很难看，你注意到了吗？"老吴不笑了："财务纪律，这个要用八年以上才能换新的呢！"我没办法："要不加个坐垫遮丑呢？"老吴更加严肃了：

"这又不是故意搞烂的，是坐烂的，不用那些，说明我们艰苦朴素啊！"好吧，谁叫他管着钱袋子呢。

趁着迎检的空隙，我来到贺未料老师的教室听课。这是一节语文课《燕子专列》，讲的是1990年春天，瑞士的天气特别寒冷，成千上万只燕子从南方飞回来，却遇上从来没有过的春寒，许多昏死过去。于是，瑞士政府决定用火车将燕子送去南方的故事。贺老师的课堂将课文和生字教学穿插进行，相互加深理解和记忆，层层递进，师生教学行为默契，学生活跃，组织教学效果很好。尤其是生字和朗读教学是亮点，生字通过圈、读、记、理解、找朋友（组词）、联想、小组互读和写等各种方式深深种在学生心里，使学习生字一点也不枯燥。小组互读这个小环节特别有效，因为班级授课中总有一些孩子难以完全学会，通过小组学习，组内学会了的同学教没学会的同学读，几乎所有的学生都在一节课中学会了。朗读是语文教学的关键，贺老师的课堂注意了朗读的习惯，如坐姿和拿书的手势、声调的高低，学生读的时候仿佛是一种享受，我也感到很舒服。

唯一的问题是，贺老师说燕子是对地球和人类有益的动物，它能保护庄稼捉害虫，称为"益鸟"，所以人们才要保护和帮助它。课后，我跟贺老师讨论，益鸟是从功利的角度而言的，可是，我感觉文章保护燕子的行为更多的是从悲悯的角度，燕子是我们的朋友，事实上，地球每一种动物都有存在的价值，不能因为它对我们有用，我们才对它好，而应该让学生感受到一种慈悲的情怀，一种温柔对待这个世界和每一个人、每一株草木的态度。

行政人员用眼睛看见、用心去感悟、用文字分享，每周的《看见、感悟、分享》让我们将目光集中。王早看见，罗老师的外婆昨晚3点离世，今天她仍然给孩子们上了一堂"春天的色彩"美术课，尽管这时在她眼里，世界也许是黑白的；熊老师的儿子今天高热惊厥，她仍然坚守岗位用相机记录下孩子们的笑脸，尽管这时在她心中，只有儿子那绯红的小脸；李老师的手摔伤骨折一直没好，她仍然亲自带着孩子在教室打扫卫生，尽管医生已经叮嘱她多休息，少用力；放学后，学生已经一个个由父母接回家开始学习或课外运动、补习，操场上仍然还有一些孩子在自娱自乐，尽管他们也很想得到父母的陪伴，只是他们的家长还在工作，因为他们的家长是一名教师。小学教师总是在琐碎中体现奉献、平凡中彰显爱心，作为教育管理者，我还需要给予他们更多的体谅和支持。所以，看见，是体谅，不只是简单的看到，需要我们更深的交流才能知晓彼此的难处，用心体会而不是单纯目视。感悟，是换位，不只是简单的接触、了解，需要我们从对方的角度来感受。分享，是共甘苦。它不只是胜利和光荣时的欢笑，更需要我们在对方困难时刻的伴随。

用心种植信念

　　清晨，雨后的校园是清新鲜嫩的，云层很低。虽是乌云，却如水墨画般意境，让人忍不住多看几眼。鱼池的水不知什么时候变成了绿色，满满一池，红色的小鱼儿似乎喝饱了营养，游得更欢了。小鱼儿掠过之处，竟然有只不速之客在贪婪地咬着水草，仔细一看，不是只龙虾吗？莫非是哪个小孩偷偷养在这儿的？

　　美术组组长钟敬君是个黑瘦的男老师，美术组最年轻的一个，却是组内的灵魂，他拿着师德之星的审批表让我签字。我说，众望所归，奖励你可以常来我办公室，这柜子的书随便翻。他举起剪刀手，耶！一位实习老师头天到校上班，后面竟跟着一个亲友团，可怜天下父母心，孩子交给我，请放心吧！

　　每个月的班主任交流会，个个能说会道，个个有话要说，到六点了还只有不到一半班主任发了言，他们讲话的内容都是爱的总结、心的感悟，我觉得弥足珍贵。为了让每个人都有发言的机会和充足的时间，我建议会议分作两段，约好明天下午继续。

　　下午，五、六年级的女同学集中上了一节大课：我是青春美少女。进入青春前期后女孩子的身体会发生变化，当身体发生变化的时候，女孩们会有心理波动，她们需要大人的引导，否则会无助、孤独、封闭、恐惧。知心姐姐亲切地和女孩们交流：对于你的成长变化，你的家人曾经说过什么吗？他们是怎么说的？现在，你怎么看待自己的变化？关于青春前期，你还知道哪些知识？比如衣着方面，跟异性交往要注意些什么？

　　孩子们，互相看看同伴在这一两年内有什么变化？赞美她几句，还可以抱抱她。所有这些，只是想传达——我在关注你。通过这样的活动，女孩们认识到：青春是美丽的、活力的，想象着一两年后，进入青春期的自己会是什么样子呢？女孩对未来充满憧憬……

工会主席在校门口看见我，兴奋地说："我在上课时说，种子种在土里，会长出很多的果实、结出更多的种子。一个学生说，他要种红包，就能结出更多的红包了！真是个小财迷。"李铁辉老师是退休返聘的卫生老师，今天上午她到街道开计生工作会，可学校卫生室不能没有人，她便把有身孕在家休息的儿媳妇调到卫生室来值守。我真心感谢她这段时间的付出，她却总说自己只是一个裁缝，把孩子们组织在一起，吸取各方面的人才的帮助，才得到这样的成绩。这个比喻有点意思，若是裁缝，也是一个特别有事业心、特别用心的好裁缝，学校这样的好裁缝可不少呢！李海文老师是她的同学，两位都曾是学校校长。他们默默无闻地爱着学校，就像在家一样，菜园里浇浇水施施肥，操场上弯弯腰捡纸屑，QQ群里传关爱扬正气。令我的校长同行们羡慕不已："老校长们都在帮衬着，学校有福啊！"

翻翻微信朋友圈，看到爱阅读丁晴老师说："书桌上的书堆积如山，沙发上丢几本，床头散落几本，阳台桌下塞几本，不呕心沥血为考证为职称为新知为风雅而读得晨昏颠倒日月失色，就率性而读，随喜而读。"好一个悦纳自己的灵魂，希望你寻找到另一个能让你悦纳的灵魂。往下翻，罗赛红老师正和肖颖老师在办公室从不同角度摆拍，不过是一点绿和一只果，却美不胜收，真是典型的文艺范儿。张曦元老师在心理教育界已然小有名气，她今天发布："养育孩子是否成功，不是技巧问题，而是人格问题。"谢谢你，我的私人心理顾问。宋艳青老师秀了秀母亲节收到的爱：一朵还价成功的康乃馨，引来32个赞。周加梅老师骄傲地把学生"上网聊天游戏好处多还是坏处多"辩论赛的照片挂上来，有心的周老师，这开放的课堂必定给学生更广阔的发展空间。刘美辰老师有自己的公众微信号：美美兔，她在社团活动结束后将照片传到群里，让家长们直观地看到自己孩子的成长。她说："如果哪天我有了孩子、成为家长，我也会希望看到孩子在学校的生活，所以每次结束后，虽然我累到说不出话，可是还是会第一时间跟家长分享。"

　　天天写日记已经成了习惯，每天发生的平淡却不平凡的故事，不记录下来我会感觉睡不着。经常有人问我："你哪里有时间天天写日记呢？会不会太累？"其实我喜欢在纸张上来回翻搅，与农夫的劳动如出一辙，我掏尽多余的杂念，种植信念、情感。

一切皆是礼物

　　"薪火一号"的书记们要到长塘里小学开展活动，我早早安排好下午的工作，从家里步行出发。还没到下班的点，梓园路上北往南方向已堵出了一条长龙，而南往北的方向一时竟没有车。只见一辆公交车呼啸着驰来，却在不远处嘎然而停。原来，前方迎面一辆黑色的小车逆行，差点撞上了。可是，本应理亏的小车司机仿佛受了巨大的冒犯，半个身体冒出车窗来骂人。我一边不停脚地走过，一边注意公交司机的反应。没想到，这位老兄竟出奇的冷静，不吭一声，等着黑车进入自己的道后骂骂咧咧地开走，才通过。

　　我不禁感叹，公交司机每天要碰到多少冲突啊，真是不能意气用事，如果今天，他跟那人对骂、甚至对打，后果是耽误车上乘客的时间，或是其他更糟糕的局面。只是，委曲求全了，他心里难免憋气，而这气回家可能会撒在老婆身上，而老婆可能会撒在孩子身上，孩子呢？我想，要是人人多一点理解和包容，社会将更和谐，人们的幸福指数才会真的高。

　　走着，走着，看见前面一个银发老人，两手拎着买的菜，没法打伞，我快走两步，尽量让伞遮到她头上，老人报以感激的微笑。快到长塘里小学门口时，我的脊背已微微冒汗，看见家长们给接到的孩子加衣，才知道凉风飕飕，可我怎么没感觉到呢？

成功不必在我，而功力必不唐捐

今天上午，芙蓉区教育局的焦英书记突然造访，恰好我不在，罗校长和其他行政人员热情地接待了她。

焦书记是我去年中国基础教育访日团的同伴，短短十几天，我们相互帮助、笑料迭出，她的人品和水平，让人折服，可惜回国后大家各自忙碌，没有交集。得到她来的消息，我急忙赶回学校。果然，许久未见的我俩竟然像老同学一样亲切和激动，说起访日的种种，总那么难忘，尤其是"朝三暮四郎"（南雅中学张主任在日本的绰号）使出三头六臂的本事给我们拿行李至今都让人很感动。

和焦书记同来的还有芙蓉区人事局的工作人员，他们此行主要是考察我校考上芙蓉区教师编制的三位老师。书记特别讲党性，她向我解释为什么来这里没有提前告诉我，是因为怕走漏消息、有失公允。我当然明白，然后，详细地向她介绍了我校这三位老师的工作情况、个人特点、家庭背景和教学风格。

说起来，今年学校通过各区和市直考编的聘任教师较多，这一方面体现我们在培训聘任教师下的功夫、出的成效，另一方面也在倒逼学校教师队伍的新陈代谢。其实，面临下学期扩班的压力，成熟型教师是宝贵资源，尽管如此，考虑教师个人发展，我仍尽全力帮助他们，做我能做到的，而不会消极耽误他们的前程。

合理配备教师，严格按照教育局要求控制用人和调配教师工作量一直是我校规范办学、依法依规治校的大事，也是学校最掣肘的难事。建校五年以来，从最初，调整适应，温暖起步；到次年，抓住机遇，弯道超车；到发展中，童心育

177

人，涵养生命，积蓄了学校发展的长足后劲。这一步步走过来，离不开的是人。

学校班级数逐年增多，加之育龄教师多，教师数增加快、年龄结构整体年轻化、流动性大，这极大的影响学校的稳定，给学校安全管理和持续发展带来难度，针对我校独特的情况，我的对策是：用紧，用活。一是，严格按照标准从紧用人；二是，发挥年轻的教师活力，自我更新，锻造一个接受性和执行力强，心无杂念、甘于奉献的队伍。请进专家与教师对话交流，形成大师带名师，名师带徒弟，不断惯性发展的趋势。

事实上，考上编制的教师确实优秀而幸运，工作很努力，教学很用心。我认为，只有在平时的工作中认真对待每一节课、每一个学生，积极反思、潜心学习，才能不断积累、脱颖而出。焦书记除了听我讲，还请其他行政人员和老师评，甚至找来学生问。看来，要通过这样的考察，功夫只能下在工作中啊！

让人怦然心动的温暖光芒

六年级梁瑀记录下的作文课，很有意思——

我们班又传出了欢声笑语，这是在干"神马"呢？原来又是在开"作文赏析会"。小组传阅以后，几个同学轮番登场，展示大作。杨黄一脉上台后，拿起话筒说："我要读的是杨涛瑞的作文。"顿时语惊四座。啊！底下一阵唏嘘声。因为杨涛瑞可是我们学校远近闻名的"巴豆"。至于为什么叫"巴豆"，你自己想吧。

在一片质疑声中，杨黄一脉开始朗读了。

"亲爱的喻老师：您好！

我——昔日的"杨涛瑞"禁不住想跟你说几句话。老师，我承认我不是您最好的学生。老师不止一次耐心地给我辅导，但我却一次又一次让老师失望，成为同学们心目中那个扶不起的"杨涛瑞"。

前段时间，您没来得及告诉我们，就消失在我们眼中。我们都很伤心，哭了一节课。下午我来到心馨小屋，知心姐姐陪了我们一会，还答应下午三点再和我们一起说说话。没想到，下午您竟然来了，送给我们本子和笔，并说明了理由。很多同学都跟您拍照，您也给我们留言、签名，并答应毕业晚会时来看我们……在以后的日子里，我总是不断地想起您，马上就要进入初中。喻老师，我永远也不会忘记您……"

一句又一句肺腑之言从他嘴里溢出，各色朴素的语言交织在一块，编织成了最华丽的花布。全文读完，小伙伴们都惊呆了，在班里一直有笑点的杨涛瑞竟然写出了如此真情，如此勾起人回忆的文章，真是俗话说的："人不可貌相啊"。在我们的一片掌声中，杨涛瑞羞涩的抬起头。他也没有笑，就是看着大家。他平时就是笑点很低的人，可能今天是第一次全班鼓掌表扬他，他很害羞吧。邓老师带着杨涛瑞走到座位中间，让大家跟杨涛瑞击掌。现在男生、女生的问题不存在了。所有的女生都大方的和他击掌，现在教室里只剩下满满的爱心，满满的鼓励。有些男生很用力地和杨涛瑞击掌，这下子没有了平时嬉闹的感觉。有些男生还用力地握了握他的手，还不忘附上自己温暖的祝福："巴豆，加油！""巴豆，你太diao了！"这时，我觉得对杨涛瑞来说，所有人的手都是"温暖而甜蜜的"吧。（这句话引自一次考试阅读题）

走到中间的杨涛瑞终于"啪"的绽放出了笑容，所有的同学也笑了，像过年的烟花那样好看。所有人的心在那一刹那被震到了。我忽然觉得站在讲台上的杨黄一脉像个考古队员，她在最平常的队员中发现了文采这么特别的作文。我仿佛看见了暖暖的光芒在整个教室里渲染开，渲染到了教室的每一个角落。每一个人的身边都有光芒围绕着，杨涛瑞的头顶更是"光芒冲天"。光芒代表温暖，温暖会孕育出奇迹，会出现在每一个明天里。

梁瑀作文里提到了两个老师，一个喻老师，一个邓老师。喻老师，何许人也？一个阳光帅气、颇有才气、深受学生喜爱的男老师，也是这个班以前的班主任。由于工作调动，离开得很突然，于是有了杨涛瑞这封真情流露的信。邓老师呢？一位经验丰富、思想开明、执着探索的女老师，在喻老师突然调动的情况下，接受学校安排，继续担任六年级语文教学工作。尽管是临时调整，邓老师表现出的却是十足的耐心和功底，一面稳定学生的心理状态，一面在语文教学尤其是作文教学工作中积极探索。

邓老师告诉我，这次习作是有意为之的，今天的作文赏析也是有"预谋"的。写人的作文既是本册学习的内容，也是让学生表达情绪的一种方式。喻老师走后孩子们情绪很激动，尤其是刚走的十天左右情绪最激动，全班的关注点都在那里。现在渐渐平和，但还是需要安抚，需要疏导。这次的作文我的要求是写人就行，大约有一半的孩子写的是喻老师。很高兴看到的是有的孩子的注意力已经转移了，情绪平复了很多，有的孩子通过这次表达自己的心情也会好很多。在课堂上，他们明显平和了，而且也对离别给出了自己的理解。比如"要留也只能留一个月啦"、"喻老师有自己的追求"，等等。

　　春天，开过花就走了，而美好的感情却久久印在人们心中。大地无小事，幸运的是，我们的老师对待工作出于善意，使每一个学生都氤氲在那让人怦然心动的温暖光芒中。

从"小荷俱乐部"出发

青年代表着希望，青年教师思想开放，创新意识强，对素质教育充满着激情。从自我意义上说，青年是每个成熟教师的必经阶段，正因为如此青年教师更值得关注。正如杨万里的《小池》中所说"小荷才露尖尖角"，他们正年轻，他们充满着朝气，充满着活力，他们热爱学习、乐于学习、善于学习。随着我校办学规模的扩大，一批批青年教师加入了教师队伍行列，为尽快成为一名合格教师，"小荷俱乐部"应运而生了。

"小荷俱乐部"的管理机构每年换届，会长由青年教师自己投票选定，到现在已经是第三届了。从诞生的那一天起，"小荷俱乐部"就是学校非常活跃的一个青年教师自发组织，是一个团结互助、积极进取、奋发向上的集体，更是一个能带给师生无限惊喜与温暖的港湾。他们双周进行读书分享、教学常规经验交流；观摩名师课堂，开展教学竞赛；还走出学校，爬山游湖，单身派对，K歌大赛，好生惬意。由于很多青年教师住校，所以，不论是上班时还是下班后，经常能见到他们研讨教学，书法交流，操场打球，欢声笑语的身影。这个组织为他们更好地融入团队起到了巧妙的作用。

还记得，"小荷俱乐部"组织青年教师羽毛球比赛，在紧张的工作之余，全校青年教师一到下班便集中到了宽敞的操场上，拿起羽毛球拍尽情挥洒着汗水与激情，用矫健的身姿在学校留下最活力的风景。

还记得，雨花区教师广播操比赛进行得如火如荼时，青年教师也是夜以继日地紧张地排练着，多媒体教室有我们训练的身影，操场上有我们洒下的汗水，只要听到那熟悉的广播操音乐，不管多么劳累，都会提起十二分的精神挺直身姿，做出整齐划一的动作。当老师们以高质量的表现赢得评委的赞许通过复赛进入决赛时，我们并没有放松，而是在动作力度、整齐度、服装、面部表情等方面都精益求精，力求达到最高水平。决赛时间已是寒冬时节，他们身穿短袖、短裤站在比赛场地上时，仿佛感觉不到寒冷，充满热情和近乎完美的表演赢得了一等奖的好成绩，这再一次证明了青年老师是经得起挑战的。

还记得，当有单身青年老师生病时，好几位老师在不影响工作的前提下轮流去医院照顾，甚至许多老师凑钱分担医药费。她深深感到，不管是顺境还是逆境，"小荷俱乐部"都是她最坚实的后盾！

最近两天我都参加了他们的活动，昨天下午是师徒结对仪式和学习邱区长的讲话，一直持续到6点多；今天上午是新教师汇报课，他们还请来了区教研员指导评课，整整一上午密密匝匝。有位老师感慨："学习是一种态度！早上六点四十五出门，七点五十到校，进班早自习，上午听五节课，中间插一个课间操，午饭送寝后跟一学生谈心到一点一刻，得知有评课，马上前往，紧接着两点十分，区英语教研听教材分析，到四点半，回班上最后一节课，七点十分回家。"有些事情不是看到希望才去坚持，而是坚持了才看到希望。我认为，学习一定要有内驱力，学校官方的系统培训必然不可少，而教师自发的学习才更加持久而有效。所以，我愿意鼓励和支持这个"民间组织"，还要求行政人员参加他们的活动，布置课题，提出阅读书目、要求，制定出培养计划，为青年教师的个人成长提供一个阳光平台。

几年来，青年老师为学校创造了出色的成绩，在学科教学领域崭露头角，个人与学校同步成功。"小荷俱乐部"就像"黄埔军校"，为上级机关、为兄弟学校输送了很多人才。那炯炯有神的眼睛里写着：不为模糊不清的未来担忧，只为清清楚楚的现在努力！

实习老师的笑脸像阳光一样耀眼

　　这段时间，学校里来了几位实习老师，一张张充满活力的笑脸像阳光一样晃眼睛。我回想，自己曾经也和他们一样，心怀留恋地告别学生时代，满怀期待、懵懵懂懂地开始教师之旅。自从十五年前的那天轻轻走到教室后门偷瞄学生开始，我就卷入一场铭心刻骨的生命爱恋，爱上学生的一切，惊喜、兴奋、好奇、惆怅、难过、悔恨、恐惧。走近一个个学生，就像打开一本本书，每一本都有和我心心相印的句子，从"书"那里，我讨得了阅历、真情，岁月鎏金，从未遗忘。虽然到今天，我还是说不清"教育是什么"，但却深爱学生，梦里也笑。

　　"实习老师"总是美好的，在学生眼里，比老师还要美好。他们青春洋溢、年龄介于老师和学生之间。校长是作为一种温暖的力量参与他们的光合作用，还是高高在上、远远冷漠地阻滞着他们咔嚓作响的生命拔节？向初出茅庐的年轻人表达善意，其实也是在拥抱年少时的自己。校长爱老师，老师才会爱学生，虽然我们彼此陌生，但不影响我向你微笑。

　　张依蕾说："这里处处感受到温暖，因为不论是在走廊还是在食堂，所碰到的老师都是对我微笑示好，这让我第一天就消除掉了之前的紧张感。陈老师是一名很有经验并且很和蔼的语文老师兼班主任，她手把手地教我如何在学习上、心理上给予学生正确的指导和疏通，并且给我实战课堂教学的机会，让我认识到，真正上好一堂四十分钟课，需要课前认真备好课，授课中准确讲解和积极与学生交流，课后能及时指导学生复习和解惑。通过旁听宋老师的语文课，我了解到在讲课过程中，老师的生动讲解和丰富的课外知识能很好地调动学生的积极性和正

184

确地指引学习方向。通过夏老师成功为学生解决小纠纷，我明白老师不仅仅是要会传授知识，更要做好学生'灵魂工程师'这一神圣职责，让孩子明白道理，学会宽以待人，懂得感恩。"

实习过程，周雅芝感受到老师这个职业的多元。上课时是侃侃而谈的讲师，破案时是充满智慧的福尔摩斯，调解纠纷时又是有条不紊的居委会大妈。她给自己定下实习目标：第一，让班级的孩子认识自己，融入班级，并能让绝大部分学生喜欢自己；其二，给自己的第一个挑战是在下周三之前必须记住班上每一个学生的名字，对学生的性格有个初步了解，摸清班级的"主心骨"及部分调皮的"小坏蛋"。

召开班主任经验交流会，我有意邀请实习老师参加。会后，朱湘湘激动地告诉我，在聆听了这么多优秀班主任的工作体会后，她心里少了份紧张，多了份笃定，少了份害怕，多了份期待。记得有这样一首诗：我到河边饮水的时候，我觉得那水也渴着，我饮水的时候，水也饮我……希望在这个过程中，我能和学生一起感受学习的过程；感受同学的情谊，感受生活的美好；分享学习的快乐，分享友情的快乐，分享成功的喜悦；不停地学习新的知识，更新观念，和时代同步和学生共同成长。

给孩子一个机会，他会证明给你看。这句话让李素琴很有共鸣，交流会让她印象最深刻的是一位老师布置的创意周末作业，她让孩子当老师给父母听写，让父母再体验一把做学生的感觉，孩子们当老师认真得不得了，连父母一个点没写对位置都要给揪出来。虽然父母当时可能会有点哭笑不得，但是看着自己孩子这么认真的样子也乐在其中，而且孩子们对于生字词语容易出错的地方印象也更深刻了。严果莉学到了丁老师举办的亲子论坛，易老师开展的"舌尖上的家常菜"和蝶币娃娃评选活动，能最大程度保证家长参与到班级教育活动中来，教师与家长共同见证孩子的每一个学习成长过程。伍慧玲通过这次交流会，明白了每个班都有每个班的特殊情况，但是，解决这些特殊情况的方法却是一样的，以理服人，用爱去感化学生，给予学生足够多的关心和爱护，所有的付出也是会有回报的，学生一天天的进步就是我们得到的回报。

王肖肖听了各位班主任的诉说后，觉得像听故事一样有趣，这些故事的讲述者虽然各有侧重，这些故事的情节虽然不尽相同，这些故事的主人公虽然在不断更换，但是都让我感受到了说故事的人温暖的情怀。有一句歌词是"我能想到最浪漫的事，就是和你一起慢慢变老"，能看着孩子们成长变化，也是一件浪漫的事情。

当幸福来敲门

"我生活的这一部分，现在的这一部分叫做疲于奔命。"这是美国电影《当幸福来敲门》（*The Pursuit of Happiness*）的一句台词。故事的主角就是当今美国黑人投资专家Chris Gardner，他是一位濒临破产、老婆离家的落魄业务员，讲的是他如何刻苦耐劳地善尽单亲责任，奋发向上成为股市交易员，最后成为知名的金融投资家的励志故事。里面一些意味深长的话我总是记忆深刻，"你有梦想的话，你就得去保护它"，"那些自己没有成材的人，会说你也不能成材"，"我生命中的这个阶段，这个很短的阶段叫做幸福"。

冬日暖阳下，食堂的工友们趁着空余时间打羽毛球。这样的场景看起来挺温暖，有劳有逸，有笑有效。我认为，他们从来不是学校附属的存在，食品卫生做得好，师生吃得放心，是和教育教学一样重要的部门。虽然我每天绷着脸对他们，心里还是感激的。

学校虽小，工作却是方方面面的。我经常想象，学校的一位老师早上满怀希望地来工作，9个小时后，带着不受赏识、沮丧的感觉回家，如果路上还遇到一些摩擦，家里还有些不顺心，他的这种感觉会怎样深深影响他和孩子们的相处？我又常常想象，另一天，她下班时带着良好的自我感觉回到家，因为孩子们的成长进步，做成了有价值的事情而被认可，或者在某个相对专业的领域扮演了重要的角色，这会对她的生活和家庭产生怎样的积极影响？从这样的角度看，管理者其实是很崇高的职业，可以提供很多方式来帮助别人获得成就和感受快乐，而这恰恰是学校管理者所能得到的深深回报。

187

刚刚得知学校的一位保安骑电动车摔断了腿，就是那位黑黑胖胖的，在校门口经常和学生击掌，提醒学生路上不要追跑的师傅。工会主席准备去看望他，不知道我有没有时间，我说，当然有，我要去看看他。

　　每天，我感觉累，但我知道太阳总是在笑微微地看着我，在他眼里，我一定也很可爱吧！生活中的种种磨难之于我们其实是幸福的一次又一次敲门，只要我们坚持下去，把逆境当做锻炼，用正确的心态对待批评，不断追求做好每一件事，有一天，幸福就会把门敲开！

我们不得不变老，但我们没必要长大

　　按照惯例，期中考试之后开运动会，之后开家长座谈会。今天行政会讨论细节之后，徐静在QQ群公布了本周五家长座谈会的消息。紧跟着，科学组组长邹文博在QQ群发布了下周"科技节"的工作安排。知心姐姐张曦元见状赶紧预告大家：再下周开展"心理节"活动。于是吴海波调侃大家："上周锻炼身体，下周锻炼头脑，再下周锻炼——心！"大队部王早盘算着，心理节之后，该过六一儿童节了吧？

　　在这个学校，有玩不完的名堂。一群童心无限的老师们，正在乐此不疲地为孩子们创造一个美妙的童话世界。学校"童心育人"的文化底色，引导教师发现并发掘自己的童心，从儿童的视角去发现，用儿童的思维去交流，以儿童的发展为追求。将"童心"文化从学校自身中生产出来，并且经营成学校共同的价值观念、价值判断和价值取向。三年级的老师们把期中考试变成好玩的考试；六年级的老师们跟孩子们玩"无人监考"；体育组的老师们把运动会开成"奥运会"、"穿越会"；校园电视台玩海选"小小变形计"；后勤组老师跟孩子们玩穿衣服、叠被子比赛；就连各行各业的家长们也童心焕发，空中小姐、牙医、武警、茶道高手纷纷走进学校来跟孩子们玩游戏。我想，当我们的孩子把眼光放到周围，能够把一切都变成学习资源的时候，看着热水壶而发明蒸汽机的"瓦特们"才会越来越多。学生最大的长处就是好奇，这是个发掘不尽的宝库。他们一旦知道了游戏的玩法，就会带着十足的热情扎进任务里头，不是去寻找具体的答案，而是去找到解决问题的方法。我相信，在孩子玩的时候让他们付出点努力，在他们努力的时候增加点兴趣，对他们成长一定有好处。长久以来，学生在试题的"牢房"里待久了，让他们看到阳光，他们都会觉得刺眼；你把他们领到海上，他们不知道朝哪边航行，他们会迷失。不过，请放心，只要你让孩子激动，孩子们会还给你惊喜。

课间操时，我和二年级的孩子在一起跑步，其中一个孩子追上来问我："校长妈妈，我要是积满10个枫叶蝶娃娃，是不是可以当校长妈妈？"我乐了，认真地回答说："是的，我就是好不容易积满10个枫叶蝶娃娃才当上校长妈妈呢！你有没有信心超过我？！"

我时常将意大利影片《美丽人生》翻出来看一看，每次看都很感动。影片中一个犹太小男孩在5岁生日的前一天，和父亲一起被纳粹从家里带走。天真的孩子并不恐惧，只觉得好奇，在排队等候去集中营的火车时，父亲对之耳语："我们正参加一个漫长而刺激的游戏，如果积满一千分，我们就会得第一名，奖品是一辆真正的坦克。"

当妈妈被押进女囚队伍带走时，父亲解说是："男人一边，女人一边，军人主持游戏，他们很严厉，装作很凶的样子……"

当德国军官前来训诫时，父亲冒充翻译，大声宣读"游戏纪律"："如果你违反了三条规定中的任何一条，你的得分就会被扣光：一、如果你哭。二、如果你想要见妈妈。三、如果你饿了，想要吃点心。"

一辆真正的坦克！这成了小男孩魂牵梦绕的彩虹，成了抵御集中营残酷生活的唯一稻草。为了一千分，儿子遵照父亲吩咐，忍住了饥饿，克服了对甜酱面包和妈妈的思念，躲过了毒气室……德军溃退前夜，父亲预感到了大屠杀的逼近，他紧紧拥抱儿子，指着一只可藏身的铁皮柜："我们已经积满940分，若你躲过今晚，不许说话不许动……不管多久，都要忍着，一直到外面没有人了，才能出去！""记住，即使我很久没有来，也不要动，直到……"

深夜，即将被行刑的父亲被枪抵背，走过铁柜时，突然意识到儿子可能从缝隙里张望，马上甩开步子，做出滑稽而轻松的样子，甚至朝柜子做鬼脸。枪声。小男孩一动不动。

　　不知过了多久，一切归于沉寂。小男孩爬出来，阳光刺得他眯起眼，正当他对着空旷的院子茫然时，一阵巨响，他扭过头，一辆盟军坦克转过拐角，轰隆隆驶过来。"啊！真坦克！"小男孩尖叫着，年轻的坦克手跳出顶盖，笑着将其抱上车。坦克在欢呼的人群中行进，猛然，男孩发现了穿囚服的妈妈，他跳下车，边跑边喊："妈妈，我们赢了！一千分！坦克！好开心啊……"

　　赢了！父亲赢了！

　　这是影片的高潮，这是孩子童年的高潮，这是一个人生的高潮，这是用童心保护孩子的父亲的父爱的高潮。这是用最伟大的谎言和最凄美的微笑构筑的美丽童话。这是最美丽的教育！保卫童年，保卫童心的纯洁与美好是人类义务，是每个教育工作者共同的义务。

教并快乐着

　　转眼第七周，一学期不知不觉走过了三分之一。今天是星期一，上午行政会，每位行政人员轮流主讲本部门的工作、所在年级组和蹲点教研组的情况，以及相关的问题，最后，由罗校长协调汇总安排本周工作。到我们散会时，刚好是放学的时间，于是，值日行政急忙去看路队，后勤部门赶快去看食堂，我趁机到操场上找到刚下课的体育组长商量运动会。行政人员以风风火火、有条不紊的工作状态营造出民主和谐、同心同德的工作氛围。

　　每周从一至六都安排得满满当当的，本周也不例外。周一推出语文组的"生命教育大讲堂"，下午开全体教师师德培训会。周二上午进行全校安全疏散演习，下午召开心理课题组研讨会。周三全体行政和年级组长深入二年级视导常规工作及听课评课，下午开设全校全员社团活动。周四，请来一位当牙医的家长对学生开展家长讲坛，不同行业的家长来校上课，能给孩子新鲜的体验。周五天气好，秋游世界之窗，游园期间还将举行学生穿衣服、系鞋带比赛，同时，雨花区教育局后勤工作培训会在我校召开。周六还将有乡村少年宫的放风筝比赛如期而至。另外，校园电视台制作安全教育节目，教导处检查作业和备课，教师继续网络空间建设，等等。

　　不知道是不是有点感冒的缘故，自己看到工作安排都会有些发晕，于是，我会稍微整理分类。这些事情里面，有些是常规性的工作，如安全疏散演习、每期一次春（秋）游、每期生活自理比赛、每周末乡村少年宫活动，这类工作的要求是安全、有序、效果好，一般行政都能独当一面地完成好；有些是发展性的工作，如每周年级组常规视导、每周三下午全员社团活动，这是基于提高教育质量、丰富学生文化生活的初衷而开展的特色工作，正在不断的改善，需要我倾注更多的精力，关注它、发展它；还有一些是研究性的工作，如心理课题组研讨、生命教育系列活动等，这类工作是需要智力支撑的，往往有一群核心研究人员，我们一起研究、一起尝试、一起学习、一起追求。

在我的学校，全体教师参加的会议是很少的。原因是全体教师集中的成本太高，老师们都有很繁重的工作，有各自的计划安排，常有学生家长个别交流，一旦集中开会，势必影响到教师原有的安排，他们需要在会后花更多的时间和精力去完成，影响工作效率和心情，进而影响学校全面工作。所以，我总是很慎重，召开全体教师会必定达到三个要求：1.以培训为主，让老师们更有收获；2.会长不超过1.5个小时，会前约定散会的时间，绝不"拖堂"；3.不开无准备的会，发言人必须认真备会，提倡采用QQ和手机信息的方式布置工作。所以，我倾向于召开小范围的会议，这样能听到更多人的声音。

今天的全体教师会议，也是师德培训会，请美术组组长兼班主任钟敬君分享他的教育故事，之所以请他来讲，是因为他用心用爱投入教育工作，有自己的思考和积累，是年轻人学习的榜样。我很喜欢他说话的主题：枫桥的我，这样的措辞让我感到同属枫桥一份子，我们都爱这里，我们都有故事，我们都很重要。利用会议最后5分钟，体育组长周爱荣把第十周将举行学生运动会的主题公布出来——穿越中国，班主任抽签决定班级代表朝代参加开幕式的办法激发每个人的兴奋点，会议在一片笑声中结束。

向着同一个方向眺望

　　每个星期一上午是我们的行政例会时间，今天也不例外，八个人，从周末出游和可心美食的分享开始。

　　说起这个行政班子，着实让我自豪。敬业、活力、智慧是我们的标签，每个人都有着极强的责任感和事业心，相互之间又能默契合作，效率极高。

　　副校长罗瑞是我的伙伴，她很美丽也很善良。事实上，我觉得善良比美丽更重要，因为美丽是一种天赋，而善良却是一种选择。我们之间总能达到高度理解，并且我对她分担了我的大量教学业务及管理事务充满感激。除罗校长之外，业务这一线的徐静（教务主任）、丁艳（教研主任）、王早（德育主任）、姚嫔（教务副主任）简直是一条美丽的风景线，她们虽然年轻，却都能独当一面、主动学习，每当开会的时候，我总是欣赏地看着她们，仿佛看到以前的自己。其实，只要有足够的平台，她们会比我更优秀！徐静是个奇女子，上帝把一切美好的东西都赐给了她，不管多难的任务，她只说："我明白了！"然后呈现无比熨帖的效果。丁艳热爱教研工作，我提出的"童心课堂"理念，她正在想办法落地，做了大量实证研究工作。现在是下午6点，她组织的教研组长会还没有散，激烈的讨论声不时传到我耳中。王早是朵奇葩，她运用最新的网络语言、享受最低价的团购美食、体验最密集的汽车剐蹭，组织最搞怪的学生活动。姚嫔扎实工作，资料到位，文明创建期间立下头功。

　　工会主席程昇平是个不折不扣的女汉子，不仅因为她的身材……你懂的，更因为她的性格，正直、义气、慷慨、乐观。跟她在一起，我很有安全感。她和吴海波（后勤主任）负责后勤这条线。吴海波是个聪明又甘于奉献的好男人，从老师们给他的绰号"吴跑跑"，他的工作效率可见一斑。最让他得意的是，他有两个"表妹"（徐静和丁艳）和一个小师妹（王早），难怪每天上班仿佛是他最开心的事情！后勤要管的事情可不少：强到每天上学放学在门口，扮成特警吓唬坏人；抠到校长办公室得我自己打扫卫生，甭想用一分公家的钱雇人代劳；大到把这么多学生的肚子填饱，让女老师们减肥绝望；小到静校后帮我把学校缩到鸡蛋那么大，这样，不按时离校回家的孩子就可以安全地被校长妈妈带回家了……

在有爱、有使命的团队里，我也逐步成熟。放权与激励是我的法宝，这能让团队迅速成熟，增强责任意识，而这个充满笑声和民主的团队也赋予我一种求索的动力和一颗感恩的心。在这个世界上，能遇到什么人，在很大程度上是无法选择的。作为校长，我总是希望跟我有缘同行过的人能有机会实现自己的梦想，我会尽自己的力量去帮助他们。我由衷地感到，有着共同追求的同道人同心同行是多么美好。多年以后，每当我们回忆这一段激情燃烧的岁月，心中会感到温暖，感到庆幸！

看 脚 下

区教育局党委在教师节举行隆重的庆典，其中重头戏是一个长达三十分钟的视频：雨花教育故事。通过传承、博爱、奉献、同行、开拓、成长六个主题塑造雨花教育人群像，既是恢弘巨制，又是温婉讲述，相当动人。荣幸的，我也是其中一名出镜故事主人公，讲述"博爱"这一永恒的教育主题，我能够感受到雨花教育大平台对我和学校的高度认可，同时，暗自沾沾自喜而巩固了一种终生从事教育的勇气和毫不含糊的坚定眼光。

长假过后，办公室的窗棂和窗外的盆景之间竟结出细细的蜘蛛网，阳光下晶莹的蛛丝掩护下，网子的主人一定藏在这里，可是仔细寻了几遍也没有找到，我只得轻轻关上窗户，生怕惊扰了这位新来的"小朋友"。

罗瑞告诉我，今天一天有七节数学课，是中年级段的赛课活动。正准备抽身去听一听，却接到区教科中心黄生英书记的电话，告诉我半小时内到我校来检查教学常规工作，我不竟有些惊讶、又有些兴奋。惊的是，教科中心对学校的视导是很严格和严肃的，虽然她一再强调要看常态，不用做准备，只是通过检查来跟我们交流对话。可来的都是行家，看的正是门道，没有过硬的、扎实的、条理的呈现，是对不起名校这口碑的。兴的是，他们移步躬行是难得的机会，学校教学管理改革进入深水区，有问题、有困惑、有争执，正需要他们来把脉，何况教科中心搬到离学校很近的地方，多来指导的机会随之增加，正是天时地利人和啊！

果不其然，6人专家组一到学校就直奔教室课堂，详析学生作业，既不影响正常教学，也不改变既定赛课，我不禁为雨花教研员的敬业精神和专业素质暗中点赞。通过面对面的交流，专家们提出了很中肯的意见，如加强作业设计和课例研讨等，也对学校在教育教学核心工作的努力流露欣喜，对间间教室散发出的专注气息频频颔首。

学校管理要注重过程，潜移默化地影响学生和老师，这是我和罗瑞的共识。专家走后，她继续组织行政商议，提出更为细致的改进方案。这些年彼此搭档，我们都感到庆幸。怀着对工作、对学问的痴迷，我们都天真得象个孩子，不管在什么环境下不消沉沮丧，无心机俗虑，既仰望星空、鼎力互勉，又脚踏实地、不知疲倦。

枫桥小学的"孩子王"

6:30　按掉闹钟，拉起眼睛还睁不开的儿子，以最快的速度穿衣洗漱，煎鸡蛋，削苹果。

7:00　带着还在啃苹果的儿子出门，前往学校。

7:15　到达学校，签到，自己或者拜托空闲的同事送儿子去对面幼儿园。

7:20　和几位同事一起在校门执勤，微笑着和每个人问好。

7:45　班级礼仪队员晨间执勤结束，简单总结，要求他们按分配检查各班早读。

7:50　检查升旗队、主持人、大队干部仪表，准备升旗仪式。

8:05　升旗仪式开始。

8:40　升旗仪式结束，回到大队部，出席刘美辰老师主持的大队委例会，校园电视台熊老师小主持人会议。

9:00　大队委、小主持人例会接近尾声，带好笔记，赶到二楼参加行政例会。

9:35　大课间，无紧急工作情况下，全体行政暂停会议，参加学生大课间操。校长妈妈会上台带操。我在操场简单活动两下。

10:10　回到会议室，继续参加行政会议。

11:45　会议结束，赶到校门，看5分钟路队，和执勤同事分工，一人校门执勤，一人食堂检查教师食堂协助就餐工作。

12:00　午餐。

12:20　午休铃响，校门执勤结束，食堂就餐后检查午休纪律，或结束就餐，检查白托班午休路队及纪律。

下午1:00左右　回办公室，和美辰、熊台交流下大队委和校园电视台情况，收N条电脑、手机信息，挑出重点工作，结合上午行政例会商讨事宜，笔记上列出本周工作重点。三人进行工作分配。

1:20　根据工作，决定午休片刻或继续工作。

1:30　校园广播站家长义工到校审稿，打招呼后简单交流。之后校门执勤，检查学生早到、在外游荡及购买零食等情况。

1:40　开校门，微笑迎接学生到校。

2:10　回到办公室，按照笔记上工作重点按项完成工作。

2:50　校门执勤，一、二年级放学路队检查。

3:00　和同事简单分工，回办公室带好教案教具赶去教室上课。

3:45　下课，交代好学生将作业和自己的教具放到自己办公桌，赶到校门执勤。

3:50　校门执勤，三至六年级走读班放学路队检查。之后校园走一圈，如无突发事件，回办公室继续工作。

3:55　回大队部，主持礼仪队员、大队干部一日总结，登记当日扣分详细。

4:30　校门执勤，白托班学生放学。

4:55　检查队室卫生。

5:00　对面幼儿园接儿子放学，回到办公室。

5:10　儿子去操场看哥哥姐姐打篮球或者在办公室看书，我检查收到的学生作业，准备明天或者本周的教案。

6:00-6:30　（时间由学生作业质量决定）打开笔记本，在一天内完成的任务上划勾，根据重点，制定明天的工作要点。关门，下班。

7:00　到家，爸爸妈妈为我们准备好了晚餐，晚餐时间是我最惬意的时光。

7:40　爸爸妈妈收拾好餐桌，带着儿子送爸爸妈妈回家，在小区散步一会儿。

8:00　带儿子回家，复习一天的学习、完成当天的作业。

8:40　带儿子洗澡，睡觉。

9:30　洗衣服、准备好明天的用具或完成没有备完的课。

10:00　洗漱完毕，休息。一天结束。

这是王早的一天，忙碌是学校行政工作的常态，自从去年接手学校大队辅导员工作以来，她几乎天天如此紧张，环环相扣。其间，有过伤心、有过失败、有过犹豫、有过误解。可就是一个又一个的活动让她的组织能力更强，一次又一次与各个部门的衔接让她的交往能力更自如，一项又一项的工作安排让她的思路更清晰，一篇又一篇的方案、总结的撰写和审核让她的文字更简练，一天又一天在大队部的日子，她成长了。

我认为，并不是每位老师都要往管理岗位发展，但是，有过管理工作的锻炼，视野更开阔，对世界和对人的认识更深刻，结识更多的人，有更多的机会与高手过招。和王早一样，我也是从普通老师走上中层干部岗位的，为了胜任这份工作，我不由自主地去钻研，不断从错误或过失中获得启发。虽然我当时并不是一个非常优秀的中层干部，现在也并没有成为非常优秀的校长，可我心中充满喜悦。

其实在王早之前，徐静、丁艳也先后担任过学校的大队辅导员，她们在这个岗位历练一段时间后，我就将她们调整到其他管理岗位，一个坐镇教导处、一个主持教研室，都很成功、独当一面。在中层干部的培养上，我喜欢让新人从大队辅导员开始干起。因为这个岗位处理的工作最为繁杂，需要协调班主任等老师的配合，还要忍受不少的委屈和苦楚，而这些恰恰孕育着成长的机会。

在学校里，老师们对教学和德育的认识上有偏差，教学是核心，德育就是搞搞活动，导致教导处和大队部两个部门的地位不同，部门的地位如同干部的地位，并不是事先设计的，却是人们心底评估的。由此看来，王早所处的就是一个弱势部门了。不过，从另一面看，德育活动展示的机会多，机遇也会更多。一年来，聪明的王早通过创意迭出、收效明显的德育活动，展示了自己的能力，协调了教学的改革，逐步赢得各方的支持，形成了个人风格，从而拓展了生存空间。

现在我们走进大队部，感觉里面的人都满是活力和激情。王早说，当大队辅导员最大的幸福，就是收获了全校孩子的信任和爱，他们看见我时会开心地叫"王老师"；我给予鼓励，给他们盖上蝶章时，他们会说，"哇！大队部的章，一个抵十个啊。"有孩子调皮捣蛋时，会有人说，"我要告诉大队部的王老师去"。我一下成了继校长妈妈后，学生熟悉的人。罗校长说，我是全校的"孩子王"，如果没活力，没激情，我怎么对得起"孩子王"的称号呢？

拈朵微笑的花

　　我跟办公室主任姚嫔说，在我有空档的时间安排我进班听课。今天早上她在校门口碰见我时，笑着说："校长，等下连续四节课，我在六年级等你。"

　　这个班的人数已经超过60，教室非常拥挤，我试图从后门进去，里面的学生说，后门开不了了。唉，虽然尽力控制人数，六年级的教室还是挤得不可开交，这是我最大的痛。好在教师学生的注意力不在此，他们的心全在课里。李湘老师的数学课用数量关系式表示生活中的数学关系来导入，比较数量关系式、数式和文字表述的区别，引导学生分析哪些数是具体数量，哪些数是倍数关系，我都听得津津有味。

　　正在这时，我接到报告，省教师继续教育指导中心的李再湘主任来了。他是省特级数学教师，也是著名的书法家，在我校建有一个工作室，也带了几个教师作为徒弟。所以，他经常抽时间来校指导教师教学和习字。照道理，我应该陪同他，可这时候离开教室又不合适。于是，我给他发了个信息：我在教室听课，不能亲自接驾，对不起！每平方尺五千块的墨宝，您可要多给学校留下几幅啊……善解人意的李教授欣然同意。

　　五年级两个班都在上数学课，同样的进度，我每个班听了半节。两位老师不同的教学风格，形成学生不同的学习方式。教师巧妙结构课堂，利用知识迁移将乘法定律从整数拓展到小数，层层递进，让学生充分理解后，自己总结出计算方法。我注意到，学生数学语言、思维习惯训练有素，师生之间比较默契。

　　大课间响起了"小苹果"的音乐，我把"小苹果"改成了"小枫叶"，孩子好开心啊，跳了一遍又一遍。之前，体育组老师听到我说要与时俱进，编第二套自编操时，就老大不情愿。他们觉得，第一套自编操效果这么好，又编第二套，编好后还要一个个班地教，工程很浩大，会影响教学进度。我说哪有那么复杂，只要街舞老师付利鹏在台上带着跳，全校学生瞬间就能学会。今天的试验结果充分证明，只要抓住学生兴奋点，学习就是自发的行为。

中午给班主任和信息小组的家长开会，便没有时间午休了。其间几个学生大大咧咧地进我办公室找水喝，还有一个三年级孩子，拿着小队自制的作文集册《笔绘童心》，让我在每一本上签名，这是他们智慧的结晶、成长的足迹，我一本也不马虎。

体育组办公室经过教室、板房辗转过渡之后，终于在新教学楼四楼安定下来。据说，昨晚还在楼顶上聚众烧烤来着，貌似很满意啊！组长周爱荣Q我："办公室不会再要我们搬了吧，我们已经当家一样安顿了。"我心里想，不知他们独占校园西北一隅领空，捣腾成什么样子了，得去检查一下，便回复："下次到你家坐坐。"哪知她不失时机地说："欢迎欢迎！千万别带乔迁礼物来啊，我们一定不会收的！"倒被将了一军，我擦着汗说："那是必须的。"

放学了，儿子举着一朵大大的殷红的紫薇花跑来："妈妈，这朵花掉在草地上，可是很好看，我把它插在你头上，你就是我的大美姐！"

不忘初心，方得始终

　　期末检测标志着一个学期的结束。岳麓区德润园小学的李晖校长来校交流，因她即将履新，到博才洋湖小学任校长，所以，对一所新学校如何迅速走上良性发展之路做了很多思考，也希望在我这里能获得一些灵感。她移樽就教，我言无不尽。李校长对我校的"童心文化"很认同，尤其是对干部团队的高效、活力和正能量特别赞赏，听说我校建校五年以来，年年行政班子有调整，每年为政府部门和兄弟学校输送人才，李校长很诧异，对我怎样培养和激发中层行政干部很感兴趣。

　　学校管理机构除校长、副校长外，主要由各个部门主任、副主任、专干构成。各个部门有不同的名号，即都有不同的职能。叫"处"的，一般有指挥和管理的职能，如教导处、总务处，行政权力往往较大，刚性较强；叫"室"的，他们的职能主要是指导和服务，如办公室、教研室，相对柔性一些；也有叫"部"的，如大队部，职能上相当于一个小的独立单位，工作内容比较综合；还有叫"中心"的，如生活服务中心、信息中心等，他们的服务功能更强些。职责分明、各安其位，学校才能井井有条。我喜欢去观察而不急于判断、去倾听而不急于指导、倡导而不强求，投入总能得到肯定。对于选定的人员，我给出明确的工作目标，但不给答案，偶尔出出主意，提醒他们需要改进的地方，为了完成目标，允许他们有自己的思路。即使发现他们的做法有些冒险或者与众不同，仍然会给予他们支持，不一定要下属非按照自己的意思办事。给他们一个明确的授权，他们自己去完成目标，在他们做事的过程中，不去干预他们。所以，他们常常得靠上岗后自己摸爬滚打去积累经验和教训，可是这对干部本人的天分和悟性提出了挑战。

作为教育改革的拥趸，我总是为积极主张改革的力量提供"保护伞"，保护积极的错误，让他们能更从容地从错误中接受教训。正如发明家在成功之前，有不计其数的失败一样，如果我对积极创新的人求全责备，那世界上可能永远不会有灯泡，人类永远无法登上月球，如果我束缚住行政人员的手脚，固化中层干部的思维，那他们在生怕出错的心理下做事，可能更容易出错。我所说的积极错误，是指为了寻求更有效的方法和策略的过程中失误，与那些因工作不负责任和能力欠缺引起的错误在本质上不同，就是说干得多的人犯错率高，而他们恰恰是要保护的。事实上，校长要培养人就应该有这个胆量，学校改革要获得成功就必须承担失误成本。

另外，我很看重干部的文字能力。学校行政写不出高质量的计划总结，实在是一件说不过去的事儿。心中有锦绣，手头有数据，笔下有文章。有时候想想，我对他们的要求其实挺高的。宽环境、高期待、强支持，小伙伴们的成长指日可待！

吴海波在烈日下的工地上忙碌，我知道他得了重感冒，劝他休息。他说："在家休息也睡不着，不如在工地上看着，安心些。"徐静在微信上说："虽然每天繁忙，像个陀螺。回到家还有家务琐碎，但不管多忙、多累，只要记得多给自己的心留一些缝隙，让它自由呼吸；不管路上多赶，只要记得抽空看看绚丽的云彩，那么生命依旧灿若夏花。"不忘初心，方得始终！

每一个牛人，都活得很努力

　　法国前总统希拉克是个大个子，常一人漫步巴黎街头。一天他发现一个小孩紧随其后，便回身问："是要签名吗？"孩子说："不，不需要签名，天热，我走在你的影子里凉快些。"童言无忌，总统大惭。对于执政者来说，人民根本不在乎你的虚名，而是要你给人民以荫护和实惠。

　　今天的《长沙晚报》用一个全开的整版做了一次"特别报道"，题目是《雨花大问政，15位一把手和你面对面》。细细读来，报上公示了雨花区重要民生部门负责人办公地址、照片、便民举措，全部是当前热点问题和局长答复，个个问题都是热辣辣、沉甸甸的，局长们必须直面、负责解决。看来这不是要吸引眼球，这样开诚布公的谈话，通过主流媒体原汁原味的公布，是一种姿态，更是时代前进的标志。

　　作为公办学校校长，办学少不了方方面面的联系和求助，所以，我有机会跟其中几位打过交道。几年来，尽管自认教育弱势，却总是备受尊重，觉得这些牛人虽牛，办事却极为谨慎周到，在各自的职能范围对学校工作是关怀备至的。尤其黎托街道和大桥社区历来有尊师重教的乡风民俗，建设地埋式垃圾站、置办教师笔记本电脑、兴修学校西校门……在这里当老师很有幸福感。学校有事，各个职能部门总是积极作为，原联点单位城管局刘局长为改善学校面貌，安排我校三栋教学楼内墙瓷砖施工，完成后回访，得知有脱落现象，又全部返工，高度的责任心让人敬佩。交警队邱队长多次调度安装校门交通设施，并在警力非常紧张的情况下，专门为我校设置护学岗，甚至在开学、活动等常规重点时段主动预警，保驾护航。还有环保局彭局长支持创建绿色学校，食安办定期深入学校食堂检测督查，总让人感受到温暖和力量。

正思忖着，公安分局的周局长、内保大队胡队长和黎托派出所杜所长这几位牛人来了。他们是来学校现场办公，解决了上下学高峰时段派出巡逻车、穿戴装备的警察护卫的问题，并在学校门口设立警务室，方便民警执勤和休整。在校内，周局长看见植树施工车运来三棵巨大的樟树，不禁为我们欣喜，校园多几棵大树很养眼养心的，这是林业局谢局长协调的结果。

牛人们，你们是不易的，要赢得群众的满意和赞誉，不是靠一朝一夕，而是那一步一步、一点一滴的努力。刘震云在谈论他的《一地鸡毛》时说："生活是严峻的，那严峻不是要你去上刀山下火海，上刀山下火海并不严峻。严峻的是那个日复一日、年复一年的日常生活琐事。"

乡村少年宫温暖起步

　　为了解决农村民生问题，加强农村未成年人活动场地建设，提高农村未成年人综合素质，每个学校创建一所乡村少年宫。乡村少年宫是以学生为主要服务对象的公益性校内教育文化辅助机构，是社会主义精神文明建设和新农村建设的窗口、校内业余文化活动的主要场所。实现"三个延伸"：空间上从学校向村庄社区延伸，时间上从课内外活动向节假日延伸，活动内容上由以往偏重文体活动向注重综合实践活动延伸。

　　2011年3月，突然接到通知，创建乡村少年宫，和新上任的陈局长一起去山东考察。出行前，陈局长主动联系我，要我把相关文件和我知道的乡村少年宫的东西告诉他。我急急找到他的办公室，他挺热情，声音洪亮、目光炯炯。他要求我写一个调研方案，把所有的问题列表，要"带着问题"去。

　　一路上，陈局长不停地跟我谈乡村少年宫，谈未成年人思想道德建设。其实我们当时都不明白什么是乡村少年宫，我们热烈地讨论，到底乡村少年宫的建设目的是什么？是课堂教学的补充还是孩子节假日的活动场所？师资从哪里来？完全没有费用，有人愿意当志愿者吗？活动内容到底是以师为本，还是孩子需要什么提供什么？活动时间安排在课后还是双休日？如果是双休日，加重学校管理、安全和教师的负担，能长久吗？为了确保安全，活动期间校园封闭还是不封闭？学生和家长出示什么进门？身份怎么认定？安检需要哪个部门协助？还有资金来源，完全免费还是可以收费？如何构建一套可持续发展体系？少年宫要有自己的特色，我们的特色集中在哪块？

　　我们受到淄博市文明办、教育局领导的热情接待。在桓台县实验学校会议室里，淄博市文明办副主任和教育局副局长讲话。在自由提问环节，我接二连三地提了几个问题，淄博的领导也一一回复了，不过，总觉得有点失望，没有取到真经。因为，他们对于具体操作并不熟悉，政府是很支持的，每个学校一所乡村少年宫，每个学校配置足够的教师，将乡村少年宫的工作量计入教师总工作量，所以不必担心增加老师的负担。而我们长沙估计不可能。

　　第二天，我们来到了起凤镇双润乡村少年宫、邢家江辰乡村少年宫、临淄区梧台乡村少年宫和敬仲第二小学乡村少年宫。他们有的采取"校内交替式"，即正常教学和课外活动在相同的教室，不同的时间交替进行，实行课程表与课外活动安排表"两表并举"，教室和活动室、教师与辅导员"一室（师）双用"。有的少年宫是"校内改扩建"模式。他们还成立了中心乡村少年宫，即以相对独立的场所为阵地，建设规格高、设施全、有特色的中心型少年宫，发挥龙头作用，带动各学校少年宫工作的开展。有点类似我们的素质营地，能满足全镇一千多名小学员分期分批参加活动的需要。

　　我们一边参观、一边思考、一边交流、一边印证，逐步形成了我们自己的目标、原则和措施。回来以后，我任命周佳为"宫主"，她便顾不上刚做完手术要休息的身体，利用个人魅力"忽悠"上一些志愿者，吸引来一些同道人，投入这场激情燃烧的事业之中。

　　少年宫确立了"学生开心的活动场所、家长放心的教育阵地、居民向往的文化中心"的功能定位。明确我校七彩光少年宫是以未成年人思想道德建设体系为核心，以贴近和服务以未成年人为主的社区居民为宗旨，以培养未成年人创新精神和实践能力为重点，既是学生爱来、促进学生全面发展、实施素质教育的场所，也是家长认可、安全有效、布局合理、功能完备的未成年人教育阵地。

　　在建设过程中，我始终把公益性放在首位，明确规定不开展以营利为目的的经营活动，平时面向所有在校学生，周末和节假日向社会开放。通过开展各种生动活泼、健康有益的活动，对以未成年为主的社区居民进行科技、艺术、心理、体育等基础知识和基本技能的普及和熏陶，提高他们的文明素养和综合素质。实现"三个延伸"：空间上从学校向村庄社区延伸，时间上从课内外活动向节假日延伸，活动内容上由以往偏重文体活动向注重综合实践活动延伸，尽力促进城乡教育的均衡发展。

少年宫主要依托学校管理和建设，同时，联合社区、周边单位和社区学院共建，使各类教育资源共建共享，利于长效运行。服务学区各小学学生和家长、周边未成年人和居民，提供城区未成年人交流实践平台，优化乡风民俗建设。

少年宫有效运转的核心是师资队伍。精心选拔热爱教育事业、思想素质好、有较高专业技能和丰富教学经验的区内知名资深教师任辅导教师。校内充分利用广播、黑板报、橱窗及班会等形式，加大宣传力度。通过宣传，让全校教师、家长深刻领会参与乡村少年宫志愿服务的重要意义，为全面招募工作创造良好氛围。根据自愿原则，鼓励本校教师兼职少年宫辅导员，逐步打造一支专职辅导员队伍。

校外聘请优质师资、民间艺人、劳动模范、先进人物等担任辅导员。同时，积极整合利用各种社会公益性资源，面向社会招募大学生、"五老"、村官、社区成功人士、区局专家型领导等各界志愿者，充分发挥社会志愿者的作用，充实师资力量，丰富授课内容。

通过面向学生和家长的调查问卷、统计摸底，寻找对象的兴趣点，设计活动项目和内容。一次次的专家讨论和活动实践，探讨活动设置理念，逐步认识到活动设置应注重趣味性，"张扬异禀，各美其美"，吸引未成年人参加，让孩子们在活动中找到童年的乐趣。大胆提出口号："玩出我的样儿！"通过"玩"，挥洒乐趣；通过"玩"，探索玩味。在"玩"中培养学生的创新精神和实践能力。

推出科技创新、心灵家园、民间绝活、大话世界、欢乐天地、才艺表演等六大类，设置将近三十多个项目。同时，农村家长的教育，也是七彩光乡村学校少年宫的组成内容，周末面向随行家长开设亲子活动、家教专题讲座、美容、健身等项目。

当时同去考察的市文明办胡述斌主任也是个大诗人。他说："四年前，我还没戴眼镜，四年后，我带上了眼睛，而且是老花镜。乡村少年宫是真正有益于未成年人的大事，我们能等，孩子们不能等啊……"我听到这些心里很感慨，四年了，我也成长了（我不想说自己老了），孩子一天天长大，我有义务为他们提供更优质的教育，孩子的成长等不得，校长和老师要更加尽心努力，不能辜负家长和社会的重托啊！

采撷绿色　感悟幸福

　　从区政府出发，集体坐大车向着教育局党委组织的支部书记拓展活动目的地出发的时候，其实我们的心，已经开始"绿"了。这是好心情带给我们的先期抵达，怀着对活动的美好想象让我们的精神体验相对于身体，要轻盈许多。所以，这穿越，更像是由坚硬物质向柔软情感的过渡。

　　结束了平直宽阔的、象征着现代成就的高速路之后，抵达目的地，这是城郊的一处园子。它躲在清晨的山雾屏障背后，待车子冲开最后的掩映，才倏然跳跃出来，来不及刹车的目光，猛然和它冲撞了个满怀，先是意识瞠目结舌，而后是瞳孔蓄满惊叹，我们一下子变得逍遥起来。那缓缓流动的白云、微微拂来的清风、在一朵花蕊间流连忘返的黑蜂以及轻手轻脚荡向岸边的湖水，都在注解着自然的曼妙。这让我们的情绪，很容易就被环绕进一种云山雾罩的气氛里，听任思想被攀援而上的曲径引导着，一点一点朝着充满绿色的方向着陆。

　　一刻也不耽搁的，书记讲党课活动开始了。资深书记同行们有着敏锐的思考和创新的作为，五位书记不同的立意，不同的表达，带给我们的是同样的精彩、同样的震撼。他们从党的建设改革史，联系实际讲到创先争优行动，结合热点讲到学校管理者的基层观，内省自身讲到廉洁自律，通达心灵讲到党性修炼，那一个个口若悬河、娓娓道来，展示出雨花教育基层书记激扬的精神风貌群像。会场中，或说、或写、或思、或悟，真是好好地上了一课。

　　专家讲座是活动的一个重要环节，市委党校的曹习华教授带领我们树立阳光认知，悟道幸福人生。长达两个多小时的讲座，竟一点也不让人疲惫。他深情寄语我们：别人给我的叫幸，自己给自己的叫福，拥有的时候要珍惜，失去的时候要泰然。我领悟到，心态决定幸福，总是被事务影响心情，必定不幸。怀着对生活的感激，智慧地面对周遭，才是幸福的唯一途径。感谢带给我们美妙体验的组织者和传授者，让我们浸润在绿色的心情里，学习了、玩乐了、思考了、成长了。

第二天清早，我惊喜地发现，满山遍野的花草正摆好了姿态，在等着我。这时候，我俯下身子，慢慢拨开草丛，轻轻拔下一株草，看到一些泥土被细细的根抓裹着，草显得柔弱而渺小，甚至绿得有些灰白和淡定。一株一株草汇集成群体的效果是会浩浩荡荡、气势磅礴的，而这些伟岸，都来自于每一株渺小的力量。正如我们参与的拓展训练，需要极强的团队意识，几个环节的全心投入，将团队气氛推向顶点，我和我的团队一次次为我们的创意、努力、协作所感动。

坐在水库边的石头上，左边是绿水，右边是绿草，看得久了，竟有些分辨不出哪是草哪是水了？或者我已经将它们融合在了一起，存储于胸，成为心灵的氧吧。

雨花校长有话说

为期两天的雨花区小学校长论坛进入最后一个半天，也是论坛的高潮部分。从昨天的现场参观，到今天的坐而论道，本次校长论坛是多年来罕见的一次规格高、阵容大的盛会，可见，雨花区正着力在校长培养和交流方面有所动静。

昨天，我们枫桥小学按照会议要求接待了校长们的参观。本来，大家是冲着"穿越中国"运动会开幕式去的，因为，往年"奥运会"的创意经过大家口耳相传，已经把我们的运动会描述得神乎其神。不巧，天降大雨，运动会开不成了，我想，校长们都来了，总得拿出点"东西"招待他们吧。于是决定，把"好玩的考试"开放给大家看一看、评一评。校长们看了后，很受触动，当时就有一些校长朋友很激动地跟我交流。我感到"好玩的考试"开放对了。当我们以一种开放的、谦虚的、本真的姿态面对世界时，世界会还我们一个意味深长的微笑。之后，我们一起参观了长塘里小学，惊叹于老学校利用信息技术辅助教学的现代气息。

今天上午的论坛交流在红星二小举行，主题是生命教育特色旗帜下的治校方略，全区60名左右小学校长在这里交流与碰撞。砂子塘小学孟毅校长主持，我被大会指定为三个主要发言人之一，深感荣幸。其实，做校长六年，我从最初的调整适应、温暖起步，到2011年，抓住机遇、弯道超车，到2012年，重心放低、稳中求进，积蓄学校发展的后劲。从2013年开始用文化影响学校和管理学校，培植学校童心文化。这期间，我不断调整积淀，做了一些"不识时务"的尝试，但终归带领师生慢慢走近了生命的自由和浪漫。

雨花区区域推进生命教育，我感觉这是基于"美丽教育"理念的思考和回归，是站在教育的原点，思考关于教育的原始命题，让孩子接受真正接近教育本真价值的教育。在这样的时代，在我们雨花区，提出这样美丽的命题，我总是肃然起敬并以为同道人。保卫童年，保卫童心的纯洁与美好是人类义务，是每个教育工作者共同的义务。因此，我确立了学校"童心育人"的文化底色，引导教师发现并发掘自己的童心，从儿童的视角去发现，用儿童的思维去交流，以儿童的发展为追求。将"童心"文化从学校自身中生产出来，并且经营成学校共同的价值观念、价值判断和价值取向。在发言中，我大写一个"玩"字，从空间、方法、课堂、教师、价值五个维度向同行们解读了我努力践行的"童心育人"生命教育理念。

德馨园小学的陈梅校长发言中，对学校发展少年足球文化做了详细生动的阐述，将"以球育德、以球育智、以球健体"的办学理念深入每一个德小人的心中。长塘里谢秀云校长引入先进信息化理念和名词，开阔了我们的教育视野。

之后，各校校长自由发言，交流各自的思考和实践，很多的观点独到而精辟，办学有方运筹帷幄。如新世界何校长的阅读沙龙；万境水岸李校长自我调侃"人到中年，校在襁褓"；粟塘李校长向我发问：好玩的考试怎样体现对学生的评价？我回答：正因为是这样的考试形式，一个学生每关对应一个老师，学生才有希望得到更全面真切的评价，只是我们初次尝试，这个环节做得不够，还需要再思考，谢谢你的提醒；湘天徐校长肯定地说玩是孩子的天性，贵校抓住了孩子的动力源；培蕾小学黄校长很低调，她用"惊羡和祝福"这样的词送给我；砂二小的刘校长表示很希望有机会到我校了解社团活动，对于长塘里的先进教育技术，他感到"惶恐"，期待不再"生活在昨天"，期待义务教育早日实现均衡发展；桂花树小学蒋校长提议大家关心教师生存状态，先做"教师的生命教育"……

参加会议的领导和前辈勉励我们：校长可能成不了教育家，却应有教育家的情怀。要让教育成为思想，让思想成为智慧，反思中外、且行且思。对于今天的交流，他很欣喜，很认可我们的实践。因为实践是真理的唯一来源，也是检验真理的唯一标准。有的专家也颇有兴致的交流了字迹在教育系统十个不同工作岗位的感受，教导做校长的要多想老师之难，要多想老师之好，要多看老师之长。

　　两天的论坛活动，我细品思想精华，享受教育盛宴。雨花校长群体对当前教育的深度研究，对教育状况的全面分析，对课程改革的勇立潮头，对教育发展的一腔挚爱，使我内心满载着收获和感动。

走在依法治校的路上

　　一直以来，依法治校是学校的基本管理方针，这得益于雨花区良好的依法治教氛围，雨花区教育局严格按国家规定保证适龄儿童免费就近入学、不拒收外来务工子弟，实行校长责任制、严肃查处群众举报和违规收费、补课等，严控用人和教师工作量、学生作业量，严禁体罚和变相体罚，实施国家的教学计划，严格食堂卫生管理，集中管理学校财务、实行政府采购和国库支付，基建采用招投标制度。对于上级的检查和社会的监督，学校积极配合，规范工作。学校内部的法制，是学校行政集体、教工代表大会，根据学校的发展目标和管理需要，依法制定的现代学校制度。超过800元的设备由政府采购，学校食堂管理坚持零利润，由职代会代表管理食堂运作和账务，票据规范清楚，期末缴纳水电维修费入学校统一账户。强化以人为本的制度设计，制定《学生文明公约》、《教师案头必备》、《童心课堂标准》，制定学校章程明确学校各类主体（教师、学生、家长）的权利、责任和义务，不是僵化地限制人的行为，而是更好地激励人的积极性、主动性和创造性。

　　义务和权利是统一的，学校在履行自己的义务同时，也享有一定的权利。学校坚持依法治校原则下的自主管理，学校对场地、房屋、设施、设备、经费及其他有关财产，履行管理权和使用权，自主实践适合儿童成长发展的"童心育人"理念和教育教学活动，依法招生和升学，并且采取积极措施，充分发挥法律特有的调节功能，联合社会力量，设立法制副校长，致力学校和谐发展。

　　但是，在依法治校实践过程中，仍然有一些不可忽视的现象值得我们思考。

比如如何保证学生在校安全和安全事故引发的损害赔偿问题。儿童应该在一个安全的环境长大，他们有免于暴力和恐惧的权利，这也是成人对于儿童的义务。可是，我们无比惊诧地发现，在当今社会上，竟然会有校园砍人事件，成人向最无辜的儿童施加暴力，竟然会有成人向最弱小的目标发泄不满！这将给儿童的心灵带来多大的不安，哪怕仅仅是听说这些事情，他们的成长将因此而背负多少对周遭的恐惧？学校是儿童非常集中的公共场所，在这里，只有教师是儿童的保护伞，我们应该设想，当面临突如其来的攻击，我们是否有能力庇护孩子们？学校能做的只有外紧内松。一方面，对外严格管控进校及周边可疑分子，枕戈待旦。学校男老师主动成立"防暴队"，在上学放学时段轮流值守，全校老师开会约定紧急情况集结和分散信号，平时操练搏斗技巧，开展防暴演练。另一方面，对内从心理教育切入安全教育。告诉孩子们处境安全，让他们少去看相关的新闻报道或者暴力影视片，通过拥抱、击掌这样的身体接触让孩子感到安全，加强沟通，创造机会倾听他们的倾诉。当学生蹦蹦跳跳地步入校园时，他们哪里知道每一个老师的心弦都绷得紧紧的呀！在这方面，是否能够通过立法或者加强教育法律法规刚性、强化教育执法权来做一些事情防止社会不法分子对师生进行滋扰和侵害。

除了外在的侵扰，还有一个最大的困扰，就是现在的家长维权意识越来越强，本来是好事，可是其中深刻而复杂的利益背景，让教育感到弱势和无可奈何。比如学校一名学生课间摔断了门牙，家长巨额索赔，这类例子很多，学校是公益性机构、特殊法人，主要任务是教书育人，可往往这类事件要占用大量精力和财力周旋。如果家校对立、矛盾激化、秩序混乱，师生就难以和睦相处、安心教书和勤奋学习。为了不出事，很多学校回避开展外出活动，不敢举行大型集会，有的干脆取消体育活动，甚至体育课也不上。尴尬的学校将培养出怎样的下一代？法律法规即要规范学校办学行为，也要维护学校合法权益，促进教育事业良性发展。

依法治国，教育先行。我们不能等整个社会的法制气候成熟再作为，而是应该从自身做起，做自身能够解决的事情，加强师生普法教育，让学生从小养成良好的行为习惯和法制意识，培养法制社会的优秀公民。

用数据交答卷

在这岁末年初之际，回首过去一年的工作，有艰辛、有欢乐、有成绩、也有差距。用十个数据来简要概括今年的工作吧。

0，指全年无安全事故，严格规范，依法治校。学校始终坚持把合乎党风、行风要求作为开展教育教学等实际工作的基本前提，贯彻落实党风廉政建设责任制，坚持民主集中制，既强调重大事务集体研究，又重视班子成员职责范围内主观能动性的发挥。招生工作、教师招聘、职称评定、新楼建设等事务，事关学校长远发展，涉及群众切身利益，这些事务都是经过集体讨论并依法、依程序决定的，教代会也总是把学校的事、学校的钱当成自己的一样，精打细算。

1，指本人作为雨花区唯一代表参加全国生命教育高峰论坛交流，这是我在参加校长表率工程获得小学组专题讲座特等奖第一名之后接到的任务。我校确立童心育人理念，将"童心"文化经营成学校共同的价值观念、价值判断和价值取向。2014年三月，肖川教授来校授牌"北京师范大学生命教育实验学校"并题词："童心表征着生命的纯净与圣洁，它能使我们更多地眷注生命，享受生命。生命教育要努力使师生永葆童心，让生命焕发出光彩。"《湖南日报》用2000余字篇幅报道我校生命教育实践"用生命点亮童心"，这让我们备受鼓舞。

2，指双电子白板。

学校教育技术手段先进，教室采用电子双白板，老师在讲课时两块板可以分别显示不同的内容，两板之间还可以互动，实现双向互动，省电教馆馆长陈德平亲自来校授牌省级双白板实验基地。学校作为湖南省"教育信息化示范校建设项目"试点学校、参与教育部《新技术环境下个性化学习》重点攻关，承办省小学校长信息技术能力提升高级研修班，选送三个作品获全国教育教学信息化大奖赛一等奖，四篇论文获国家级发表。

7，指"闯七关"期中考试。

考试是教学过程的一个重要环节，评价学生学习质量，既有鉴定的意义，即学生学业是否达到或在多大程度上达到预期教学目标，也有促进作用，即帮助学生发现学习上存在的问题，以便努力改进学习。但是，我们熟悉的传统的考试大多采用笔试、闭卷的形式，重视知识的记忆，忽视知识的应用和能力的培养。一些在未来社会很重要的能力，如口头表达能力、动手操作能力、组织能力、与他人合作的能力等在教学过程中就必然被忽视了。

对于小学而言，教学的对象是儿童，儿童的天性是好玩、好奇、好动，传统的考试方法只会压抑和束缚他们。因此，小学有责任让考试变成一件有趣味的事！"闯关考试和拼音检测"是在学校有限的办学自主范围内做一些尝试。让考试突出基础性、趣味性、体验性，不仅要检测知识点，更要检测能力。考试题目要能激发学生的兴趣，启发思维，动手动脑，举一反三。所以，这次考试在形式上采用闯关游戏，老师们根据需考查的知识点设置几关，学生随机选关来玩，每关设置几套有趣的考题，用摇骰子的办法来确定其中一套，师生一对一的形式更利于教师直接了解学生的掌握程度，考试结果用老师的枫叶蝶印章表示，学生最终凭印章到玩具屋选礼物。另外，高年级组织诚信考试，无人监考。长沙晚报整版报道《长沙有所最会玩的小学》，获得社会广泛好评。

8，指八项智能学说，学校的多元评价探索。

每一个孩子身上有特定的密码，比如出生环境、遗传基因、智力水平等等，单就智力水平而言，美国加德纳说的人的智能其实是在不同的领域分布的，他认为我们每个人都拥有八种主要智能：语言智能、逻辑——数理智能、空间智能、运动智能、音乐智能、人际交往智能、内省智能、自然观察智能。所以，我们的孩子有的擅长表达，有的擅长运动，有的擅长艺术，有的擅长逻辑。不要用一个标准去评价所有的孩子，丑小鸭在变成天鹅前甚至比一只鸭子更难看。上帝关上你的一扇门，就会为你打开另一扇窗户。关键在于老师要有一双善于发现美的眼睛和一颗时时给予孩子鼓励的敏感的心。

"枫叶蝶"是我们学校的吉祥物，她是有一对枫叶翅膀、能产生蝴蝶效应的宝贝，在我们学生的心中拥有无穷的魔力。以"枫叶蝶"为使者，我们设计制作了一系列"枫叶蝶"形象和产品，涉及校园生活的方方面面，产生了一套寻蝶过关的多元评价体系。 每个学生都能通过自己的努力获得其钟爱的那种枫叶蝶，进而不断进阶，最终有机会赢取蝶娃大奖！

111，指全体教师全员赛课。

学校童心课堂研究活动中，111名教师开出"一师一优课"，青年教师成立小荷俱乐部。本年度陈美龄等12位老师考编成功；区"半小时带"培训工程的基地校辐射黎托片区。心理组张曦元老师执教《我的未来》送教到浏阳石小，美术组牵手浏阳张坊镇小学开展活动。语文组《高年级阅读教学探讨》的主题研讨视频获得雨花区特等奖，英语组被评为了区优秀教研组，学校艺术组和体育组被评为区艺体先进单位。

作为市级心理教育示范学校，我们重视教师的心理滋养，通过教师培训和研究活动，引导教师发现并发掘自己的童心。有老师跟我说，自从来到枫桥小学当老师，看世界、看人、看生活、看自己的目光都在发生变化，有时候以大人、老师的目光去看这个世界，有时候以小孩子的眼睛去看这个世界——好像当我又变成一个孩子了，我就更能理解孩子、用一种慈爱的心肠对待自己的学生。这就是枫桥的老师，尽管我们不能减低社会竞争给教育带来的压力，但是我们在尽力先隔离出一块净土，让小学阶段的孩子能静静地、快乐地、符合规律地成长。我相信，这样做的孩子能积蓄后劲，长远的未来会充满光明。

320，指我校在区运动会上获得的团体总分，排名第一。

学校把健康素质放在第一位，区运动会以团体总分320分获第一名。全国沙滩柔道赛摘取三枚金牌。区运会窜出大桥这匹黑马。给了兄弟学校足足的正能量。

任何成绩的取得，绝不是一朝一夕。每年校运会尽多的设置项目，让每个学生都有机会当运动员。除此之外，巧妙利用这一全员参与的盛会，开展综合性的研究活动。去年，我们把学生运动会开成小小奥运会，来自38个班级的学生分别代表不同的国家，今年，运动会搭上了中国历史的精彩，一个班代表一个朝代，让普通的活动更有意义。为增加学生在家运动时间的比例，学校每天布置体育作业。在学校，阳光大课间是全校学生每天最开心的时段，只要在学校，我就在升旗台上带操，除了我之外，还有想和校长妈妈一起带操的学生！只要你想在全校同学面前展示你的活力，你就有机会站到台前来！当全体学生都以跳得高、跑得快为荣的时候，校园电视台成为运动员选拔的最佳推手，参赛运动员通过电视台海选出来，万众瞩目。全员热爱体育，师生重视健康是提升体育健康素质的基础。

480，指和校长共进午餐的学生数。

校长在学校就算公众人物了，就算明星了，今年我开始尝试"强化校长岗位的教育功能，弱化校长岗位的管理职能"的探索。全年与校长妈妈共进午餐学生约480人次，另有家长42名。除我以外，我还经常邀请其他的大人物来校和孩子们共进午餐。和"大人物"平等交流，与出类拔萃的人面对面谈话，对小学生来讲，是难得的体验。也许，一场对话能促发小孩子无限的思考，一个机缘能促使他突然顿悟并终身投入。一个孩子的处境能反映出一个学校的氛围，大人物也是普通人的暗示潜移默化地发挥着教育效能。

越是与学生亲密接触就越能给管理以灵感和机智，校长小助理不仅是成绩优异、表现突出的孩子，还有抽签产生的"幸运"的孩子，让每个孩子都感到有机会！尽管我们终将活在这个并不如意、甚至永远都不会如意的世界中，但我们培养的不应是提线木偶、亦步亦趋地按照大人的意愿顺从和同化，而是教儿童与这个世界沟通，做最好的自己。

1500，指全年乡村少年宫开放场次。

今年，学校乡村少年宫再次作为必检点迎接文明城市国检，乡村少年宫平时面向所有在校学生，周末和节假日向社会开放免费活动1500场次，包括亲临酒泉卫星发射现场，回校自制火箭发射，组织爸爸篮球赛、十岁生日校园露营夜等，真正成为了"学生开心的活动场所，家长放心的教育阵地，居民向往的活动中心"。

2098，指全体学生参与的社团活动。

社团，就是学生根据自己的兴趣报名的选修活动。老师们利用自己的所长，免费推出了你想得到和想不到的七十多种活动，有街舞、折纸、体能拓展、游墨堂（国画）、名著与电影、不一样的世界（心育）、玩转数学新思维、天使爱美丽形象设计、巧手屋、甜甜糕点屋、飞机模型、电脑小医生、红领巾种植园……一个个社团里开怀尽兴的孩子，张扬着他们天赋的异禀，展现着各自成长的美好。今年六一，副省长李友志，副市长夏建平到校参加"泡社团"活动，并高度评价。

这就是2014年枫桥小学交出的答卷，虽然这十个数字并不能全面概括我们的工作，但是这些数字的背后凝聚的是老师们的创造力、进取心和爱心，如果没有他们长时间的奉献和付出，我什么也拿不出来。所以，感谢朋友们，请给我们的答卷打分，请为我们点赞！

第三辑

滋养童心的家园

地球上的大人都比小孩傻

卢梭《爱弥儿》第一句："出自造物主之手的东西，都是好的，而一到了人的手里，就全变坏了。"这是不是说我们自己呢？在我们这个人口众多、优质资源相对匮乏、同质化竞争激烈且飞速变化着的社会中，家长普遍存有一种焦虑，眼睛也不得不盯着别人的孩子看，生怕被别人比下去，生怕被大众抛下，成为那个被甩下的末游，最终连生活都成问题。于是，我们以"都是为你好"的名义，把孩子童年的一切，变成一场又一场的竞技，让孩子苦不堪言。

我一直惊叹于苹果公司使用一个被咬了一口的苹果作为商标，为什么不用一个完整的苹果呢？我没有去考究，只是联想到，也许任何一个孩子，就是被咬了一口的苹果。因为，世界上并没有真正完美无缺的人，每个孩子都有长处，也会有短处，关键是我们怎么看待和帮助这个孩子。其实，每一个孩子身上有特定的密码，比如出生环境、遗传基因、智力水平等。单就智力水平而言，美国加德纳说的人的智能其实是在不同的领域分布的，他认为我们每个人都拥有八种主要智能：语言智能、逻辑——数理智能、空间智能、运动智能、音乐智能、人际交往智能、内省智能、自然观察智能。所以，我们的孩子有的擅长表达，有的擅长运动，有的擅长艺术，有的擅长逻辑。不要用一个标准去评价所有的孩子，丑小鸭在变成天鹅前甚至比一只鸭子更难看。上帝关上你的一扇门，就会为你打开另一扇窗户。关键在于父母要有一双善于发现美的眼睛和一颗时时给予孩子鼓励的敏感的心。

外星人说：地球上的大人都比小孩傻！教育是农业，不是工业。然而，今天的农业，却越来越"工业化"了。化肥、农药的过度使用，生产效率的极端追求，带来了很多问题。教育也是这样，加工"过度"，添加"过多"，功利"过头"……只有孩子们知道，他们需要绿色的、自然的、生态的、适合的、简约的、幸福的教育。孩子的生命不可重复，他们既要创造幸福的未来，也要拥有幸福的当下。幸福的童年不意味着没有困难、压力和挫折，但只有困难、压力和挫败的童年，一定不是幸福的童年。

我总是把自己想象成小孩子，注意听孩子的心声，也毫不掩饰个人性情展现在工作中，让孩子们玩过小学，让学校像家一样，成为他们舒适开心、愿意停留的地方。曾听一位家长朋友说，孩子在放假的时候说的最多的一句话是："还有几天才开学啊？！"他们如此喜欢学校、向往校园生活，家长还用担心孩子不爱学习吗？

对于我们做父母的来说，一个坏消息是，没有人天生懂得怎么做父母。一个好消息是，人总可以通过不断学习、终身长进，甚至和孩子一起成长。

因为懂得　所以慈悲

　　家长座谈会，就要开名符其实的座谈会，而不要把家长会开成纯粹的学习成绩汇报会或者简单的学生表现批判会，不能是老师一言堂，要让家长多说。所以，形式上可以将座椅摆成圆圈，老师和家长肩并肩坐在一起。为提高交流效率，可以将孩子的表现等要汇报的情况用PPT做背景播放，会前也可以准备一些学生互评的小纸片或者调查问卷，让学生给学生打评语，这样的评语更容易让家长接受。我很珍惜这样的机会，不是作为一个校长，而是作为孩子在学校里的妈妈，通过广播跟家长们谈谈心。

　　我发现很多家长在教育方面渐渐成熟，有独到的见解，我很高兴把自己十几年来从事教育工作最欣赏的四句话跟大家分享，它们直指事物的本质，既简明如神谕，又朴素如常识。

一、人生是一场马拉松

　　《卡尔威特的教育》中德国那位把低智商儿童培养成德意志奇才的伟大父亲，《哈佛女孩刘亦婷》中两岁时离异父母离异，赏识教育大师周弘讲述的教育自己耳聋的女儿的故事，让我们看到，即使先天不如正常儿童的孩子也能实现他们的价值，相比起来，我们的孩子应该更有成材的潜质，我们有责任让我们的孩子发展得更好！

　　"不要输在起跑线上"是商家的谎话，人生不是百米短跑，人生是一场马拉松，试问谁见过马拉松比赛一开始就使劲往前冲的？马拉松竞争在于耐力、信念和健康。对一个人的评价既有"当下"的评价，也有"历史"的评价，今天的

"天才"也可能是明天的"笨蛋"，今天的落后与不足，恰恰可能是明天的优势所在。就人的一般意义的发展而言，并不以上清华、上北大为标志，寻找人生最佳的发展点才是更为核心的问题，人最佳的发展都是在自身意义上的发展，一个学业成绩不佳的人却可能有非同寻常的人际智慧，有高超的人气，可以成为领袖；一个沉默寡言、有严重交往交际障碍的人也可能是个卓越的哲学家，可以说劣势往往意味着另一方面的优势，关键看你用什么尺度来看待孩子。如果你能够依照孩子自身的特点制定适合他的评价尺度，这对孩子而言实在是善莫大焉的事情。

二、爱孩子就要和孩子生活在一起

在童年，母亲的存在就代表着安全。童年时对孩子的忽视、缺乏关爱、对孩子的厌恶和过早地与孩子分离，都会造成孩子终身的伤痕。在我看来，两种父母无法教育好孩子，一种是不能跟孩子生活在一起的父母，另一种是下班后不能回到自己家里的父母。空间的距离使孩子与父母之间的关系越来越疏远。家长一定要清醒地意识到，不论生活多么辛苦，或者事业多么成功，最不能忽视的就是孩子的教育！

全家人一起吃晚餐是很重要的家庭仪式，研究表明，大人认真对待家庭晚餐有助于小孩获得较好的营养、较高的学业成绩，即使父母双方只有一人能赶上晚餐也有这样的效果。孩子的未来，往往在餐桌上和客厅里就已经决定了。孩子在童年时，你不和他生活在一起，不和他在一起用餐，不陪他说话，孩子很快就会长大，长大后的孩子，你更加不知道怎么跟他交流，甚至你和他说话都不自然，人与人之间，包括家里人之间一旦形成这样的隔膜，你想改善它都很困难。越孤单的孩子眼神越迷茫、黯淡。

我们常常吝啬给孩子以真诚而温暖的爱语，反而以干瘪粗冷的言语命令孩子达到大人的要求，却不知这是得不偿失的。有的孩子一听到父亲的声音就说不出话来，一些很想表达的、温暖的话语在父母面前就是表达不出来，即使能够勉强说出来，自己也觉得别扭。这个问题，在我们中国家庭非常普遍。回家以后，鼓起勇气，拥抱自己的孩子吧。所有的敌意、隔膜都会消解。一次不够，把这样的拥抱坚持下去，告诉他：孩子，爸爸妈妈非常爱你！当孩子往前走，他回头时最渴望看到的是鼓励的眼睛。

三、在管与不管之间，寻找平衡点

我们这辈人经常感叹，为什么我们的父母随随便便就把我们（或许是一大帮孩子）养大了，而我们现在只养很少的孩子，却累得不行？可能最主要的原因是我们现在太讲究了。在小的细节上太拘泥了，必然会忽略更大的问题。一块整玉，要雕琢成绝伦之器，在镂空刻琢的过程中，自然会有一些部分会被舍去，所以有时失去一些东西既是必要的，也是必然的，未必不是好事。

比如，孩子之间互相打闹不是什么大不了的事情，如果家长插手，处理不慎重的话，第一，会纵容孩子继续起冲突，因为他们知道有人"撑腰"；第二，可能无谓地失去和气。因为小孩子的脸如同四月的天，几分钟前打闹，几分钟后嬉笑，大人为此闹不开心，实在没必要。当孩子向我们投诉的时候，我们要仔细听，把情况搞清楚再说，不要先不管三七二十一，把孩子骂一顿。如果孩子经常从你这里得到"他错了"的反应，以后在学校里的任何事情就不敢跟你说了，这最可怕。你得先肯定他做对的地方，然后再给他建议。可以教孩子多交朋友，远离游戏机，如果发生问题，要让老师知道。

管还是不管，在每一个具体的家庭、每一个具体的孩子身上是不同的。很多家庭中，父母从不批评孩子，偶尔批评一下，自己还心疼得不得了。孩子在16岁以前，大都难以自主意识到错误，需要父母理性的管教。怎么管？首先要陪伴，及时发现问题，及时进行教育。对于孩子的言行不当之处，父母要明确告诉他，尤其是危险行为更要严厉制止，对孩子提出的要求越明确，收到的效果就越好。在教育孩子的时候，全家人必须保持一致，不能父母中有一方管教孩子的时候，另一方当着孩子的面无原则的庇护，更不能让爷爷奶奶参与管教孩子，因为上一代人往往容易溺爱孙辈。爱孩子要大爱，爱在心里，不把优秀的品质传给他，留给孩子再多的财富都没有意义。只是管教孩子时要理性，我给大家十条建议：

1. 帮助孩子设立规矩，对孩子的任何要求，首先你自己要做到。

2. 每天固定阅读的时间，父母一定要看书。

3. 鼓励孩子做家务、参加劳动。

4. 注意倾听，大部分孩子晚上比较爱说话。

5. 就孩子感兴趣的问题一起探索，不怕麻烦。

6. 经常带孩子去旅行。

7. 每天告诉孩子，你爱他。

8. 不要在起床、吃饭和睡觉时教育孩子，不要拿别人的孩子来比较。

9. 切忌一生气什么话都说出口，更不要当众训斥孩子。

10. 发现自己误解了孩子或者教育方法不当时，诚恳地向孩子道歉。

四、我们不得不变老，但是我们不必要长大

自从有了一个孩子之后，家长看世界、看人、看生活、看自己的目光都在发生变化。你有时候以父亲或是母亲的目光去看这个世界，有时候以孩子的眼睛去看这个世界——似乎可以这样说，当你又变成一个孩子了，你才会更能理解孩子、用一种慈爱的心肠对待自己的孩子。

当孩子小的时候，你和他多说话，等他长大了，你才知道怎么接着和他说话，才能自然又亲切。学校里发生的一切、班上的有趣的事情、他喜欢的某个同学，孩子的校园生活和你对孩子的关注美好地交融在一起，你陪伴孩子早出晚归，收藏了孩子成长中生动的点点滴滴。即使这样的日子有点艰辛，但也一定充满乐趣。

你的孩子生活在一个童话的世界，他不像同龄人那么世故，你应该感到庆幸。过早地进入成人世界，儿童因此过早地失去天真和好奇，失去活力和想象力。让儿童像个儿童，一个家庭就有希望，一个学校就有希望，一个社会就有希望。

我们孩子的世界已经与从前大不一样，他们的未来依赖于他们一生中掌握新概念、作出新选择、不断学习、不断适应的能力。在这种全新的社会环境中，财富将首先依赖于个体和国家学习与创新能力，特别是确定问题、找出新的解决方法和增添新价值的创造能力。因此，人的智能和知识注定将作为社会的主要资本不断代替机器和厂房！这个新时代充满残酷的替代选择，个性的保护和养成，可以提高人的不可替代性。对于那些拥有学习与创新能力的人来说，新时代是一个充满机遇和希望的世界；而对于那些缺乏学习与创新能力的人来说，当旧工作消失、旧体制崩溃时，他们将面临失业、贫穷、绝望的悲惨前景！

可是，我们看看当今中国大部分家庭教育的目的都是落在"谋生"和让孩子在学校考试表现更优秀上，大家都认识到应试教育的坏处，大家都卷入洪流无计可施，只想着自己的孩子不要成为落后者、失败者和被淘汰者。只要人口不减，只要优质资源依旧稀缺，学生间的竞争就会存在，有竞争，国人就会有焦虑。奥数被禁了，补课被禁了，自会有别的手段来抚慰中国家长和教师那颗焦虑的心。究其原因就是家长仍旧不太相信教育的责任是落在培养健康人格、公民素养、国际视野和具有持续学习能力上，甚至也不太相信教育能够更快乐一点，这是一个时代最大的限制和可悲之处。

然而，任何教育的进步都是极其艰难和缓慢的，可孩子的成长等不起呀！如果我们不能减低社会竞争给教育带来的压力，我们是不是可能先隔离出一块净土，让小学阶段的孩子能静静地、快乐地、符合规律地成长，等到了中学，甚至高中再让他们去打拼吧。学校，就是要为孩子建立一个精神的故乡，使他们在万变不息的世界上闯荡时，有一种内在的资源。教育，就是学生把从学校学到的知识全部忘却后还沉淀下来的、可以滋养生命的东西。我相信，这样做的孩子能积蓄后劲，长远的未来会充满光明。

一张自画像

　　学校特意让每个孩子画了一张家庭自画像或者自己的自画像，拿到家长会上让家长们看一看。出自孩子双手的每一幅图画都是一个心灵的展台，在这个展台上，只要家长用心观看，人物在画纸中的位置、画面的大小、线条的特征，大人会洞悉孩子的心理、感受、学习适应和家庭情况，能够了解孩子对自己和家庭的认知，了解他对家庭的想法和态度，甚至可以了解他的期待和梦想，或是不良心理倾向的信号。一句话都不用说，孩子的内心世界在这幅画上一览无余，一幅画哪怕画上三次、五次甚至天天画，内心的秘密依然无法掩盖，这是父母了解孩子最简洁的方法，也是孩子最乐意配合的方法。

　　孩子的自画像就是孩子自认为自己的样子。如果自画像过分抽象，如画成火柴人，说明他还需要安全感，对外界有警戒心，要隐藏自己；如果他把自己画成裸体的，没有穿衣服，就要小心孩子在性方面的冲突和矛盾心态。画中的孩子巨大，占据整个画面，可能孩子自我膨胀，自制能力比较差，容易情绪化；相反人物画的太小，表明他不自信，内向，自卑，情绪比较低落，这是不是与大人们平时对他评价比较低有关呢？自画像是正面的孩子，往往比较积极主动，愿意让别人了解自己；如果画的侧面像，大概他希望保持一种神秘感；要是画的背面，我们就要小心他可能存在不敢面对真实的自己，想逃避，或者不愿意让别人了解自己。画中人是坐着的，可能孩子对情感有着强烈的需要，画中人整个斜着的，可能存在心态不平衡。若是孩子把自己的脸整个涂黑，可能在交往上存在焦虑，比较害羞；把身体涂黑的孩子，可能是对身体状况的不满。要是只有一个大大的头部，没画身体，表示孩子对自己的智力极其自信，追求精神上的满足，有较强的控制欲；可是如果只画了个小小的脑袋，说明他过分压抑自己的欲望，做事情易过多考虑别人感受，易受别人影响。

进一步观察自画像中的头发、五官、四肢、手指、服饰等等，头发常体现个体的自我形象和生活风格，头发描绘得过于仔细，可能孩子十分自我陶醉，也可能有比较多的烦恼；那些只画头发的轮廓的孩子，大概做事比较追求效率。面部和五官很重要，如果孩子的自画像漏掉了五官，说明他比较敏感，对人有戒心，没有很好地适应环境。大眼睛表示外向，也表示多疑，不过爱美的女孩子一般喜欢把自己的眼睛画得很大；小眼睛理性，意志比较坚强；没有眼珠表示内向，只关注自我，对外界环境和食物不屑一顾。鼻子一般与主见有关，也与性有关，孩子画画时容易省略。耳朵在五官中是用来吸收声音信息的器官，与倾听有关，可以反映出对别人观点意见的态度。画了个大大的嘴巴，孩子往往性格比较活泼开朗，能说会道，执行力强，有决断力；小小的嘴巴，性格比较内向、消极、比较依赖；如果嘴巴都没有画，提示情绪比较低落，不愿与人沟通。四肢与个体的行动能力有关，衣服上的纽扣表示孩子依赖性比较强，衣服中线的纽扣说明他以自我为中心。另外，戴了帽子的自画像可能比较注重形象，也可能对外界起了怀疑心或警戒心。还有很多的细节，在这里就不一一解释了，家长们可以问问自己的孩子他是怎么想的，然后跟班主任和心理老师们探讨，也可以到学校的心理咨询室找知心姐姐深入了解。当然，小学生，特别是低年级的学生心理、思维都还在发展的初级阶段，出现某些现象也是正常的。

很多孩子画的是家庭自画像，我注意到有个孩子的画很不一样，我请他给我讲讲这幅画，她说："这是妈妈（一个留着长长的、卷卷的头发的女人），站在妈妈旁边的是我（画着一张笑脸），还有这是我们的小狗。还有，这是我的妹妹（一个在房子前面的街上躺着的小孩，比其他人大约大三倍）。"

我对这个小孩的家庭比较了解，所以发现了这幅画的问题，我说："我很喜欢你的家庭画像，可是这幅画里有妈妈、你、你妹妹、小狗、太阳、房子和小鸟……爸爸在哪儿呢？"

她不假思索地说："他在办公室！"孩子的爸爸一直忙于工作，忽视了孩子的陪伴，自然孩子也会想不起他来，这张不完整的家庭画像反映出了当今很多家庭的问题。

画中没有出现的爸爸，是否应该将目光从工作中、从外界中收回，更多的关注家庭、关注孩子，关注孩子的内心，关注孩子的需求呢？我们的视野和孩子的视野不一样，而很多的时候，我们却希望孩子跟我们一样，按照我们的想法去做，显然，是我们总在强求孩子的改变，于是和孩子之间的对立也就产生了。对立一产生，家长就会要打骂孩子，想要控制孩子的心灵状态，利用打骂制造孩子的恐惧感，使孩子日后可以乖乖听话，接受妈妈的使唤及控制。而对于孩子而言呢，他当然不想被大人控制，因此就会有许多的叛逆行为。

我是校长，我带领着老师们每天都在研究着两千多名学生。同时我也是一个三年级男孩的妈妈，作为一个三年级孩子的妈妈，您在与孩子交流过程中产生的困惑我也一一都曾经或正在经历着。我们在跟孩子沟通的时候，常常是噪音大于信号，我们自己认为我们说清楚了，但是在孩子看来，完全不清楚。即使两个大人之间都可能出现沟通障碍，何况是两个心智发展完全在不同阶段的人呢？所以有时候当父母和孩子之间处于这样一种状态的时候，再来讲什么教育的话，孩子往往开始会以一种让你越来越看不懂、让你听不懂、甚至是恶作剧的方式去表达他对你的某种认可或不认可，当父母处于强势地位，不愿意透过孩子的行为去发现里头的信息的时候，最后就是一种非常悲催的结果，爱会被阻断，甚至被误解。而只有爱在家庭里正常流动的时候，成长才会最顺利地发生。

周星驰母子在接受凤凰卫视采访时讲了一个故事，周星驰生长在单亲家庭，他6岁的时候父母离婚了，母亲带着他和两个姐姐一块儿生活，他们家庭非常贫困，但是即使是在最贫穷的时候，她的母亲每个月都要买两次肉给他们吃。周星驰小时候各方面不错，学习也挺好，非常用功。但是有一点让他母亲非常头疼，就是他不好好吃饭，尤其是当母亲买了肉以后，他上去吃一两块，然后就故意再夹几块，不让姐姐们吃，但自己也咬一小口然后就扔在盘子里。母亲觉得很可惜，每次就只好把他咬过的那些肉吃掉。多年以后，她的母亲在电视访谈时讲到这个事情，说周星驰小时候让他唯一不满意的就是吃饭，尤其是有肉的时候。周星驰当时听到她母亲说的时候，差一点眼泪都要流出来了，他说："妈妈你一直没有看出来，每次我都是故意的。"原来因为每次吃肉，母亲从来碰都不碰一下，周星驰就通过这样的一种方式让他的母亲去吃肉。而她母亲完全没有理解他的心。即使在最亲密的母子之间，我们还能产生这么大的误解，想想日常生活中，有多少孩子的心声我们没有解读出来。

欧亨利的小说《麦琪的礼物》中讲了一个的误解的故事，丈夫把自己的怀表卖掉，就为了给妻子买一个发卡，妻子也没有钱，把自己美丽的长发卖掉买一个表链给丈夫，结果当他们圣诞节拿出礼物的时候，他们就买了世界上最无用的，当然是最动人的礼物。在这种情况下，他们是不会争吵的，因为他们感同身受，知道这个情景是什么。但是很多时候，一个人发出的善意，另一个人是很难感知的，所以沟通就是无效的，甚至会发生冲突。

我们曾经都是个孩子，我们可以想象孩子心里想什么。六年以来，我校以心理教育为重要特色，全校教师学习研究心理学，从儿童的视角去发现，用儿童的思维去交流，以儿童的发展为追求。目前，已有十几位教师通过考试获得国家二级心理咨询师证，我也是其中之一。我认为，老师有童心，老师懂学生，教育才有效，才温润。在家庭教育中也是如此，家长理解孩子、看见孩子、发现孩子、尊重孩子，亲子良好的沟通甚至比学校教育更为重要。那么，家长怎样去跟孩子沟通呢？

第一种沟通方式：设身处地，就是用同理心去和孩子沟通。适用情况：当孩子出现令我们不能理解的行为时，我们可以对孩子说："你告诉我你是怎么想的？"

忌讳用语：为什么老是教不会？为什么总是犯错？你每次都这样？我要好好惩罚你！你就会给我找麻烦！

这些词都是对立的概念，这些话都证明了"我是对的，你是错的，你错了，我要惩罚你"！切记这些词让我们以后再也不要用在孩子身上。否则只会让孩子离你越来越远，只会让你更加的头痛。作为父母，我们要尝试着去理解孩子为什么会做那些让你担忧的事，为什么会叛逆，我们可以融入孩子的心，去理解他们的心，成为孩子，同理孩子，理解他们的心灵状态。

我们可以这样，不管孩子说了什么话，做了什么事，请你第一步忍住发脾气，第二步要习惯性地使用这些沟通指令：哦，我了解；我完全理解你；我明白了；我了解你的用心；我感受到了你的心意；我支持你！我会陪伴你，你不会孤单的。

孩子感受到了安全感，觉得终于有人了解他了，理解他的心了，他将不再感到恐惧与害怕了。他将更加乐意将自己的内心展示在你的面前了。从而让你更加了解孩子，理解孩子。走进孩子的内心世界，你会发现，自己也会重新成长。

第二种沟通方式：以身作则，就是用镜子投射现象来理解沟通。你是不是说过：你气死我了，我无法原谅你！你老是这样，这不是第一次了。你完了，你根本就无药可救了。你怎么这么笨，老是学不会？

孩子就是家长的一面镜子投射，当你对着镜子破口大骂的同时，你是在骂谁呢？不仅仅是在责骂自己，同时也是无法原谅过去的自己，无法接受现在的自己罢了，所以你就当然也无法原谅孩子，无法接受他们做出的行为了。如果家长随地丢垃圾、过马路翻越栏杆，当孩子照样子做时，家长怎么可以批评孩子随地丢垃圾呢？

透过孩子的行为，我们不妨反思自己：从孩子的身上我看到了什么？从孩子的身上我看到我自己怎么了？从这些事件中，我看到了什么？从这些事件中，我看到我自己怎么了？孩子透过这些事件，想告诉我什么？

我们自问自答，直觉回答自己，把自己内在的声音直觉地表达出来就对了。通过孩子的事件来面对我们自己的心灵，反思自己的行为，你还会去苛责孩子惩罚孩子吗？

第三种沟通方式：学习导师。当孩子的学习遇到障碍时，我们也许会说：你笨蛋，你白痴，老是考不及格！教你多少次了，还是不懂；以后别想出去玩了，直到你考及格了；这么简单的题目也不会，真的很笨啊！

当孩子的考试成绩不是很理想时，孩子已经够难过了，他们希望得到理解和帮助。如果我们说出一些这样的话语，只会让孩子更加疏离，更加不想学习，害怕学习。如果我们改用这些语言来和孩子交流，也许情况就不一样了。

"我们一起来玩玩这一题好不好？"这时你可以想办法和孩子一起将题目设计成游戏，让孩子从游戏中学习领悟，并体验成功的快乐。"这些题目真难表达，我们一起把答案画出来好不好？"引导孩子把学习体验用绘画表达出来，是一种很棒的沟通模式，绘画可以舒缓学习课程的紧张压力，同时也可以表达孩子的内心情绪，理解到孩子目前的心灵状态。

第四种沟通方式：知心朋友，用灵魂的高度引导孩子。

如果父母替孩子做得太多，会让孩子不愿意面对困难，害怕承担，这样会让孩子缺乏竞争力，没有责任感。替孩子打理好所有的一切，是不信任孩子有能力处理这些事情所造成的，我们要给与孩子充分的信任，培养孩子的自信。

我们要常对孩子说：你没问题，我相信你会做得很好，我完全支持你！除了用目前的方法外，你跳脱出事情的框架，再思考看看能不能想出三种不同的解决问题的办法，我们再做决定。如果你是对方，你会希望怎么处理这件事？从对方身上你看到了什么？从对方的身上你看到自己怎么了？从这件事情你看到了什么？从这件事情你看到自己怎么了？当事情这么决定时，未来的发展会出现几个可能的结果？要想避免这个结果，是不是要找出"因"，改变了"因"之后，"果"会不会改变呢？如果你是我，你会希望我怎么做？如果时间逆转，再重来一遍，你会怎么做？你现在已经是天使了，你该如何完成这件事？你可以主导事情的发展，而不是让事情来主导你。我相信你的能力，你可以做的很好，我完全支持你。孩子，我完全了解你的感受，别人无法了解你，但我完全了解，来到这个地球会很辛苦，但我们会一起走过，好吗？

当孩子面对苦难，遇到挫折时，我们选择合适的时间点，适合的用词，以一种认真、肯定的态度，重复地告诉孩子，会有助于他们处理事情的面对能力，并能安抚他们的心灵，从而提高孩子的自信心，帮助他们建立一种丰富的情感和积极的态度，提高他们的抗挫折的能力。

家长会从孩子的自画像和家庭画像讲到亲子之间的沟通技巧，我认为，无论哪一种方法，只要用了，就会有效果。只要用心陪伴，就一定可以找到家长和孩子都喜欢的方法。以同理心去理解我们的孩子，从家长角度转向儿童立场，以身作则陪伴孩子成长，在孩子遇到学习上的或是其他方面的困难时，能够不对立、多鼓励，让我们和孩子的关系更加融洽，更加和谐。

学校教育要延伸到孩子出生的那一天

小初衔接和幼小衔接是学校的大事，毕业班学生聚集在大教室，听中学来的老师讲座，跟刚毕业不久的学生互动，大家很是新奇和投入。而另一边，幼儿园来的小朋友们正在这美丽的校园体验。

学校小主人带领小客人骄傲地走进课堂，在宽敞明亮的教室，小朋友新奇地看到小学生们认真读书，专注地听着哥哥姐姐们生动讲解，逐步融入联谊班学生中交朋友。小孩子心里很兴奋，很可爱、很好奇、也很有礼貌，见到人热情地打招呼，有的竟然还跟我们老师一一握手，相当有范儿。同样，在这个过程中，我们的学生也很有收获，他们不停地回答幼儿园小朋友们的问题，还给表现出色的小朋友奖励"枫叶蝶"贴纸，意识到自己是大哥哥大姐姐，便处处做出表率，在小朋友们羡慕的眼神中，大哥哥大姐姐很有成就感！

英文"学校"一词"SCHOOL"来自希腊文，本意是"空暇"、"休闲"。"学校"是雅典商人送自己子弟去探索人生，培育人生好奇心的地方。小学就是要尽力营造这样的空间，关注环境对"人"的教育滋养，校园根据教学、体育运动、生活等不同功能对校园进行分区、布局，同时，根据小学生身心发展的特点在各个不同的区域精心研究改造，建设蔬菜种植园、沙趣池、鱼池等实践基地，为师生营造生态空间。

老子说："天下难事，必作于易；天下大事，必作于细。"在巴黎，有人问一位诺贝尔奖获得者："请问您是在哪所大学、哪个实验室学到了您认为最主要的东西呢？"这位白发苍苍的老人平静地说："是在幼儿园。"提问者非常惊讶，又问："您在幼儿园学到些什么呢？"老人耐心地回答说："把自己的东西分一半给小伙伴们；不是自己的东西不要拿；东西要放整齐；吃饭前要洗手；做错了事情要表示歉意；午饭后要休息；要仔细观察周围的大自然。从根本上说，我学到的全部东西就是这些。"这段话耐人寻味。从幼儿园学到的基础的东西，直到老年时还记忆犹新。可见，在儿童时期，特别是幼儿园和中小学时期，是养成教育和品德培养的最佳时期。

每一次幼小衔接的活动，我总是精心安排，虽然这并不属于学校这一方在一般意义上的教育义务。越来越多的幼儿园跟我联系，希望参观校园、定期培训家长、策划幼小衔接活动，甚至租借场地搞活动，对于这些请求，我总是欣然同意。因为，这些孩子将来很有可能到我学校来读书，早一点熟悉校园是很好的，学校教育应该尽可能地向下延伸，尽早将办学理念传达到孩子和父母心中，以便他们理性选择。事实上，这还晚了，我认为，真正的教育延伸要从孩子出生的那一天起。

不论是幼小衔接，还是小初衔接，都是孩子心理需要关注的重要阶段。当然，就当前的大环境来看，"延伸到孩子出生的那一天"只是美好的愿望，毕竟很多家长并没有意识到尽早了解学校办学的重要性，这就使得学校教育成了一壶烧不开的水，总是让我们无奈。

跟未来见面

今年秋季将入学的新生已经摸底了，我知道，家长们对学校教育充满期待，孩子们对小学生活无不憧憬。在这样的情况下，我决定做一件事情，跟未来的学生和家长见一面，走进他们的家，听听他们的诉求，也借机培训未来的家长。

我设计了三个阶段：入户走访、家长培训、校园寻蝶。第一阶段入户走访从今天开始，按照事先的联系，同一小区的5~8个孩子一组，集中在一个孩子家中和我们交流。一天安排3~4个家庭，每个家庭1小时左右。第二阶段家长培训，预计安排在暑假，邀请专家、教师和教子有方的家长来校讲座，给未来的家长进行培训。第三阶段安排在开学初，新生进行"校园寻蝶"大型游戏，届时，校园各处藏着枫叶蝶，手拿藏宝图的孩子将在有趣的活动中，慢慢熟悉环境，获得支持，进入"小学生"角色。

其实，昨天我就接到很多关心的询问："现在还没有入学的家长都想找你，你怎么主动走进家庭？""校长亲自面试孩子，为的是什么？""如果我的孩子这次表现得不好，还能不能到你们学校读书？""我家孩子比较特殊，校长看见了是不是不会收啊？""是不是面试过的孩子一定能读枫桥小学？"还有一个记忆犹新的提问是："我们是马航家属，省政府照顾的，入学不会影响吧？"我只好一一答复，我只是想见见孩子和家长，与入学无关。但我想说——与我们的未来有关。

上午8:30，我们来到三江花中城一户人家时，家里已经熙熙攘攘的挤满了大人和小孩，主人正在热情地招呼大家。我们入座后，孩子们一个个自我介绍，有的大方、有的腼腆、有的爱说、有的能唱，个个都很可爱。陆陆续续又来了一些没有接到通知的家长和孩子，自称听说这个事情以后赶过来的。今天不是休息日，大家都来了，很多是特意请假过来的，对此我很感激，也感受到家长的焦虑心情。

都是为了孩子，我们的共同话题很多。家长们希望知道孩子在入学前应具备的知识程度，希望学习科学的家教方法，希望更多地了解学校。我们在漫谈中化解了家长的疑惑，传播了办学的理念，达成了相互的理解。特别让我欣慰的是，有已经就读我校的孩子家长对学校老师赞赏有加，肯定我校老师全面教育质量观和对孩子们温和细致耐心的教育方式。我感到，今天我来对了，面对面沟通，效果和意义非凡。

一天下来，口干舌燥、全身瘫软。我主张学校要给人看，要敢于听家长的意见，也要努力改进。如果人人情愿送自己的孩子入校求学，这就算是好学校了。同时，家长把孩子送到学校来，是对我们天大的信任，我们当老师的应对待学生如亲生孩子，和家长一起用爱教育我们的孩子。

最好的学校就在家门口

刚进校门，吴海波就冲过来说："快！快躲起！有人找你入学！"我二话没说，扭头就走，身后一片笑声。我瞬间反应过来，原来今天是愚人节！吴海波真狡猾，竟然用我最怕的事来骗我！好笑的是，接下来，我搬出财政局的"财神爷"把吴海波骗得团团转！

到办公室坐定，电话响起，我一看，又是那个打了几天的熟悉的陌生号码，接还是不接呢？

因为现在找我入学的人太多，我只好不接电话了，但这个号码已经连续打了几天，又是集团内码，说不定有什么工作的事情。犹豫了一下，我还是接了。原来是一个老同事，对方天南海北地扯了半天，然后说很想和我吃饭聚聚，我说："我这个人你还不知道吗？不喜欢在外面吃饭，有什么事直说吧。"于是，对方仿佛很难启齿地说至交侄儿想来读书，希望我"照顾"。其实，我刚接通她的电话就猜到了。

关于这事，我的态度很坚决，我不支持择校。对于小孩来说，最好的学校就是家门口的学校，家长费尽心机盲目择校，到头来会发现花在上学放学路上的时间、精力和不安全的因素太多，远远超过所谓好学校对孩子的影响，节约的这部分时间和精力，孩子可以去追逐蝴蝶、阅读好书、信手涂鸦、邻居串门……这些对于孩子的生命更有意义！况且，小学阶段家庭教育尤为重要，我们应给孩子留足在家和亲子的时间与空间。另外，我的学校近两千学生，连架空层也改造成了教室，已经人满为患，室内运动场地都没有了，为此，我很苦恼。

今天中午，几名家长到学校食堂体验，其中一位家长说："邹校罗校正好都在这里，我家那个楼盘本来属于本校的招生范围，去年划出去了，今年我还有个小儿子要入学，请学校'高抬贵手'啦。"我们只能礼貌地感谢她的信任，并告诉她今年新生压力空前，只有4间教室，意味着今年一年级只能开4个班，可往年一个年级都是7个班，学区内的学生都收不了了。再说，现在划过去的那所学校也很好。她说："就多一个呀！"家长的心情我何尝不理解？对此，我很抱歉。

　　晚上，回到家，妈妈正在接电话，见我回家便匆匆挂了。她说："我有个几十年的老朋友，孙子要读书了，到你学校，有希望吗？"我说："妈，您就别给我添乱了。他如果属于学区范围内的直接走程序报名就是，如果是学区外的，找我也没用。现在建了很多新学校，又漂亮又方便，硬件和师资越来越均衡，择校没必要，你还是劝他到家门口的学校去读书。"其实，为规范招生，我不直接分管招生，由副校长和教导处负责，按照制度办事，接受上级主管行政部门监督。也就是说，入学不要找我。

孩子进一步，大人退一步，这就是成长

　　一个学生到了学校后，发现笔、书本没带，一个老人送到学校来，说："是我忘放进他的书包了，不是我孙子不好，是我不好。"我告诉老人，不要送，这是孩子自己的事情，让孩子吃个教训，培养他的责任感，对他将来有好处。可老人不理解，也听不进，硬是要闯进校园里来，甚至对保安和老师很不友好。孩子目睹这一切，小小的心灵会埋下怎样的种子？

　　《朱子家训》这样写道："黎明即起，洒扫庭除，要内外整洁。""一粥一饭，当思来之不易，半丝半缕，恒念物力维艰。"其实老祖宗教导我们的很多好东西，被我们丢弃了。我们用全方位的设计、保护和溺爱养大的孩子，到头来却不懂得做人基本的道理，不管年龄多大，办事和处理问题会显得非常幼稚，依赖性特别强。

　　在学校里，我提倡让孩子做一些家务事，并经常举行穿衣服、系鞋带、叠被子的比赛，这是为了培养孩子的独立意识、动手能力和良好的心理状态。据统计，中国的城市中小学生平均每天的家务劳动时间为11.32分钟，美国小学生每天的家务劳动时间为1.2小时，泰国学生是1.1小时，韩国学生是0.7小时，英国学生是0.6小时，法国学生是0.5小时，日本学生是0.4小时。美国哈佛大学的专家们对456个孩子跟踪研究20年。这些孩子有些是爱干家务活的，有些是不爱干家务活的。20年后，他们的差别很大：失业率1:15；犯罪率1:10；收入差别20%。另外，爱干家务活的孩子，他们的离婚率低，心理疾病的患病率也低。

　　丽莎贝尔："养儿育女的目的，是引导小孩走向独立，换言之，设法让小孩

247

不再需要你。"据中国社科院研究员卜卫儿童权利研究，儿童参与有一个阶梯，这个阶梯有八层：第一层是操纵，成年人操纵儿童；第二层是装饰，找几个孩子来表演一下，来装饰；第三层是象征性的参与；第四层是成人指派；第五层是与儿童商量；第六层是与儿童讨论一起商定；第七层是儿童提出方案，如"我要养成说话算数的习惯"，儿童决定，成人不限制；第八层是儿童和成人一起决定。

我的孩子在第几层？我在操纵他，还是把他当成我的装饰？我有没有尊重他，和他平等商量过什么？当父母意识到这些时，孩子才真正有可能成长。

请家长来体验学生餐

苏霍姆林斯基曾说过："教育的效果取决于学校和家庭教育影响的一致性。如果没有这种一致性，那么学校的教育和教学过程就像纸做的房子一样倒塌下来。"

学校的成长不仅需要老师们的努力、孩子们的投入，同样也期待着爸爸妈妈们的参与。因为每天早晨，他们在校门口目送孩子的背影，每天晚上他们在餐桌上聆听孩子一天最真实的喜怒哀乐。只有当爸爸妈妈们与学校之间建立起通畅和谐的交流渠道，我们的校园才会拥有越来越美好温暖的春天！

每个星期五中午，我和罗校轮流邀请两个班共六名家长到学校食堂体验学生餐。其实，醉翁之意不在酒，而是为了创造一种氛围和机会让家长和老师当面沟通。每次我都能强烈地感受到，这些受邀的家长感到非常兴奋，像小孩一样充满好奇。

今天，恰逢湖南日报的姚学文记者在教育局朱主任的陪同下来校采访，到了午餐时间，我便邀请两位客人和家长们一起体验学生餐，他们觉得有意思，都很乐意。

和往常一样，家长们早早地到齐了，这回六位家长中有一位爸爸五位妈妈，以往也都是妈妈居多，但基本上每次总有一到两位爸爸，看来，爸爸们总是更忙一些吧？这位爸爸说："为了这个午餐约会，我推掉很多应酬，因为这个太重要、太荣幸了，一定要来。"我打趣道："吃的可是学生餐，你不要后悔哦！"

我们聊到对校外道路安全的忧虑、孩子成长的烦恼、老师工作的敬业、学校活动的创意……家长对于学校童心育人的理念和做法非常认同，对学校举行的一系列活动赞赏有加，同时提出很好的建议和畅想。在其乐融融的用餐过程中，家长聊起孩子在校的感受，纷纷表示"孩子爱上了学校，爱上了上学"。针对孩子的健康成长，家长各抒己见，并且对学校提出中肯并切实可行的意见和建议，整个讨论过程和而不同。

谈话中我了解到，班级家委会利用周末组织开展了"爸爸去哪儿"、"超市周末捐赠"、"爱心妈妈关心他"等活动，这是学校活动的有益补充，真的感谢我的家长们！

三年级的蓝浩轩妈妈激动地说："我比我家孩子还要先得到与校长共进午餐的机会，我希望得到一张与校长的合影回去鼓励他！"我告诉她，早就安排好了。

我们拿出"拍立得"，一起合影，现场成相送给每个人留作纪念。家长们像小孩一样开心，仔细端详着、摩挲着自己手中的照片，刹那间，我发现，原来每个人心中都有个"幼稚鬼"！

爸爸篮球赛

一场暴雨洗刷后，迎来了一个春光明媚的周末。轮到比赛的两个班的爸爸们早早来到操场摩拳擦掌。看得出来，平时工作忙碌的爸爸们对篮球已生疏了，一个接一个的球扔向篮框，可球就是不听话，好不容易才扔进去。

毋庸置疑，从这个学期开始，每个周末打响的"爸爸篮球赛"征服了孩子们和他们的妈妈们，啦啦队的呐喊助威声让爸爸们浑身充满了力量。随着哨子声的响起，孩子们放开了声音为爸爸们加油！妈妈们也俨然当年大学校园里的追星族，她们组织着孩子蹦跳呐喊！彭源皓骄傲地说："我爸爸就是球场上的猛虎！"

两个班的爸爸配合默契，攻防有度，各自以自身的实力展开了激烈的角逐。上半场打下来，比分落后班级的爸爸们丝毫没有放弃，暂停时间紧急商量对策，包夹模式、防内线、换后卫、锁定对手……终于限制了对方的强势进攻，其中一位爸爸的三分球引起了全场沸腾。虽然赛场有输赢，但爸爸们顽强拼博的精神、坚持不懈的意志和团结亲密的配合给孩子们树立了另一种榜样！

爸爸们平时大多依赖妈妈们甚至老人来教育孩子，父爱在亲子方面是有缺失的，这就是为什么电视台那档《爸爸去哪儿》的节目那么火的原因。我要想个办法帮助我的学生，帮助我的家长，显然，传统的培训、说教是无力的，于是，我突发奇想——组织"爸爸篮球赛"，收获奇效！一学期一个赛季，在这个过程中，爸爸们锻炼了身体、提高了球技、增进了家庭和睦、交流了教子方法、为班争光，有的爸爸们还因此成了生活上的朋友，更重要的是，运动拼博、强身健体的理念会一直伴随孩子们成长。

从全职妈妈到教育家

　　请来家长体验学生餐，和家长们聊天的时候惊奇地发现，越来越多的家长极具教育素质和教育智慧，说起育儿经来是一套一套的，尤其是四年级的钟怡萱妈妈很健谈，她说："孩子在成长，我也跟着在成长。"她的观点让我们一桌人都很受益。

　　从钟怡萱出生的那一天起，她就彻彻底底地成了一名全职妈妈。做全职妈妈可不是那么轻松，孩子的吃喝拉撒全包，家里的家务活也要全包，成天就跟油盐酱醋打交道，没有了自己的生活圈。过了六年这样的生活，都觉得跟社会脱节了，和别人说话都说不到一块了，她敏感地发觉："这可不是我想要的生活！"

　　钟怡萱上小学以后，班上成立家委会时，她的职称是"钟怡萱妈妈"。班上的事情、学校的事情，她都热心参与、不怕麻烦，集思广益，乐此不疲。虽说累，但她觉得很快乐，而且在准备活动的过程中竟也学到了不少的知识。特别是去年举办的奥林匹克运动会，每个班代表一个国家，孩子和家长绞尽脑汁，到网上查资料，孩子和大人都不同程度地了解了一些世界各国的特色。每一次学校开家长会，她都借机向全体家长汇报工作，和大家谈一些共同关心的问题。从第一次上台的时候，眼睛都不敢直视家长，腿打哆嗦，说话不流利。到三年后，说起话来滔滔不绝，有板有眼，她渐渐展露出管理才能，得到家长们的认可。学校很多家长、很多老师、很多学生都认识她、信任她。

　　学校的社团活动，钟怡萱参加了国画，妈妈也像个学生一样坐在教室里学习，回到家偶尔还画上两笔，母女比赛，进步神速！大家都说，钟怡萱妈妈在女儿读小学的这几年里，自己也明显成长了，在集体中大胆表现、大方活跃，增强了自信心；和很多孩子成了朋友，形成了自己的育儿风格；向校方建言诚恳敏锐，成了学校家长中的明星。从全职妈妈到教育家的转变之路，就是和孩子一起学习、共同成长之路！

有多少家长就有多少校长

　　三年级祖若汐的家长张海蓉给我写了一封信，她在信中说："参加家长会后颇有感触。孩子的成长受三方面影响，家长、社会、学校，离孩子最近的是家长，正确的家庭教育可以起到事半功倍的作用，而家长是非常忙的（这也是中国的现状），很多家长直接以上名牌大学为目标的育儿方法与教育真正的本质是相悖的。人生是长跑，不是短跑，品行品德才是伴随人一生真正的瑰宝。我们从来没有看到过伟人的妈妈们分享过育儿经验，但他们的孩子却青史垂名。当我看到许多家长在校门口乱停车辆，参加家长会迟到早退，甚至在班主任发言时旁若无人打电话时，我都深深地感到这些家长的举止言行如同在黑暗中摸索的盲人，没有人告诉他们该怎么做，他们也没有意识到这一点。家长也是要教的，我们的爱是不是可以更广泛些，去尝试影响家长，扩大学校爱的声音？我想以我绵薄之力和学校做一件事情，影响父母，影响孩子。"

　　正是这样一位普通的家长，正在思考如何以一己之力配合学校培训家长、德化学生，我不由得肃然起敬。只是，这件事情要做好，从策划到督导、总结均有大量的工作，我担心一位家长是否有这么多的时间和精力。因为家长来自三年级，我便找来三年级组长陈霞老师商量，她很有眼光，欣然同意在三年级试点。他们每周六上午调用自身社会关系邀请国学大师免费给家长讲《弟子规》、讲《论语》；每周中安排一天学生早读经典；每周安排一次亲子学习作业……之后越来越多的家长投入、共鸣、助力到这一场漫长而坚实的宣讲、启发和守候之中。

一个校长责任可谓重大，而一个校长力量确实有限。所幸有这样一帮志同道合的家长朋友，急我之急、想我之想，这样看来，有多少这样的家长就有多少校长啊！学校幸甚，学生幸甚，社会幸甚！

别太快长大，我的孩子

我亲爱的孩子，我多么感谢你降临我的肚子，让我的身体有价值，诞生出美丽生命，完整了我的灵魂。2006年5月12日下午5：25，你睁着大眼睛来到这美妙的世界，第一眼看到的是妈妈，第一次亲吻的是妈妈的乳头。

从那天起，我每天抱抱你，每抱你一次，我就感谢一次上天给的恩赐。你诞生的同时，我的生命也重新开始。当你咿呀学语，当你蹒跚学步，当你努力叫出第一声妈妈，当你第一次尽力迈开人生脚步，我无法形容这种满足。

在爱里满满的幸福，你黏我缠我亲我烦我，就这样度过成长的每一天。不论我到哪里，第一个想到的是带上你，迪士尼、波斯湾、天涯海角、戈壁草原……留下了我们的足迹，和你在一起，时间才过得有意义。

感谢孩子，只有你，令我放慢脚步；陪伴你，让我自然平静。我们一起扑腾小鸟、一起山涧戏水、一起挥汗打球、一起静静看书。有了陪着蜗牛散步的心情，使我有机会去细心品味生活的美好，有时间去耐心享受放缓的时光。这些"慢慢的元素"平衡着生命的节奏，丰富着心灵的色彩。

我常常为你每次的精彩，亦或每个新词的使用感动得一晚上不能入眠。你还记得当你骑儿童自行车已经非常娴熟之后，我把后面两侧护轮取掉一个，你不适应大哭，适应后，我把那个护轮换一边，你不适应又哭，适应后，我再把那唯一的护轮取掉，终于让你学会骑两个轮子自行车的故事吗？你还记得在佳兆业水岸新都楼盘代言人竞选上，我们以原创的亲子节目获得万元奖金的故事吗？你还记得在《越策越开心》跟汪涵、马可切磋柔道的故事吗？你还记得参加中信银行理

财小明星比赛，我们携手弹琴作画赢得七千多票支持的故事吗？你还记得在校园
电视台担任小主播的经历吗？

　　昨晚你告诉我，我生日那天，你在校园广播站为我点了一首歌，可是没有
播。我感到很温暖，没有播，你就唱给我听："梦想总是遥不可及，是不是应该
放弃，花开花落又是雨季，春天啊你在哪里……"我猛然发现，你长大了。8岁
的儿子，唱的是《老男孩》。而你撵着小脚追逐我的情景，仿佛没有过去多久，
像母亲塞在我怀里的热鸡蛋，还久久温暖着、温暖着……

　　别太快长大，我的孩子，天真和单纯，别太快消失，让我们在一起，多说一
些童话。如果你已经长大了，已有属于你自己的天空，请你记得：只要一声呼
唤，妈妈就会出现，时间不会倒流，妈妈总在祝愿。

他就是游戏王国中的国王

　　儿子在茶几上将他的小汽车整整齐齐地排好，用水性笔给每辆小车划好车位，大小不一、错落有致。每天他要花大量的时间将小车一辆辆"开出"、"排队"，再一辆辆穿过"隧道"、"街口"，进入各自的"车库"，不偏不倚，绝无差错。当粗心的妈妈轻率地碰坏他布置的车位时，他会勃然大怒；当他砌成了一堵墙，即使是最大的巨人，也无法攀登的城墙时，如果你漫不经心地迈了过去，他的愤怒就会像小狮子一样爆发。每当这时候，他俨然是胸有丘壑的国王，无比投入。

　　只要孩子精神上的需要能够得到满足，他就会觉得游戏比现实有趣得多。在现实中，他必须按时作息，还得遵守一大堆令人厌烦的家法班规。但是，在游戏中，他就是国王！有人提醒我，这些用来游戏的时间如果用来学习可能更好。可是，我想，如果孩子所有的时间都须用作严肃的追求，他的精神会崩溃的。而事实上，游戏对于孩子的积极作用是潜在而持久的。你相信吗？每个孩子都在梦想着有一天，把他的游戏变成现实！如果真是这样，世界该多么奇特美好！《人的教育》中有一段话："游戏是人在这一阶段上最纯洁的精神产物，同时是人的整个生活、人和一切事物内部隐藏着的自然生活的样品和复制品。……这一年龄阶段的各种游戏是整个未来生活的胚芽，因为整个人的最纯洁的素质和最内在的思想就是在游戏中得到发展和表现的。"（福禄培尔）

　　当孩子对某种游戏表现出极大的兴致时，我们不要放任，也不要压抑。一旦压抑孩子，用成人的想法代替孩子的节奏，就扼杀了孩子的好奇心和想象力；一且放任孩子，他就无法深入下去，难以发掘他隐藏的能力。我们应该充满兴趣地观察，这样才能走进孩子内心，才知道他要做什么，怎样帮助他做得更起劲、更有效果。姚嫄在QQ上感慨：惭愧啊，大人总是在用一些借口，以爱的名义去伤害孩子。我答复：儿童不是需要我们用智慧去填充的容器，而是有尊严的、有个性的发展中的人。我们都经历过童年，我们的现在都是童年时的自己创造出来的。也就是说，儿童创造了成人。孩子接受周遭的信息，创造了自己、创造了成人。我们到底是希望他们把自己创造得更好呢？还是和我们一样？

聪明的妈妈有办法

经常有朋友跟我交流育儿的话题，今天，楼下的邻居专门到我家来，聊到我儿子四岁时就会骑两个轮子的自行车的话题，他不无苦恼地说自己是如何辛苦地教孩子骑车，扶着、跑着、抓着，孩子却怎么也学不会。

现在的小孩总是从骑两边有护轮的自行车开始的，而骑真正的自行车才够帅！为了这一天，我计划了很久。儿子两岁时，我故意带着他对小区里骑儿童自行车欢笑的小孩流露赞赏的语言和神情，渲染气氛，在孩子脑海中形成骑单车好玩的印象。然后，把他带到玩具店，他很容易就会看中儿童自行车，这种车是后轮有两个保护小轮的，质量参差不齐。有的车子轮胎是塑料的，架子很小，不能伸缩。为了以后的发展，我决定买一辆迪士尼的，样子超酷，前后胎需充气、座椅和车把可以伸展的儿童自行车，虽然两边配着护轮，看起来很像一辆真正的自行车。

儿子很快成了小区孩子注目的焦点。他力气大、骑得快，我可追不上，时常是懒懒地坐在石凳上，看着他绕着花圃一圈又一圈地飞旋。他最喜欢比赛，小小年纪就和大孩子比快，从来都不落后！而这时，同年龄的孩子即使是骑有护轮的车子，有的还需要大人扶着、推着。

兴奋的时间持续了好几个月，儿子已经完全熟悉这辆车了。我悄悄拆掉左侧后保护轮。这天晚饭后，儿子照例去家里的"停车场"取车。突然发现少了个轮子，车子远不像从前那样稳了，便大哭起来。我哄他说："那个轮子坏了，就掉了，只能这样骑，其实这样也能骑。"儿子忍不住骑在车上试试，可身子一往左边偏，车子就倒了，人也差点摔跤。儿子害怕了，好几天不去摸车。我也不去理会他，过了几天，他自己忍不住想骑了，我顺势鼓励他："宝贝骑车很厉害，一定能骑好这辆三个轮子的自行车的！"孩子就这样一歪一斜地骑起来，慢慢地，三个轮子的车在他脚下也飞奔起来，每当车子要往左边歪时，他就自己想方法往右边靠，因为右边还有保护轮。

又过了一段时间，三轮车的技术炉火纯青了，我又开始行动了。我没有贸然去掉右侧保护轮，而是把右侧的移到左侧。孩子初时有些不适应，免不了又哭一顿，不过，车子想回到原来是不可能的，他就只得接受。很快他又适应了，每当车子要往右边歪时，他就自己想方法往左边靠，因为左边还有保护轮……

后来，我隔段时间又再把左边的保护轮换到右边，右边又换到左边。孩子已经很习惯我的伎俩了，没有因为不适应而哭闹。车子成了他最好的朋友。其间，我为了锻炼他的平衡能力，还鼓励他玩轮滑、滑板车等。当冬天到来时，人们换上了厚厚的夹衣，我想，要是摔跤也不会很疼吧。于是，痛下决心，把保护轮取了，自行车终于只剩前后两个轮子，成了一辆真正的自行车！儿子呢？当然还是哭了，不过，像以前一样，还是骑了，不用说，当然还是骑得飞快！

我对他说：一个人要勇于接受改变，敢于挑战自己，不要放弃，坚持一下，就会成功！他记住了。

让儿童像儿童的样子

　　早晨6点40，我自然醒了，拍拍儿子的屁股，他也一滚一滚地爬起来。谁不想在被窝里磨蹭一会儿呢？我自己并不觉得辛苦，只是孩子还是低年级的小学生，就要早早起床，真让人不忍。要是让我这个校长行使一回特权，一定要让我们学校9点钟开始上学！

　　和儿子一起上班挺有意思，让我的上班之路不那么闷了。这段时间，在车里，我要他背诵学过的课文。他喃喃地从第一课开始背起。"柳树醒了。春雷跟柳树说话了，说着说着，小柳树呀，醒了。春雨给柳树洗澡了，洗着洗着，小柳枝哟，软了。春风给柳树梳头了，梳着梳着，小柳梢呀，绿了。春燕跟柳树捉迷藏，捉着捉着，小柳絮哟，飞了……"这课文真美，几句话，把春天写活了，我随便一听，就记到心里去了。我赞许地摸了摸孩子的脑袋。他于是得意地背起了第二课《春雨的色彩》，这课文也是描写春天的，应时应景，写得很活泼，只是篇幅有点长，孩子竟也全背下来了，我忍不住用右手把孩子搂了搂。孩子更加自信了，背起了第三课"古诗两首"，《春晓》和《村居》，听到《村居》最后一句"儿童放学归来早，忙趁东风放纸鸢"时，我忍不住叹了口气，古时的孩子尚且可以放学后放风筝，现在的孩子却不敢奢望。当我们这些教育者每天抹着教育的口红，一本正经地研究、强调、部署、评价时，可曾听到古人的嘲笑？

　　到了学校门口，人流车流中，我让儿子先下车，叮嘱他直接去食堂吃早餐。然后把车停在校门外，步行进学校。看见校门口有学生干部在检查红领巾，才想起儿子大概要被扣分了。和往常一样，我在校园里转了一圈，头上是星星点点的春雨，耳畔是热情温暖的问候。想到第一节课要听课，赶不及吃早餐了，便从食堂门口折返到办公室。熟练地打开电灯、电脑、空调，便拿着水和听课本，一头扎进教室。要知道，一天之中，我只有9点以前有点闲。

我一天的工作很有效率，要跑、要看、要想、要写、要听，还要抵抗干扰。下班回到家，虽然还在想着工作上的事，但我一般不会给同事打电话，因为，要大家好好工作，也要大家好好休息。

晚上，带孩子练钢琴。孩子似乎对音乐有感觉了，弹得有点意思，我说："好，可以休息了"，他却不，还要弹个没完。我心里挺高兴："要妈妈奖励什么？"他说："一个吻。"我嘟起嘴巴贴到他脸上，他紧紧地抱着我的头，让我的鼻子也贴上，天哪，简直不能呼吸！他调皮地说："要久一点，我说停才能停。"我说："唔……"良久，我假装死了，他才说："停！"

陪伴孩子一起成长是家长的乐趣所在，请记住卢梭的忠告："大自然希望儿童在成人以前就要像儿童的样子。如果我们打乱了这个次序，我们就会造成一些早熟的果实，它们长得既不丰满也不甜美，而且，很快就会腐烂：我们将造成一些年纪轻轻的博士和老态龙钟的儿童。"

天使在手心

立夏傍晚，我与琢琢开始上演在东塘和侯家塘之间的常见剧目：母子各骑一辆自行车，风驰电掣，把一路上挑担的、乞讨的、游手好闲的、推推搡搡的、相互搀扶的、骑电动车的、开大汽车的吓唬得一愣一愣的。

今天，我们来到中信银行，琢琢用自己的名字办了张银行卡，孩子把他所有的钱都存进这张"香香的卡"里，琢琢选择中信银行，是因为广告说这个银行存定期有0.5利率。瞧，这就是咱家高财商的宝贝！

末了，我们冲进平和堂，在琢琢的天堂——负一楼食品馆，品尝各种免费试吃的美食，一如既往地只吃不买、不花一文。探头进入寿司教室，我们问：开始了吗？对方答：已经结束了……

我们无聊地东张西望，化妆品柜台的美女忽悠我："这是你的崽啊？你看起来像大学生！"于是，本人心情大好，买了一套"买一赠一"的化妆品。琢琢极其无奈地说："妈，你不是说有闲钱就教我投资基金和股票，钱生钱吗？"我问："你将来成了大富翁，会怎么用钱？"琢说："我要用钱帮助穷困的人，给干旱的地方买水喝，给地震的地方盖房子，你说这样好不好啊？"

琢琢最近专注电子积木，投入极大的热情做出了录音机和音乐盒，他似乎被自己的音乐所陶醉，边听边敲敲打打各种材质的玩具，好不开心！他的音乐盒播放：天使降临人间，我忍不住问他："孩子，妈妈已经不记得上帝的模样了，你从他身边来这儿不久，你还能告诉我上帝长什么样吗？"

孩子的浪漫和淘气

　　下午5点多，我知道儿子快下课了，就在桂花树下等他。那沁人心脾的桂花香啊，满校园甜蜜蜜地发散，我忍不住深吸几口，消除了一身的疲惫。一眨眼，6点半了，我吓了一跳，儿子呢？！

　　我赶紧给老师打电话，接电话的就是儿子。我舒了一口气，随即又有点生气，你在干什么呢？快到校门口来，我们一起回家。

　　儿子钻上车，什么也不说，只说，回家拉粑粑。然后，眼睛不看我，只看着窗外。一路上，我问他："你在老师办公室干什么？怎么不来找妈妈？作业做了吗？今天学了什么？手里的笔是老师奖的吗？"他只说："回家拉粑粑。"后来被问得烦了，就大声重复那一句，回家拉粑粑！

　　我便住口，心里猜测着可能发生的事情。快到家时，电话响起来，是儿子的老师打来的，我知道肯定与他有关，注意到儿子敏感地看着我，我只好小心地用含糊的词语接电话。原来，儿子在老师办公室吃口香糖，不小心吞进肚子里，他很担心，怕口香糖拉不出来，也怕大人批评他。儿子胆怯地问我是谁的电话，我若无其事地说是一个同事。

　　既然已经把口香糖吞进肚子里，批评也无济于事，我现在最关心的已经不是口香糖，而是儿子的心理状态。就当作不知道吧，老师已经教育过他了，从目前的表现看，他也很懊悔，相信以后一定不会重蹈覆辙的。于是，我决定当做不知道，静静观察他。

　　小孩的心里从来没有秘密，这一回他真能忍住不告诉我吗？我倒要看看他是

265

不是真能把事情藏在心里，如果这样，说明他心智比以前更成熟了。记得有一次，冬天，他嘴馋一定要吃冰激凌，这是家里老人绝对不会允许的，我偷偷让他吃了，约好不告诉外婆。可回到家，他就极其兴奋地说："我们今天在外面没有吃冰激凌！"我眼睛都眨痛了……类似的事情还有很多，让我领略到孩子的天真浪漫和淘气可爱。

不过，这一回真的不一样。儿子回到家后就坐在马桶上，什么话也不说，拉了很久，才拉完，还很认真地观察了自己的粑粑，然后，又静静地做作业。想必那支新铅笔，一定是老师为了安慰他送给他的。吃晚饭的时候，他说要多吃韭菜，外婆很惊讶，说今天没有准备韭菜，问为什么要吃韭菜呢？我知道一定是老师告诉他，吃韭菜利于排出口香糖。我暗自一笑，为了尊重他，也不戳穿他。

晚上，在床上，他怎么也睡不着，终于问我："妈妈，要是一个小朋友不小心把口香糖吞进肚子里，能从粑粑里面拉出来吗？"我说："宝贝，妈妈有魔法，摸下小肚皮，口香糖就没有了。"

还有几天才开学啊？！

放假第一天，儿子兴高采烈地拿着老师发的奖状和奖品，一样一样地向我展示。儿子得到的奖品有一副用两只笔做框的装饰眼镜，有一套同步学具，还有卡通设计的铅笔等等。

回到家，老师的评语要我一个字一个字地读给他听，尤其是最后那句指出不足、提出希望的话，他听得可认真了，头点得像鸡啄米。我们把奖状贴在墙壁上，他盯着看好久，我望着他笑，他不好意思地说："妈妈，你怎么知道我在念上面的字？"呵呵……

晚上，睡觉前，他对着我的鼻子悄悄问："还有几天才开学啊？！"我不禁笑了。儿子小时候，不知道要用耳朵来听声音，常常对着我头上的其他器官说悄悄话，我觉得挺好玩，从不指出错误。现在他知道要对着耳朵说悄悄话了，可还是喜欢对着鼻子说，其实这是在撒娇，我告诉他："今天才第一天放假呢！"

学校要是能成为孩子们向往的地方，就好了。如果每个孩子都盼望着开学，盼望着早点见到老师、同学，学校就有希望。

共　鸣

昨晚，陪儿子练琴。发现一个很有趣的现象，每当他弹到"1a"时，摆在旁边桌上的文具盒就会发出"嘶嘶"的响声。待他弹完，我让他仔细听听，果然他也听到了共鸣声。他欣喜地试试其他音，发现只有"1a"音能使文具盒共鸣。

我便趁机给他讲了讲共鸣的原理：声音是由物体的振动引起的。例如打鼓的时候，鼓皮一上一下地振动，于是在空气中引起声音。不同物体振动产生不同频率的声音。比如大鼓和小鼓的声音，频率就不一样。如果两个发声频率相同的物体，彼此相隔不远，那么使其中一个发声，另一个也就有可能跟着发声，这种现象就叫"共鸣"。除了物与物之间的声音会产生共鸣，人与人之间的情感也会产生"共鸣"。比如，当你开心的时候，妈妈也开心，当你烦恼的时候，妈妈也烦恼，就是这个意思。他似乎懂了。

早上，带着儿子急急地赶往学校，路上连遇了几个红灯。当在最后一个路口，好不容易等到绿灯，正要踩油门时，猛地瞥见一个男人在旁若无人的过马路，我赶紧刹车，心里忍不住骂他一句。透过玻璃，看见他分明在自顾自的笑着，一定是想什么心事，很开心。我顿时原谅他了，自己不是经常这样吗？走路的时候，想到什么事，就疯疯癫癫地或笑或哭，全然不记得自己身处的环境，这其实是很愉快的体验。想到这里，我不禁笑了。儿子问我笑什么，我说："共鸣。"

晚上，带儿子看张惠妹的演唱会。途中，儿子问我："妈妈，你怎么没有准备荧光棒、彩色爆炸头假发啊？"我笑着说："我们不是粉丝，我们是来打酱油的……"

嗨到九点，我有些困了，便问儿子："我们回家睡觉吧？"儿子说："好。"长沙的初秋之夜有点凉了，我披上带来的风衣，尽管搭上七分牛仔裤和运动鞋显得那么不伦不类，我却觉得舒服得很。忍不住问儿子："我们走路回家吧？"儿子总是很配合。

也许是美好的夜色能增加浪漫情调，我感觉路人都是那么美，小店都是那么诱人。经过"零零嘴"时，我想进去转一下，可口袋里只有手机和十几块钱，便打消了这个有可能影响我减肥进度的歪念头。

睡到明天再起来

　　生活就是一个七天接着一个七天。现代人其实挺可怜的，嘴里天天"忙"，心中天天"茫"，眼前天天"盲"。日子过得忙碌而重复，实际上真正的生活却没有留意，于是，岁月也不留情面地悄悄溜走。虽然忙得来不及惋惜，空虚袭来时也会失落。感谢孩子，令我有了陪着蜗牛散步的心情，使我有机会去细心品味生活的美好，有时间去耐心享受放缓的时光。无论多重复，日子都美得各不相同。

　　三岁的他，天真烂漫，对一切都好奇，站在大瀑布下由衷地感叹："瀑布是在倒白色的颜料！"楼下小弟弟诞生了，孩子自告奋勇要去看看，妈妈为了锻炼这个从没有一个人坐过电梯、串过门的孩子，就同意了。回家以后，妈妈问他："你看见弟弟了吗？""没有。"妈妈又问："那你去干什么了？""我吃了糖果……"

　　四岁的他成了诗人，"太阳是圆圆的，月亮是半半的。""所有的海里面的动物在洗澡！"有一次，嘲笑别的小朋友比他游泳还差："哈哈！你真是笨死我啦！"当邻居问他："你爸爸伟大一些，还是你妈妈伟大一些？"孩子不假思索地回答："爸爸伟大一些，妈妈中一些，我小一些。"在马路上见到货车冒着黑黑的尾气开过，诗人说："这辆汽车烤糊了。"

　　五岁的他嘴巴甜，给妈妈起的外号：大美姐！妈妈许诺："今天幼儿园表现好，你想得到什么奖品？"儿子回答："要妈妈给一个吻。"叔叔女儿满月宴那天，儿子遇到一位胖伯伯，胖伯伯问："你有几个女朋友？"答："很多！

你呢？"伯伯说："没有……"儿子笑："我给你一个种子，可以变出很多女朋友！"外出坐公共汽车时，一长者为他让座，他连连摆手："我不坐！我不坐！"长者微笑着说："你是小孩，你坐吧！"他仍连连摆手："你是老人，你坐！"全车哗然。

六岁的他是小吃货，手拿"爽歪歪"，给妈妈吃，妈妈不吃；给爸爸吃，爸爸不要，他便说："那你们把吸管给我嘛。"美术老师教画鸟，先画头，问："这像什么？"儿子回答："像土司！"美术老师继续画鸟身子，问："这像什么呢？"答："像芒果！"师有点语塞，便再画鸟翅膀，问："这像什么呀？"回答："瓜子！"师晕，再画鸟嘴巴，问："这像什么？"小吃货想了一下说："要是再画几个点点，就像饼干了！"一年级下期语文期中考试有一道写作题：你的好朋友是谁？他有什么长处？儿子在卷子上写：我的好朋友是楚简宁，因为她给我吃牛奶。我的好朋友是孔子睿，因为她给我吃东西。在姨妈家做客吃饭，姨妈问："谁来煮饭？"儿子举手说："我来！"姨妈问："谁来炒菜？"儿子举手说："我来！"姨妈下意识地望着他问："谁来洗碗？"答："让我想想……"许久，姨妈问："喂，你想好了吗？""我还没有想出来……"

七岁学校趣事多，见到新来的同学，他会问："你是哪个校长的儿子？"参加学校运动会接力跑之前，妈妈教导他："千万别掉棒了，掉棒耽误时间，你们就输定了！"比赛完后，妈妈问："你掉棒了吗？"他回答："没有！但是我也没有给别人！"学校举行活动时，领导上台讲话，儿子看着说："领导讲话怎么做生气的表情呢？"妈妈连忙解释说："这是严肃认真的表情。"有人问："你将来想干什么？"儿子回答："我将来要当司机，开最大的公共汽车的司机！我将来要当警察，学校传达室的警察！"

记录孩子成长的足迹，让每一个日子像绽开的花朵，一寸一寸阳光踩过的花瓣，让生命拔腿出来，在心中修篱种菊，怡养内在的优雅和幸福。睡觉前，我要像儿子一样大喊："睡到明天再起来！"

附录一：

让"生命教育"点亮童心

湖南日报记者　姚学文

　　他，是一位高位截肢的患儿。但从他脸上看不到一丁点的悲观和失落。靠着轮椅，他像正常孩子一样，快乐学习，开心生活。他还是班上的领操员，每当课间操铃声响起，他便自信地"站"在全班同学面前……

　　她只有一只健康的眼睛，入校前一直担心学校是否愿意接受她。没想到，校长不仅痛快地答应了她的入校请求，还特地到她家里，与她见面。

　　4月14日，记者来到长沙市雨花区枫树山大桥小学采访。雨花区教育局副主任督学朱紫彪说："该校全方位实施'生命教育'，激发了学生的活力。"

　　让校园充满生命的活力

　　"有一节课让我幻想无穷，有一节课让我欣喜若狂，有一节课让我无限思索，它让我感受到了胡杨林的美和生命的顽强。"

　　"热爱生命，就要敞开心扉，接受阳光雨露。热爱生命，就要学会张开双臂，接受阳光洗礼。热爱生命，就要深根扎地，追求理想天空。"

　　这是枫树山大桥小学三年级的两位孩子，在听了语文组老师杜玲玲，在"生命教育大讲堂"里讲的"像树一样成长"之后，分别写的心得。

　　近年来，该小学转变思维，围绕"创建生命校园"进行了一系列有益探索，"生命教育大讲堂"就是其中之一。

　　每周一期的"生命教育大讲堂"，从形式到内容都是全新的。在内容上，以"传授生命知识，激发生命活力，启迪生命价值"为根本。这一学期，他们明确了"音乐家贝多芬的故事"、"画坛巨匠齐白石"、"生命科普知识"等主题。这些主题，通过讲述成功人物成长的故事，激发孩子们不屈不挠的意志。生命科普知识，告诉孩子们生命的宝贵和如何保护生命。在形式上，以一个年级为单位的大班制，完全是开放式和体验式上课。在这里，孩子们上课不受拘束。体验式的上课形式，让孩子们增强感性认识，启迪心灵。

在平时课堂上，挖掘生命要素。"比如，名人的故事，哲理名言的启迪，都要求尽量充分展开。"枫树山大桥小学校长邹硕介绍，在课堂上，摒弃灌输式，给学生创设一种自主探索知识的平台，让学生的智慧在深层次的思考和碰撞中升华。学生之间，师生之间，可以相互谈论，互相切磋。

社团活动，融入"七彩生命"。学校将生命与自然、生命与存在、生命与生态、生命与生活等有机结合，渗透到社团教育活动中，分层次、分阶段、适时、适量、适度地对学生进行生动活泼的"生命教育"。他们设置了不同的课程，如：心灵花园——不一样的世界、爱美丽女孩；大话世界——外国传统知识探索、西方风土人情赏析；生命实践——红领巾种植园、养生学堂等。"通过这些社团活动，培养学生的劳动技能、生活技能和生存技能，感受生命的律动，懂得欣赏生活和生命，从而培养学生对生活的热爱。"

学校管理，渗透生命因素。"妈妈，我好高兴啊。今天我和'校长妈妈'一起吃午饭了。"日前，一年级7班的小朋友陈怡萱一回到家，就开心地向妈妈报喜。从2012年开始，枫树山大桥小学实行"和'校长妈妈'共进午餐活动"，每周挑选8个表现好的学生和校长共进午餐。这已成为孩子们的一种荣耀和追求。"在这种氛围下，校长不再是高高在上，而是妈妈和朋友。这既可以增进校长和孩子们的感情，更可以培养孩子和校长的平等心态。既是为了接受家长监督，加强和家长沟通，对孩子也是一种激励。"邹硕解释说。

爸爸篮球队，是"生命教育"的又一大特色。每个班由爸爸们组成篮球队，每周六进行一次比赛。爸爸是运动员，孩子是拉拉队。"这主要是为了解决目前普遍存在的爸爸教育缺失的问题。通过这一活动，可以引导爸爸加入到孩子的教育中来，增进爸爸和孩子的感情；爸爸们之间，还可以互相交流。"

"生命教育"应是学校永恒的主题

"教育的本质究竟是什么？在应试教育下，被解读为'知识和技能'。"雨花区教育局局长说："受这种理念支配，教育目标是以获得知识和能力为最高评价，教育手段是以灌输为主，恰恰忽视了人的存在，忽视了生命的价值。这正是我们需要反思的地方。"

"生命是教育之本。关注生命，进行'生命教育'应是学校永恒的主题。"雨花区科教中心主任谭志军说，"学校应该在'生命教育'的理念下，构建蕴涵有学校特色的童心育人工作体系，让'生命教育'有机融合在学校教育各项工作中，让'生命教育'成为学校素质教育深化发展的生长点。枫树山大桥小学的探索，值得借鉴。"

近年来，雨花区在全省率先提出并实施"生命教育"，枫树山大桥小学率先试点。"何为生命教育？就是以生命为核心的教育，就是以教育为手段，倡导认识生命、热爱生命、珍惜生命、尊重生命、爱护生命、享受生命的一种提升生命质量、获得生命价值的教育活动。从忽视人到关注人，这是教育的一个根本转变。"邹硕说。

前不久，北京师范大学生命教育研究中心主任肖川教授到枫树山大桥小学调研，对该校的"生命教育"给予高度评价。他说："童心，象征着生命的纯净与圣洁。它能使我们更多地眷注生命，珍惜生命。要努力使师生永葆童心，让生命焕发出光彩。"该小学一位老师还当场赋诗一首："此时，此刻/你是一株幼苗/在成长过程中容易受到伤害/我如森林守护者/为你担忧，但我更加坚信/你能接受风雨的洗礼，深根扎地/变得更加挺拔坚韧。"

附录二：

用童心做快乐教育

红网教育频道主编　谭忠欣

　　"花前自笑童心在，更伴羣儿竹马嬉。"长沙市雨花区枫树山大桥小学以"童心育人"作为教育理念，从孩子的思维角度出发，来引导孩子发展。"从儿童视角去发现，用儿童思维去交流，以儿童发展为追求"被老师们奉为教育的秘诀。校长邹硕说，童年是人生最美的时光，作为老师就是要为学生创造一个美好而有意义的童年，让孩子们觉得上学是件快乐的事。

　　爱玩的天性每个人生来具有，任何成年人都没有权利剥夺孩子的童心与欢乐，更没有权利以自己的标准去要求孩子。如何遵循教育教学规律，遵循孩子的发展规律，保护、培养小学生的学习兴趣？枫树山大桥小学的教育理念也许能给我们带来一些启发。

　　校长领做神曲操　小学课间操原来这么潮

　　"现在开始做第八套广播体操，原地踏步走！一二三四……"对大多数80后而言，课间操大概是学生时代的一个符号，每天都能听到这熟悉的音乐，然后和小伙伴们打打闹闹奔向操场。如今，课间操也与时俱进，"你是我的小呀小苹果，怎么爱你都不嫌多……"，风靡全国的《小苹果》乐曲在枫树山大桥小学的操场上响起，在校长邹硕带领下，两千多名师生在音乐的伴奏下跳起活力四射的跳起《小苹果》的自编操。

　　"课间操文化代表着学校的体育文化，让学生感兴趣，锻炼好身体比什么都重要。"邹硕说，过去有些孩子不喜欢做操，自从学校推出《江南style》、《小苹果》等自编操后，越来越多的同学变得主动起来。学校把传统的早操改为大课间操，从原来的15分钟变为30分钟，并且在保持原来广播体操的基础上，增加了自编操和跑操。自编了《江南style》、《小苹果》等这些大家耳熟能详、节奏明快的自编操。这两套操动作优美、强度适中，师生和家长都很喜欢。原先广播体操的练习方式过于单调，学生做操动作要么懒洋洋，没精打采，要么打打闹闹，毫无纪律性。而现在别具一格的课间操，大大改变了学生们的做操状态，更能达到锻炼身体的目的。

跳绳1分钟　家庭作业变得如此快乐

校长邹硕介绍说，学校有个原则，那就是纸质作业三个不布置，即"低年级不布置、周末不布置、考前不布置"，但要求老师每天必须布置家务作业、体育作业、阅读作业，提倡亲子作业、实践作业。

为了提高学生的身体素质，除了增加课时，枫树山大桥小学开始为学生布置体育回家作业，六个年级不同年龄段的学生"作业量"各有不同。校长邹硕说，把体育锻炼延伸到课外，目的是让每一个孩子提高自主锻炼能力和自主锻炼意识，形成终身体育锻炼的习惯。

"现在很多孩子一回家就关在家里，要么做作业，要么看电视上网，懒得下楼活动。我们给孩子一项体育回家作业，是'逼'得他们活动手脚。"

自从把体育作业带回家后，学生的身体素质有了明显提高。"你看，我变得'苗条'了呢。"六年级的张哲铭开心地告诉记者，上学期他30秒跳绳只能完成40下。在爸爸妈妈的监督下练习后，上周的跳绳测试竟然完成了61下，进步不是一点点。五3班的黄依蝶原本患有哮喘，按照表格上的任务，每天8点钟就是他的锻炼时间。"现在再也不会喘不过气来了，好像很久没有发作了。"

渐渐地，这份体育回家作业的参与对象不仅是孩子，家长们也参与了进来。跑步、乒乓、羽毛球……二年级的吴睿恒每天都要和爸爸妈妈一同完成任务，不光自己的体育成绩提高了，就连爸妈也意识到了锻炼的重要性。"有时候我懒惰想歇息一下，都会被他们拉着下楼锻炼。"不仅如此，他觉得这份体育回家作业，给了自己和父母更多的相处时间，交流也多了起来。

"体育回家作业，不是增加学生作业负担，而是为了提高学生身体素质和运动水平，更好地培养学生终身锻炼的意识。"邹硕说，从学校到家庭，无论身处何地，每一个地方都能成为体育锻炼的平台，孩子们在完成体育作业时，不但强健了身体，学生之间关于课外体育锻炼的交流和互帮互助的现象多了，大家交流着自己的运动感受，一起分享运动的经验和快乐，整个校园呈现出和谐活跃的气氛。

"丢骰子"考试　期中考试也可以这么好玩

在六年级推行"无人监考"后，三年级彻底将传统的期中考试进行了颠覆。枫树山大桥小学该校将语文、数学、生活常识等考察内容浓缩成了千锤百炼、倒背如流、妙语连珠、生活大破解、时间迷宫、速算小能手七个关卡，每套关卡设置了六套题。孩子们排着队，掷骰子选定套题后，拿着积分卡，进入代表不同"关卡"的教室进行"蝶舞童心闯七关"的闯关游戏，里面有老师和孩子面对面。只要学生答对老师手中的题，就能获得一枚"枫叶蝶"印章，而最先获得35枚"枫叶蝶"印章的孩子，能率先进入学校准备的玩具屋挑选奖品。

三年级的刘飚已经顺利闯过前面几关，来到了"博览群书"一关。老师请他在对面坐下，问他最喜欢看哪一本书。刘飚眼前一亮，大声说："是《昆虫记》！"随后滔滔不绝讲述这本书的吸引之处，顺利获得通关印章。"我很喜欢这样的考试！"刘飚说，"以前一说到考试就很苦恼，要死记硬背，但现在这个考试有趣又简单！"

"小学有责任让考试变成一件有趣味的事情。"邹硕说，期中考试属于学校的自主范围，这样体验式的改革尝试，是基于孩子爱玩的天性设计的，"希望孩子们能爱上考试！"她说，这样的考试，不仅考基础知识，还考查孩子的表达、沟通能力，更重要的，积累印章而不是百分制或者等级制，不再给孩子压力。

饭桌上"约会"校长　校长和学生也可以做好朋友

在人们心中，"校长"和"妈妈"都是很崇高的称谓。在枫树山大桥小学，孩子们将这两个称谓一齐用于邹硕身上。"凡是有搞不定的调皮学生，找校长妈妈准没错！"这是枫树山大桥小学不少孩子的心声，也是邹硕的独到之处。

从2012年开始，枫树山大桥小学实行"和'校长妈妈'共进午餐活动"，每周挑选8个表现好的学生和校长共进午餐。这已成为孩子们的一种荣耀和追求。"在这种氛围下，校长不再是高高在上，而是妈妈和朋友。这既可以增进校长和孩子们的感情，更可以培养孩子和校长的平等心态。既是为了接受家长监督，加强和家长沟通，对孩子也是一种激励。"邹硕解释说。

　　"在餐桌上，大家都会放下身份，畅所欲言。"枫树山大桥小学校长邹硕说，现代人脚步匆匆，父母陪伴孩子的时间被工作、压力挤压，很多时候，孩子们被托付给了爷爷奶奶、托付给了各种托管班，"我们希望借助这样的开学典礼，引起父母们的深思"。

　　邹硕说，只有了解学生真实的需要，学校教育才能对不同个体采取不同的教育方法和评价尺度，最大可能地发挥学生的潜能，让学生在参与中充分体验自我价值。

附录三：

长沙有所最会玩的小学

长沙晚报教育周刊主任、首席记者　谭琳静

在长沙枫树山大桥小学，孩子们掷着骰子玩着"闯关游戏"进行期中考试；在校园运动会上穿着不同朝代的服装玩"穿越"；深信"校长妈妈"具有魔力，每周只有8位表现最好的孩子能和她共进午餐，得到实现心愿的机会……"玩"在这里变得重要，"童心"成为了学校最呵护的东西，校长及其教师团队热衷用各种创意活动为孩子们编造一个一个"故事"，家长们直呼："这真的是我们中国的学校吗？"

1. 创新，"穿越中国"主题运动会

4月28日上午，长沙枫树山大桥小学围墙外，许多家长及附近居民踮着脚，伸长了脖子向里张望，不时被逗得哈哈大笑。校门口，微胖的校园保安正分批放家长进去，边放人边叮嘱："只看五分钟啊，五分钟换别人进去！"

这是一场什么活动？为什么大人和孩子们一样嗨？原来，这是一场"穿越中国"主题的校园运动会开幕式！学校操场上，一名老师扮演的"盘古女神"擂响了开天辟地的战鼓，全校师生按班级划分，每个班级代表一个朝代，身着该朝代的特色服装，扮演着该朝代的代表人物，向礼阅台走来。

"原始部落"的班级方阵里，孩子们打扮成智慧初启的原始人，穿着草衣朝礼阅台走来，围观的家长们忍俊不禁；到尧舜禹时代，扮演大禹的孩子从方阵穿过，人流组成的方阵很快有序向两边拨开，"这是演绎大禹治水啊！"大人们不得不惊呼孩子们的创意；在"明朝"代表队，队伍中除了《本草纲目》的耀眼纸牌，还有可爱的小唐僧和他的徒儿们阔步走在最前列，引得旁边人迫不及待地抢拍。

"历史不一定非得是宏大的叙事。"当日，同样一身养眼古典装扮的"校长妈妈"邹硕站在礼阅台上，手持鲜花，喜悦而淡定地向孩子们扮的各种造型挥手致敬。去年圣诞节，她曾手持魔法棒，以魔力女巫的扮相出现在校园。"轻描历史，大写希望，我最看重的，是这样一场活动中，孩子们以自己的视角呈现出来的不同朝代的特点。"

2. 好玩，不落下任何一个孩子

记者注意到，四年级一位坐在轮椅上的孩子，高举着代表"五代"的图腾，自信满满地率领着身着齐胸襦裙、戴着危脑帽的班级方阵走过，接受礼阅台的检阅！这是一位两岁就因车祸而高位截瘫的孩子，"因为有了这样的设计，他同样可以参与校园运动会！"该校副校长罗瑞说。

"这所学校的运动会人人都可以参与进来。"一位家长开心地向记者介绍。一个可爱的"唐朝"姑娘兴致勃勃地跑来告诉记者，自己头上的发饰，是家中小姐姐帮忙画出模型用硬纸板做的；身佩"宝剑"的男孩子高兴地向记者展示身上的汉服，他告诉记者，是妈妈用窗帘布制作的，世界上只有这一件。

代表"民国"的班级方阵走过时，女孩们青衣黑裙，男孩们白色学生服，高举"科学"、"爱国"、"进步"的纸牌，极富气场和感染力。同学们告诉记者，为了了解这段历史，大家查了很多资料，才选出了最具代表的三个词语概括这段历史；五（1）班方阵演绎的是"走进新时代"的现代，领队的男孩女孩穿着太空服，气宇轩昂。银色太空服制作非常逼真，和儿子一起完成这件作品的家长王女士向记者揭秘说："这是用防潮垫反面做的，整整花了我们两天时间。"

学校去年的运动会主题是奥运会，每个班代表一个国家；今年玩历史穿越，孩子、家长和班主任为了很好地体现代表的朝代特点，花了大量时间查找资料、了解历史，服装有的是在淘宝上买的，有的是DIY。

"如果普通活动的创意能引发孩子对某方面强烈的好奇、成就一番无穷无尽的探索，那我就是用极低的教育成本创造无限的教育收益！"邹硕在当天的《校长日记》里写道。

3. 改革，期中考试也好玩起来

除了运动会、社团活动这样的综合实践活动大玩创意，最近，这所学校也开始拿传统的考试"开刀"了。"既然孩子们离不开考试，为什么不让考试好玩点呢？"邹硕说。

4月24日，继在六年级推行"无人监考"后，三年级彻底将传统的期中考试进行了颠覆。记者看到，该校将语文、数学、生活常识等考查内容浓缩成了千锤百炼、倒背如流、妙语连珠、生活大破解、时间迷宫、速算小能手七个关卡，每套关卡设置了六套题。孩子们排着队，掷骰子选定套题后，拿着积分卡，进入代表不同"关卡"的教室进行"蝶舞童心闯七关"的闯关游戏，里面有老师和孩子面对面。只要学生答对老师手中的题，就能获得一枚"枫叶蝶"印章，而最先获得35枚"枫叶蝶"印章的孩子，能率先进入学校准备的玩具屋挑选奖品。

三（3）班的刘飚已经顺利闯过前面几关，来到了"博览群书"一关。老师请他在对面坐下，问他最喜欢看哪一本书。刘飚眼前一亮，大声说："是《昆虫记》！"随后滔滔不绝讲述这本书的吸引之处，顺利获得通关印章。"我很喜欢这样的考试！"刘飚说，"以前一说到考试就很苦恼，要死记硬背，但现在这个考试有趣又简单！"

"小学有责任让考试变成一件有趣味的事情。"邹硕说，期中考试属于学校的自主范围，这样体验式的改革尝试，是基于孩子爱玩的天性设计的，"希望孩子们能爱上考试！"她说，这样的考试，不仅考基础知识，还考查孩子的表达、沟通能力，更重要的，积累印章而不是百分制或者等级制，不再给孩子压力。

"以前一个年级的期中考试，只要7个监考老师，这样好玩的考试则需要50多个老师，才能和所有孩子一对一考查。虽然工作量增加了，但我们很乐意！"参与考试的杜老师告诉记者，"这样的考试，我能和孩子面对面，能看着孩子的眼睛和他交流，了解他的知识掌握程度，了解他的交流表达能力，考试不再是冷冰冰的一张纸！"

记者观察

这里有独特的"童心"校园文化

记者获悉，枫树山大桥小学有个原则，那就是纸质作业三个不布置，即"低年级不布置、周末不布置、考前不布置"，但要求老师每天必须布置家务作业、体育作业、阅读作业，提倡亲子作业、实践作业。

"这是我们学校特有的吉祥物，它共有10个宝宝，分别是乐学、乐心、乐乐（yuè）、乐动、乐智、乐思、乐献、乐画、乐食、乐笔。"在记者的采访过程中，总有孩子围着记者，拿着"枫叶蝶"吉祥物，争先恐后地向记者介绍校园吉祥物"枫叶蝶宝宝"。他们说，能早日积满这些"宝宝"的同学能成为校园偶像。

"校长妈妈，我能和你共进午餐吗？""校长妈妈，我能写封信给你吗？"在记者采访的时候，不时有学生跑过来，向邹硕提出各种请求。"我在这里可是有魔力的校长妈妈哦。"邹硕调皮地向记者眨巴着眼睛，"通过各种活动场合的宣传，有意地想把自己打造成孩子们特别信任的魔法校长，每周四邀请8位表现最好的孩子共进午餐，了解他们的表现和想法"。

邹硕表示，无论是为孩子们设计"枫叶蝶"还是打造"校长妈妈"形象，都是从孩子的思维角度出发，来引导孩子发展。在这所以"童心育人"作为教育理念的学校，"从儿童视角去发现，用儿童思维去交流，以儿童发展为追求"被老师们奉为教育的秘诀。

跋：

度己度人　达己达人

　　德国哲学家费尔巴哈说过，人活着的第一要务就是要使自己幸福。这句话让我感慨，生活中被现实裹挟着，我们有大大小小的目标，有没有意识到"人活着的第一要务"呢？

　　我是个既幸运又不幸的人，作为第一代独生子女，却年少丧父、母女相依长大，我走过弯路、有过焦虑、见过成败。我特别感谢，能成为一名教师，并且在很年轻的时候，担任校长，从而有机会造福周遭更多的人，尤其是小孩子，使我很年轻就懂得珍惜自己的生命和幸福，能明白所有的困苦都是生命过程中必然会遇到的。到如今，我慢慢意识到，我没有办法决定外界的所有事情，但是可以决定自己内心的状态。

　　在我明白了幸福以后，最重要的一个改变是，我觉得自己的人生可以把握了。在此之前，我能把握的部分很少，心不安定，因为心灵内部的那种无助感，那种随波逐流，那种对前程的不确定感，常常有一种深层的不安存在着。我现在越来越认识了我自己，也越来越认识了这世界，我甚至感到了我的幸福状态，于是，我知道该在哪里发力、该看哪个方面，不作无畏追求，把能改变的那部分尽我所能，按照我们的意志去加以改变，把这些事情做好以后，我心里面的稳定感就极大地增强了。我知道不一定人人都能这么幸运地达到安定的幸福状态，会有人性的幽暗之处在四面八方存在，而当我看清楚以后，我反倒对这个世界多了一份理解。我不惧怕失败，我希望败在纯真的儿童们手里。

　　这本小册子收录的，是我近年来写的部分教育手记。现在看来，许多观点幼稚、偏激甚至存在不少问题，但它是真实的，是我实践、思考与激情的结晶，也见证了我和我的伙伴们（罗瑞、程异平、徐静、丁滟、王早、吴海波、姚嫔）、我的同事们与枫树山大桥小学的成长历程。所以，收入本书时，内容上除改动了错别字和不通顺的句子外，基本保持原汁原味，未作大的改动。感谢给予我支持和信任的朋友，你们对于教育和我的爱，我将永记在心。本书印量不多，和你相见是我们的缘分，因为我总认为，理解的人越少，知音就越多。期待我们进一步地交流，我的邮箱：29784891@qq.com。

邹　硕

2015年11月

图书在版编目（CIP）数据

一片童心：校长妈妈的107篇教育手记/邹硕著. —长沙：湖南教育出版社，2015.12
ISBN 978-7-5539-3485-3

Ⅰ.①一… Ⅱ.①邹… Ⅲ.①小学教育－研究 Ⅳ.①G62

中国版本图书馆CIP数据核字(2015)第318848号

YIPIAN TONGXIN:XIAOZHANG MAMA DE 107 PIAN JIAOYU SHOUJI
一片童心：校长妈妈的107篇教育手记

邹硕　著

责任编辑　武龙梅　李　军
责任校对　殷静宇
装帧设计　天闻尚视
出版发行　湖南教育出版社（长沙市韶山北路443号）
客　　服　电话0731-85118546
经　　销　全国各新华书店
印　　刷　长沙金鹰印务有限公司
开　　本　710×1000　1/16
印　　张　18.75
字　　数　230000
版　　次　2015年12月第1版 2018年3月第2次印刷
书　　号　ISBN 978-7-5539-3485-3
定　　价　67.00元

湖南教育出版社图书若有印装错误可向客服联系调换
提供盗版线索者给予重奖